小学生体育学科教学与核心素养提升策略

张庆胜◎著

吉林文史出版社

图书在版编目(CIP)数据

小学生体育学科教学与核心素养提升策略 / 张庆胜著. -- 长春 : 吉林文史出版社, 2022.9

ISBN 978-7-5472-8888-7

Ⅰ. ①小… Ⅱ. ①张… Ⅲ. ①体育课－教学研究－小学 Ⅳ. ①G623.82

中国版本图书馆CIP数据核字(2022)第177993号

XIAOXUESHENG TIYU XUEKE JIAOXUE YU HEXIN SUYANG TISHENG CELÜE

书　　名 小学生体育学科教学与核心素养提升策略
作　　者 张庆胜
责任编辑 马铭烩
出版发行 吉林文史出版社有限责任公司
地　　址 长春市福祉大路 5788号
印　　刷 三河市华晨印务有限公司
开　　本 185mm×260mm 1/16
印　　张 11.25
字　　数 254千字
版　　次 2023年 6 月第 1 版　2023年 6 月第 1 次印刷
定　　价 52.00 元
I S B N 978-7-5472-8888-7

前言

小学体育教学围绕培养“宽口径、厚基础、强能力、广适应”的多元化体育教育专业人才目标，进行课程资源与教材建设，最终形成融知识性、操作性、实用性于一体的小学体育课程教学，为体育教育专业学生教学设计能力培训提供服务。小学体育课程教学在不断发展，多元教学模式在强调培养创新型人才的今天越来越受到高度重视。多元教学模式作为基础教育改革的一个重要组成部分，一种培养学生自主性、创新和实践能力的全新的教学模式而受到广泛的关注。小学体育教学作为学校教育的重要组成部分，不只是一门课程，而是育人的基础，它是联系学校与社会，传授学生终身体育技能，引导学生在未来走向工作岗位后利用所学的知识来合理地参加体育锻炼的一门课程。因此小学体育课程肩负了重要使命。科学的教学手段运用于课堂才能保证现代体育教学的质量，在课程改革实践中提出的理念之一就是注重科学的教学方法，探究提升学习方式的多样化，打破传统的体育教学模式主要采用的“讲授式”教学，以更快捷顺利地达到预期的教学目的。

体育学科核心素养是体育课程改革特有规律的体现和内在驱动的结果，它的内涵在“双基、三维目标”的基础上进行延伸和扩展，是国家全面深化体育课程改革、在体育学科中落实“立德树人”根本任务的基点和起点，对学生体育学科核心素养的培育已成为我国体育课程改革进程中的重心和焦点。本书有利于丰富对体育学科核心素养内涵、要素、结构等基本理论问题的认识，在阐释学生体育学科核心素养培育过程中的课程化问题、解决体育学科核心素养体系建构过程中的理论架构和预期问题、厘清体育学科核心素养内部结构诸要素的关系及课程转化问题、创新基于课程改革的体育学科核心素养研究范式与案例等方面有积极的理论和实践意义。

本书以教学理论、学习理论、信息传播理论以及体育专业理论为基础，结合教育学、生理学、社会学等学科相关理论，系统阐述了体育教学设计的一般原理、目标设计、策略设计、方法设计、组织设计、过程设计、结构设计、模式设计、计划设计、评价设计等，体现了思想性、系统性、理论性、科学性。内容紧密联系小学体育教学实践，突出“健康第一”的指导思想。

前言

目录

第一章　核心素养的概述

核心素养指学生应具备的适应终身发展和社会发展需要的必备品格和关键能力，突出强调个人修养、社会关爱、家国情怀，更加注重自主发展、合作参与、创新实践。核心素养是学生在接受相应学段的教育过程中，逐步形成的适应个人终身发展和社会发展需要的必备品格与关键能力。它是关于学生知识、技能、情感、态度、价值观等多方面要求的结合体；它指向过程，关注学生在其培养过程中的体悟，而非结果导向。核心素养是党的教育方针的具体化，是连接宏观教育理念、培养目标与具体教育教学实践的中间环节。

第一节　核心素养的整体框架

一、核心素养概念及内涵

素养一词由来已久，其应用涉及教育、心理、人力资源、管理等诸多领域。研究一致认为，素养是知识、技能、情感与价值观等有机结合的综合体，甚至提出公式：素养=（知识+能力）态度。关于核心素养，国际经济合作与发展组织（OECD）研究提出：核心素养是指能互动地使用工具，能在异质社群中进行互动，能自律自主地行动。国内对我国基础教育和高等教育阶段学生核心素养总体框架的研究始于2013年5月，受教育部基础教育二司委托，由北京师范大学林崇德教授牵头组织。该研究认为：学生发展核心素养以培养“全面发展的人”为核心，分为文化基础、自主发展、社会参与三个方面，综合表现为人文底蕴、科学精神、学会学习、健康生活、责任担当、实践创新六大素养，具体细化为国家认同等18个基本要点。也就是说，学生发展核心素养是指学生应具备的，能够适应终身发展和社会发展需要的必备品格和关键能力，包括社会参与、自主发展、文化基础。其中，社会参与即社会性，包括处理好个体与群体、社会与国家等之间的关系；自主发展即自主性，包括培养和发展身体、心理、学习等方面的素养；文化基础即工具性，包括掌握应用人类智慧文明的各种成果。

中国学生发展核心素养，不仅根植于中国传统文化的土壤，而且具有宽阔的国际视野、鲜明的时代特性。从内涵上讲，不仅重视能力，而且重视品格，两者共同支撑，促进人的发展。从功能上看，不仅具有个人发展价值，而且具有社会发展价值，两者统一、融合、互动，相互促进。从整体框架来看，由文化基础、自主发展、社会参与三个维度支撑建构，反映了个体与自我、社会和文化的关系，以丰富的意蕴回答了“教育要培养什么样的人”的本质问题。

二、体育与健康学科核心素养模型构建的依据

核心价值观是精神支柱，是行动向导，对丰富人们的精神世界、建设民族精神家园具有基础性、决定性作用。以社会主义核心价值观为支撑构建我国体育核心素养体系，依据学生体育核心素养理念进行学校体育教学改革，将培养德智体美劳全面发展的学生作为教育发展根本诉求，以更好地服务于社会、创造丰富社会价值为最终目标。

学校体育是在学校范围内开展的，以增强学生体质，增进学生健康发展，促使学生获得体育知识、技能，培养学生形成以终身体育意识、习惯、能力为主要目标的体育教育活动过程。体育与健康学科作为实现学校体育目标的具体途径和表现形式，不仅承载学校体育教育所赋予的服务、教育、公益性价值，还表现了“体育”这个事物作为本质存在所具备的社会功能。在“核心素养”教育改革潮流中，体育与健康核心素养模型的构建，应符合学校体育教育及时代发展的要求，发挥体育与健康学科促进学生身心健康，获得体育知识、技能，形成终身体育锻炼情感，提高学生审美情趣，树立体育精神，增强社会责任意识等综合价值功能。

体育与健康学科核心素养是体育学科价值和教育价值的统一与高度融合，是体育与健康学科独特的教育价值在学生本体上的具体表现与反映。体育独具的健身功效、社会规范约束、竞争合作能力等特殊教育价值，决定其在核心素养培养方面具有侧重性和偏向性。为此，不仅要将体育与健康学科作为实现学生个体人际交往、问题解决、创新实践等核心素养的主要途径，而且要最大限度地发挥与深化体育与健康学科对学生健康素养、体育文化、体育情感、体育道德水平培养的重要价值和独特功效。

三、体育与健康学科核心素养的构成

依照国际经济合作与发展组织（OECD）的研究，体育与健康学科核心素养体系的构建体现在三个层面：人与工具，即物质层面上，学生通过体育与健康课程的学习，掌握体育理论知识、运动技能及体育创新的培养；人与自己，即精神层面上，学生在学习体育与健康课程时，养成身体健康、心理健康和体育意识；人与社会，即社会层面上，学生在完成体育与健康课程学习后，通过运动训练、体育比赛等活动方式，掌握的社会适应、迁移能力和体育道德的养成。

1. 在人与工具层面，在体育与健康课程中主要体现在体育理论知识、运动技能和体育创新三个方面。

体育理论知识是指体育与健康学科中，学生应该学习并掌握的体育理论、知识和原理等，不仅包含专业知识，也包括一般知识。运动技能是通过练习巩固下来的自动化的、完

善的体育动作活动方式。以运动技能为主要内容的体育教学，由浅入深，由易到难，层层递进，是一个符合学生学习心理发展的完整教学过程。高强度、高频率的运动技能训练，一方面可以促进学生对运动项目和动作技术方法的理解掌握，另一方面可以帮助学生提高自身身体素质。不仅如此，运动技能也是实现终身体育的重要载体，学生只有在掌握了一定的运动技能之后，才能长期坚持体育锻炼并形成习惯。体育创新的要求主要体现在两个方面：一是不断学习和掌握新的体育知识、运动技能和方法等；二是基于所学内容，创造新的技术动作或对动作组合进行创编。重视体育创新不仅可以促进学生运动技能的进步发展，还能在一定程度上激发并调动学生的学习热情。

2. 在人与自己层面，指的是学生在学习体育与健康课程时，锻炼养成的健康体能、健康心理和体育意识。

健康体能是个体正常学习、工作、生活的重要保证，也是体育与健康学科的重要目标，学生的健康体能包含了心肺耐力、身体成分、肌肉及肌肉耐力、柔韧性和神经肌肉松弛等五个方面。学校体育教学通过结合以上五个方面内容对教学内容进行合理设计、安排体育锻炼，帮助学生不断提高自身的身体素质，从而为学生今后参加竞技体育比赛打下了良好的基础。重视和挖掘体育课程中的心理健康教育功能是体育工作者的重要任务，而心理健康要素也应是体育与健康学科核心素养体系的重要组成部分。在体育与健康课程教学实施中，应依据各年龄段学生不同的生理、心理特点，合理安排适合的体育游戏、训练以及竞赛等活动内容，有助于提高学生调控自我情绪的能力，培养学生良好的意志品质，促进其心理健康发展。学校体育教学在培养学生良好的体育意识方面有着不可替代的作用，课程内容设置上不仅包含体育本质、功能及体育的价值等理论阐述，帮助学生加深对体育知识的认识理解，还需要增加一些与终身锻炼相关的知识，引导学生了解终身体育的内涵与价值，进一步重视体育锻炼。

3. 在人与社会层面，指的是学生在完成体育与健康课程学习后，通过运动训练、体育比赛等活动方式，掌握的社会适应、迁移能力和体育道德的养成。

核心素养是以达到促进成功的生活和健全的社会为最终目的的，学生在学校接受教育同样是为了未来更好地适应社会，因此体育与健康学科也担负着发展学生适应社会的能力的责任。社会适应是个体为了适应社会生活环境而调整自己的行为习惯或态度的过程。体育与健康学科中，迁移能力涉及范围较广，包括：利用理论知识、运动技术，结合自身特点形成自我锻炼体系；重视安全意识培养，规避危险，防患于未然；灵活地将体育课上的运动损伤紧急处理方法应用于日常生活中保护自己或帮助他人；等等。培养迁移能力可以加深学生对所学内容的理解程度，提高其思维发散的能力。体育与健康学科教学中，体育道德表现为：学生应在体育课上尊重教师，友爱同学，帮助弱者；注重团队合作，客观、诚恳地对待他人的意见和建议，同心协力解决问题；规范自身行为，做到文明锻炼；遵守竞赛章程规范，尊重对手，公平竞争，用平和的心态去面对胜负；等等。

四、体育与健康学科核心素养的三维指标体系

学生体育学科核心素养包含三个一级指标，分别是：体育情感与品格，运动能力与习惯，健康知识与行为。二级指标是将三个一级指标拆分，进而细化为六个指标。在“体育情感与品格”指标中，体育情感指标主要是围绕激发学生的运动兴趣，让学生对体育从不喜欢到喜欢，从不热爱运动到热爱运动方面培养。学生一旦具有了运动兴趣，无论是学习运动技术还是进行体能锻炼，都能够得以实现。体育品格指标主要倾向于体育精神，如坚持不懈、顽强拼搏等。在运动能力与习惯的培养方面，运动能力主要围绕学生基本运动能力和专项运动能力两个方面进行培养，如生活中的走、跑、跳、攀、翻等基本运动能力，以及用于终身锻炼或参与竞赛的篮球、游泳等运动技能。运动习惯主要是指在掌握了一定的运动能力以后，每天都能够坚持完成一定量的自己喜爱的运动，且长期坚持成为习惯。在“健康知识与行为”指标中，健康知识主要围绕有利于健身的相关知识进行培养，如运动后不能即刻一次大量饮水等。

五、体育与健康学科核心素养的特征

特征是事物自身特有且区别于其他事物的标志，把握体育与健康学科核心素养的特征，对于体育与健康学科核心素养的内涵理解和构成分析具有十分重要的意义。

一是差异性。为了更好地推动我国体育与健康课程改革，发展学生身心健康，构建有中国特色的体育与健康学科核心素养体系，要在学习国际经验的基础上，结合我国当前处于社会主义初级阶段的国情和体育与健康学科现状的实际，区分我国核心素养研究与其他国家、地区之间的差异。另外，区别于其他学科的是，体育与健康学科从多维健康观及自身学科特点着眼，重视培养学生积极乐观的人生态度，继承发展民族传统体育以及弘扬宣传国家及地区特色，能够充分体现学生体育核心素养的民族性特征，这也是其他学科无法替代的。

二是阶段性。体育与健康学科核心素养是一个不断发展的有机整体，因此体育与健康学科核心素养体系也具有一定的连续性，这就要求在构建体育与健康学科核心素养体系时，对学科中关键内涵的纵向梯度衔接有更好的把握。从小学到大学，各个学段之间既独立又纵向联系，体现了学科核心素养的阶段性特征。一方面，依据各学段学生的自身生理、心理特点以及学习目标的不同，对体育与健康学科核心素养的要求也都有所差异，因此在各学段应有相适应的阶段性培养方式和培养目标；另一方面，体育与健康学科核心素养的培养是一个循序渐进的过程。在培养学生全面发展的整个过程中，大、中、小学的体育课程是一个完整的体系，学段之间层层递进，各阶段习得的体育与健康学科核心素养内容相互衔接、深化和完善，体现了体育与健康学科核心素养的可持续发展。

三是可评价性。核心素养不是单纯地指知识、能力或态度等某一方面，而是包含多方面内容的整合，具有一定的综合性，且包含了情感态度价值观、情意表现等部分内隐性素

养，基本涵盖了个人发展的各方面要求。体育与健康学科核心素养将学生的核心素养与体育与健康课程内容有机结合，明确了学生在各个学段应达到的程度要求，有助于体现学生学习评价的全面性与准确性。这就要求教师关注体育与健康学科核心素养发展的生成性、连续性和终身性等特性，重视对学生的观察，注重记录学生的行为表现和进步情况，建立起对学生的连续追踪评估，帮助学生更好地完成课程内容的学习，以适应未来社会的发展。

第二节　核心素养理论的教学意义

石鸥在《核心素养的课程与教学价值》一文中指出：核心素养是每个人发展与完善自我、融入社会及胜任工作所必需的基础性素养，是适应个人终身发展和社会发展所需要的必备品格与关键能力，是个体应具有的起基础和支撑作用的素养。核心素养不是学科核心素养，而是跨学科素养，任何核心素养都不是一门单独的学科可以完成的。学科的育人价值主要在于对特定核心素养的贡献，只有明晰本学科在特定核心素养形成和提升上的教育意义，揭示学科与核心素养的内在关联，才能发现学科的独特育人价值。因此，就核心素养理论对教学的意义而言，可以从两个层级来分析，一个是宽泛的学校教学层面的，一个是体育与健康学科层面的。

一、核心素养理论对学校教学层面的现实意义和超越意义

从现实意义来看，第一，核心素养为课程内容的确定提供了重要依据。传统上，教师是依据学科逻辑来确定课程内容的。以学科知识结构及学科知识发展逻辑为依托的课程内容的确定与教材编撰，路径相对明确，但内容选择的困难程度日益加大，内容越选越多，所选内容对学生发展的价值却没有保障。只有更新教育理念，将课程内容的确定依据从知识在学科中的意义转向知识在核心素养培养中的意义上来，也即转向能够最大限度地促进和提升核心素养的那些知识，才能解决时间的有限与知识的无限之间的矛盾，解决内容精选的问题。在突出核心素养的思想指导下，课程内容的确定与教材编撰，将从单纯以学科知识体系为依据的路径，转向兼顾以促进学生核心素养的形成为依据的路径，这对学生发展的价值更大，更明确，更有保障。因此，核心素养成为课程内容选择的重要依据，人们基于核心素养来组织课程内容，编写教材，这是课程理论与实践的重大进步。第二，核心素养能够引领教师课堂教学。核心素养的提出，让教师在厚重的书本和习题背后，在分数背后，看到了知识为我所有，知识助我成长，用教材教、高效率的教就有了清晰的方向。从知识本位转向核心素养本位，绝不是从知识教学效率不高、知识获得不多到知识教学效率提高、知识日益增多的变化，而是课程改革的质的深化与升华。

从超越性的意义来看，这是基于核心素养理论和以往的影响教学的各种理论的比较，

具体体现在：一是教学的教育性。教学是提示某种文化内容必须被儿童掌握的一种活动。教学必须借助某种文化内容的习得（学力的形成），同作为生存能力的人格的形成（教学的教育性）联系起来。从核心素养的定义中可以看出，核心素养理论既重视“关键能力”，又重视“必备品格”，这必将对教学现实产生积极的意义。此外，教学的过程其实是向人传递生命气息的过程，“人”才是教学的本体价值所在。教学活动是学校教育的中心工作，理应顺应时代发展的要求，努力使学生成为他自己，成为与一定社会环境相适应的具体人，而不是被概括、被物化的抽象人。从这个意义上说，教学方式的转变就不再是方法、技术和技能层面的改变，而是教学价值观的变革：尊重每一个学生个体的存在价值，找回“迷失的自我”，促进“人”的发展。这才是有教育性的“教学”。二是教学的在场性。“教”与“学”是教学活动中一对最重要的关系。在这对关系中，“学”无疑处于核心的地位，“教”是为“学”服务的。学习是意义的建构，意义不是由教材或者教师之类外在的“权威”赋予的，而首先是经由学习者自身引申出来的。因此，必须有学生个人的“在场”的教学，才能使学习真正发生。由于“在场”常常是与学生自身相关的，所以学习总是离不开自我的。倘若学习称得上是名副其实的学习，那么，这种学习一定浸透着学习者的自我概念。没有了学习者在场，就一定不会有学习发生。核心素养理论重在引导学生自己去发现知识，而且把发现了的知识通过“经验的能动再建或者统整”视为真理。这种经验的能动再建或者统整之能量，英国哲学家波兰尼谓之“默会知识”。而“默会知识”才代表着在场的学生个体真正的学习和理解。三是教学的交互性，核心素养理论十分强调学习共同体的创建，意在通过师生之间、生生之间的交互作用，通过个人知识和学科知识的对话互动，使教学的过程成为学生核心素养生成的过程，使教学和学习的过程称为知识创造的过程、真理发现的过程。教学活动是借助教材、教具而展开的活动，是师生与生生之间的交互活动，在这种过程中浸润着对话性实践。学习共同体的教学从本质上说就是一种对话性实践，是同客观世界对话、同他者对话、同自我对话的交互性实践，是以三位一体的方式来寻求建构世界、建构伙伴、建构自我的对话性实践。

二、体育与健康学科核心素养对体育与健康学科课堂教学革新的意义

核心素养是最关键、最重要、最不可缺的素养。就体育与健康学科而言，核心素养的内涵包括运动能力、健康行为、体育品德，但不是它们的简单相加。体育与健康学科的目标定位和教学活动都要从素养的高度来进行。

北师大肖川教授认为：“从学科角度讲，要为素养而教（用学科教人），学科及其教学是为学生素养服务的，而不是为学科而教，把教学局限于狭隘的学科本位中，过分地注重本学科的知识与内容、任务和要求，这样将十分不利于培养视野开阔、才思敏捷并具有丰富文化素养和哲学气质的人才。”

体育与健康学科知识就其结构而言，都可以分为表层结构（表层意义）和深层结构（深层意义）。表层意义就是语言文字符号所直接表述的体育与健康学科内容（概念、命题、

理论、内涵和意义），深层意义是蕴含在体育与健康学科知识内容和意义之中或背后的精神、价值、方法论、生活意义（文化意义）。表层结构和意义的存在方式是显性的、逻辑的（系统的）、主线的。深层结构和意义的存在方式则是隐性的、渗透的（分散的）、暗线的。但它是学生素养形成和发展的根本（决定性的东西）。

体育与健康学科的教学都不是仅仅为了获得学科的若干知识、技能和能力，而是要同时指向人的精神、思想情感、思维方式、生活方式和价值观的生成与提升，是要努力把学生培养成为知识丰富、思维深刻、人性善良、品格正直、心灵自由的人。

体育与健康学科核心素养的培育需要良好的体育与健康教学。因此，体育与健康学科核心素养对体育与健康学科课堂教学而言，有三个方面的意义。

一是有利于学生体育情感与品格的培养。娱乐性的体育项目有助于培养学生的体育兴趣，如各种体育游戏都能发挥此作用。挑战类的体育项目如田径的耐久跑，能否积极参与并在遇到极点的时候依然坚持，对学生自己克服困难来讲具有一定的挑战性，具有挑战精神的学生往往无须任何引导就能坚持不懈，而意志力薄弱、不能吃苦耐劳、缺乏自我挑战意识的学生往往会中途退场，甚至在体育课开始的时候直接提出间歇等要求。结合学生身心发展特点以及认知水平，选择最有效的方法实施教学工作，能激发学生对体育的热情和形成良好的体育品格。教师在课堂上加强课堂观察，就能抓住品格教育时机，及时渗透。例如教学中发现责任心比较突出、乐于助人、勇敢拼搏、不畏困难、比赛失败后相互鼓励不抱怨等的学生，教师都要巧妙地抓住时机因势利导。

二是有利于学生运动能力与习惯的形成。（1）学生的运动能力与习惯的形成主要集中针对基本运动能力、专项运动能力和坚持锻炼的运动习惯等方面。不同年龄的学生有着不同的运动能力培养目标，要在充分了解目标的前提下选择教学内容和有效方法。例如小学低年级学生最好能够在“玩中练”，采取各种有趣的活动，让学生在参与这些活动的过程中达到锻炼的目的。如走跑能力的练习，可以采取趣味性较强的在音乐伴奏下模仿动物走跑的方式，培养学生的走跑能力。到了小学高年级，可以采取“玩中学”的方式完成教学并达到培养学生运动能力的目的。处于小学阶段的学生，其关注点要发生变化，依然需要让学生在学习运动技能的过程中体验运动乐趣，可以考虑采取“学中玩”和“赛中练”的方式，即以学为主导，学习中适当安排有趣味性的活动，提高学生学习的积极性。（2）运动技能学习要把握“三会”，即达到“会说”“会做”“会用”的程度。实际上，就体育学科而言，学生通过该学科的学习，要注重“会说”“会做”“会用”“会学”“会做人”五个方面能力的培养。其中，“会学”主要是让学生掌握学习方法，“会做人”主要指向的是品德教育，而“会说”“会做”“会用”是对运动技能学习提出的明确目标要求。学生在学习某项运动的时候，只有达到了这“三会”，才能称其掌握了某项运动的技能，也就具备了该项运动的各种能力，如比赛能力、用于健身锻炼的能力等。这就要求进一步完善体育教学方式，甚至单元长度的控制也要因此而发生变化。例如过去不注重学生“会说”的，要有意识地培养学生通过语言能够表达出该项运动的动作方法；不注重“会用”的，要有意设计学用结合的教学环节或情境，让学生能够在掌握基本技术的基础上，在模拟实际环境的过程中逐渐提高运动技能水平。（3）学生是否能够养成锻炼的习惯，何时能够达到培养目标，这不仅与体育教师、班主任甚至学校领导的重视程度与施教方式有关，还与家庭有关。如果父母是喜爱运动者，能够经常带孩子运动，或尽管自己不喜爱运动，但能够支持并督促孩子经常参加体育锻炼，这都不同程度地对学生养成锻炼习惯产生积极影响。从学校的角度，强化体育课堂，除了注重过去提出的“精讲多练”，还要让学生“少等多动”，或“少站多练”，充分保证课堂上学生练习的时间和适宜强度，组织好各种课外体育锻炼，布置体育家庭作业；从家庭的角度，密切配合学校的体育工作安排，尤其是重视学生体育家庭作业的完成质量等，真正做到家校联合共同促进学生运动习惯的养成。

三是有利于学生健康知识的提升与行为的规范。健康知识的提升与行为的规范应主要集中在让学生懂得科学健身的方法以及有利于维护健康的行为上。过去健康教育在学校教育中存在不同程度的缺失现象，不仅是因为师资力量相对薄弱，健康教育受重视程度也明显不够。因此，为了更好地促进学生身心健康发展，注重或强化健康知识教育，引导学生的健康行为已迫在眉睫。学生健康意识的形成需要教师在教学中经常且反复地以多种形式主动、有目的地引导。例如学生在跑步或做其他运动之前，教师要有意提示学生，每次跑步前要注意检查鞋带是否有松开的现象，以免运动过程中出现踩踏摔倒等情况。通过体育课堂渗透健康知识需要引起重视，注重时机的把握，还要考虑内容的确定，更要注意方法的选择，即渗透什么、何时渗透、如何渗透等都需要在设计环节做好充分的准备工作。例如在篮球传接球技术教学中，教师要实时把握手指挫伤及预防知识的渗透，学生懂得如何预防就能最大限度地避免挫伤手指的情况发生。当然，假如学校能够专门开设健康教育课程，如每两周开设一节，更有利于学生对健康知识系统而全面的掌握。在体育课堂上，教师能够发现有个别学生在参与体育活动的过程中会有这样那样的危险行为，例如有学生在软垒课上手持棒子追逐打闹，教师一旦发现这样的危险行为就要立刻制止，否则，很容易发生伤害事故。因此，任课教师要注意课堂观察，发现因学生造成的安全隐患，要能够做出及时引导和具体防范。除此之外，还要引导学生在课外或校外参与体育活动时规避危险行为。

第三节　核心素养促进教学改革

一线教师最为关心的是核心素养体系将对课程、教学产生什么影响。在张华看来，对核心素养的研究将会对我国课程目标的进一步科学化产生影响。因为“长期以来，我国确定课程目标以及各级各类教育目标的时候，习惯于将国家政策文件中的相关话语直接移植过来。这既导致课程目标或教育目标缺乏科学性且无法检测，沦陷于空泛与抽象，不能有效指导教育实践；又导致课程目标或教育目标缺乏针对性，无法适应不同年龄阶段学生的发展需求”。他期待，在适时引入“核心素养”这一体系后，课程目标能够进一步实现科学化。刘恩山则认为，核心素养提出后，“目标更明确，因为这些要素提得更鲜明，它会把国家的教育方针突出表现在核心素养上，就可以在这个框架内更明确地定位学科教育。每个学科把这件事情做好，就可以更好地发挥出学科课程的价值”。

核心素养从总体上勾勒了新时代人才必须具备的人格品质及关键能力，因此必将规约学校教育的方向与方法，必然会促进学校课堂的变革。这种变革具体体现在宏观和微观两个层面。

一、在宏观的学校教育层面，课堂价值、课堂内容、课堂方法、课堂评价和课堂研究将会发生革新

从课堂价值方面看，核心素养促使课堂定位从知识、能力立意走向思维、智慧立意，把课堂建构从传授知识、培养能力定位到“改变思维、启迪智慧、点化生命”的核心素养高度，即为改变思维、启迪智慧而教（学）。这就一定会重塑课堂教学的价值。课堂的价值体现着学校的教育目标及教育哲学。不同的哲学观、生活观，体现出不同的课堂价值观。从发展学生核心素养的视角去定位现在的课堂教学的价值和目标，那就应该是传递文化，培养智力，发展学生理性，塑造学生精神，解放学生个体，促进学生自我实现，为了社会利益而生存、生活。用一句话概括，课堂是为了作为活生生的“人”的学生的全面发展，为了全面的学生的发展。

从课堂内容方面看，学科知识不再是等待学生记忆和内化的静态的“现成结论”和“标准答案”，而是与学生的思想、体验、生活经验积极互动的对象。学生不再是课程的被动接受者，而是课程知识的积极建构者。学科知识纳入课程、进入课堂的根本目的是产生学生的学科理解，丰富学生的生活经验。学生的思想和体验是最重要的课程，“学生即课程”。这样的知识是动态的知识，这样的教学是有“人”的教学。同样，教师的经验、生命，教师对学科知识的理解，本身就是课程的一部分。教师不是课程的旁观者和被动实施者，而是课程的理解者和创造者。教师的课程理解是教师基于批判意识和思维针对学科知识产生的自己的观点和认识。教师还要基于自己的课程理解、专业特长和学生需求，对外部课程进行改变或再创造，也要创造学校特色课程以进一步满足学生的个性化发展需求。“教师即课程”，教师绝不再是照着书本原封不动地教，而是把书本知识、学科知识转化为自己的经验，然后通过教学环节转化为学生的经验。此外，康德看到了“科学认识或科学理性的局限性，所以他要限制知识的应用，为道德信仰、为自由保留地盘”。核心素养视域下的课堂使学科知识具有了文化意义、思维意义、价值意义，即人的意义。

从课堂方法方面看，核心素养积极倡导项目学习、跨学科主题整合、真实情境的实践

活动等课堂教学方式，这不是改变知识传授的方式，而是改变教与学的性质。教学不再是知识传授的过程，而是教师和学生合作探究和创造知识的过程。教师要在倾听、理解学生思想的基础上，不断创设出适合学生需要的探究主题或问题情境，在课堂教学中，围绕这些主题或问题与学生展开对话与探究，不断将学生的思想引向深入。这样的教学过程不再是传统意义上目标任务式的教学。或许，知识的容量不一定大，教学的环节不一定多，甚至连原先设定的教学任务都不一定能够按时完成。但是，这样的课堂教学观照的是学生质疑的品质、探究的精神和求真的情操。这样的课堂教学舒展着学生自由的个性，张扬着学生个体的权利。

从课堂评价方面看，核心素养视域下的课堂评价充分关注课堂小学生的学，根据学生学的质量高低来判断课堂的质量。当然，对学的评价，不是简单地评价学生对知识点的掌握程度，更不是通过测定学生的学业成绩高低来评价课堂。课堂评价的目的不是为了分类、甄别、选拔，而是为了学生的发展。在教学过程中侧重成绩等第的测定本身，不能算作真正的课堂评价。何况，历来的学业成绩评价都是局限于对知识、技能的评价，情感、态度、意志等高级认知领域并没有被列入评价的视野。因此，课堂评价的要义在于，要十分重视评价的反馈功能，及时反馈教学的状态，根据反馈的结果及时矫正教学活动的轨迹。

从课堂研究方面看，传统课堂研究的基本模式是“问题—实践—总结—经验”，逻辑性、针对性、操作性强，易于被教师接受和运用。但这种模式往往问题提炼、聚焦不够，实践过程、方法薄弱，实证相对缺乏，总结与经验也常常是主观化、臆断式、灵感性的，所得出的结论只具有一定的特殊性，有较大的片面性、模糊性与随意性。究其根源，在于没有大量的数据调查，缺乏足够的数据支撑，更少了科学的数据分析。在核心素养视域下，将会出现互联网背景下与教育新形态匹配的课堂教学及研究形式。一方面，课堂研究是基于技术的。在大数据时代，基于互联网和云计算技术，人们可以获得与分析更多的数据，而不再依赖于小规模的采样，进而可以更清楚地发现样本无法揭示的细节信息，提高对问题的洞察力和决策力。另一方面，课堂研究又是超越技术的。当教师将课堂研究融入自己职业的生命意识之中，将自我、他人、社会作为一个整体，用自己的生命去参悟和体会，超越时空的限制时，课堂教学就会处于永不休止的创造和运动状态之中。教师在对已经发生的课堂生活及时回忆反思、总结得失的同时，深刻体验到置身其中的喜怒哀乐、酸甜苦辣，深切感知个体生命的存在状态，赋予了活生生的生活以具体可感的意义。在这个过程中，教师的情感、价值观得到充分的释放，成就感、自由感油然而生。

二、在微观的课堂教学层面，核心素养落地生根将会在教学目标、课堂结构、师生关系、学习内容和评价机制五个方面发生变革

一是教学目标将重构教学目标是实施教学的根本，教师在设计教学目标时要实现“以知识点为核心”向“以核心素养为导向”的转变。根据布鲁姆的教育目标分类法，从低阶

到高阶的学习和思维发展目标分别是识记、理解、运用、分析、评价与创造。按新课程实施的要求，识记、理解与运用更多地由学生自主完成，课堂小学习目标更侧重分析、评价与创造。具体而言，需要体现以下三个着力点：（1）由“抽象知识”转向“具体情境”，注重营造真实的学习情境，为学生创设能够利用所学知识解决真实问题的机会。国际经济合作与发展组织在“素养的界定与遴选”项目中指出，核心素养着力解决的是提高学生面对复杂情境下的问题解决能力，使之能够适应飞速发展的信息时代和复杂多变的未来社会。（2）由“知识中心”转向“能力（素养）中心”，培养学生形成高于学科知识的学科素养，教师需要确立“通过知识获得教育”而不是“为了知识的教育”的教育思想。（3）由“教师中心”转向“学生中心”，促进学生主动学习和合作学习的意识与能力。

二是课堂结构将重构。教学结构的变革主要体现在课堂教学系统四个要素即教师、学生、教学内容和教学媒体的地位和作用的改变。新的课堂要确立“学为中心”，课堂围绕学生的自主学习、互教互学、质疑释疑、共同建构、迁移应用等学习活动展开，师生关系民主、和谐，生生之间合作、竞争，课堂各要素相互促进，协调统一，学生在活动中体验，在探究中生成，在互动中共享，在教师点拨中解疑，在迁移应用中巩固知识和发展能力，在选择性学习中发展个性特长，获得知识、能力与情感的协调发展。当前很多学校在探索构建的“智慧课堂”，就顺应了创新人才的培养需要，创新人才的特质是具有持续学习能力和问题解决能力素养，学习目标指向的就是“科学精神”“学会学习”和“实践创新”等核心素养。

三是师生关系将重构。教师是教学的具体实施者，过去强调一桶水和一杯水的观点，但现在学生的学习资源和获取知识的渠道更多，今天有的教师知道的未必比学生多。因此一位教师应该成为课堂教学的组织者、学习资源的整合者、自主学习的引导者、学生建构知识的促进者和学生良好情操的培育者。2005年，欧盟通过并发布了通用的教师能力标准，即可以被认为是教师核心素养，包括学科素养、教学素养、数字化素养、学会学习、人际关系、跨文化和社会素养、公民素养、创业精神、文化表达。为了将核心素养有效地融入实际的教学过程中，需要加强对教师专业发展的引领。学生才是学习的主人，是信息加工的主体、知识意义的主动建构者和情感体验与培育的主体，在教师的组织和引导下独立自主地进行探究，参与实践、操作、思维转化、问题解决的全过程，进而形成独立思考、实践和学习能力。

四是学习内容将重构。在融合了学生核心素养的课程标准的指导下，学习资源可以更加优化。《教育信息化十年发展规划（2011—2020年）》提出“注重信息技术与教育的全面深度融合”，教学资源，除了教材以外，还有丰富的数字化学习资源，例如微课、慕课、教育云、学科专题网站、资源库等。同时，网络和信息技术既是促进学生自主“学”的认知工具、协作交流的工具与情感体验及内化的工具，也是学习的内容。对学习内容加以拓展，可以选取适当的跨学科主题开展学习活动，如STEM（科学—技术—工程—数学）

已成为全球普遍认可的跨学科主题；还可以通过设计并开展基于问题或基于项目的学习，激发学生主动学习并解决实际问题。优化的学习资源更加有利于学生的学习，促进学生自主学习和自主发展。

五是评价机制将重构。“关注学生”，学生在课堂中的表现成为课堂教学评价的主要指标。评价要以“促进发展”为取向，评价学生学习的全过程。一方面，评价要素要涵盖所有有利于学生发展核心素养的方面，包括学习的态度、习惯、方法、知识与技能、探究与实践、合作与交流等能力；另一方面，要从学生学习的全过程确定评价的方式方法，如通过网络平台评价学生学习、展示、练习的成果等。“以学评教”，以学生在课堂学习中的呈现状态评价教师的教学策略，评价教师的教学质量。

三、体育与健康学科核心素养所带来的课堂教学变革的落地，可以从四个方面入手

一是要因地制宜，落实成效。学校体育改革在教育学体系改革中扮演着重要的角色，为发展学生核心素养，应切实注重体育课程的成效性。首先，整体规划体育教学内容、教学大纲、教学计划、课外活动等具体的实施方案，通过早操、课间操、课外活动的有效坚持，形成学生良好的运动健身习惯，辅助课堂教学需要；其次，通过学生自主选课，以充分体现学生的自主性和发展兴趣为导向，提供初高小学生喜欢的体育分类课程，让学生上的选修课是自愿参与的，并让学生真正掌握2~3项运动技能，实现学生乐学的目标，配备专项能力突出的教师帮助学生切实提高运动能力，为终身体育打下基础；再次，结合地域特点，借鉴“一校一品”的经验发展特色体育项目，借鉴他国文明，结合本地区的民俗风情，创新民族文化，增强民族自信心、自豪感，从而塑造学生健全的人格，增强学生的民族自豪感。

二是要师生互动，共同进步。在教育学这一大的家庭中，教师的教与学生的学是辩证统一的整体。发展学生核心素养需要师生互动，教学相长，协同发展。体育教学中教师的讲解、示范是学生学习的重要途径，教师的人格、德能展示将会直接地影响学生的人格塑造，而学生的学习态度、氛围直接影响教师的工作激情，学生的反馈是教师改进教学的凭借。发展学生核心素养不仅要重视教师的主导作用，提高教师的师德、专业技术能力素养，更要重视学生在体育教学中的主体地位，形成积极主动、身心愉悦、团结进取的学习氛围，把“教”和“学”统筹结合，以求获得最理想的教学效果。创新发展民主和谐的师生关系，打破固有的教学思维模式，构建平等、和谐、民主、充满正能量的师生关系，是发展学生核心素养的保障，是推动学校体育改革的有效途径。

三是要政策支持，完善评价。教育部对学校体育有明确的文件规定，对不同学段的课次、课时、师资、场地设施等有详细的要求。推动学校体育改革，发展学生核心素养，需要强有力的政策支持并健全评估体系，进行目标管理。实现小学生学业的真正减负，把体育综合素质评估与文化课等同加进中、高考科目制度化，对全面发展学生的核心素养、完

善素质教育将起到巨大的推动作用。健全学校体育教学的评估体系，将对学生综合运动技能、专业理论、学习态度、发展潜能、自我认识、健康行为等的评估作为综合评价。

另外，成立学校体育改革第三方评估机构是健全评估体系、进行目标管理的有效措施。成立司法、企事业单位、新闻媒体联合评估组，通过将年度、三年制学生体质达标与学生健康状态分析向全社会公示，使制度在全社会的关注下运行，使学校教育、学校体育改革接受全社会的监督，使学校体育真正受到社会和家长们的重视。

四是要构建网络信息化平台。在当今大数据和“互联网 +”的社会，搭建网络信息化平台将为学校体育改革提供推波助澜的效果。例如通过网络平台，教师可以便捷地使用全球优质网络视频课程、精品课程网络版等资源，学生将获得更多的有效信息，从而极大限度地促进课堂教学质量的提高。

第二章　小学体育教学设计的理论基础

随着社会的发展，体育运动在社会生活中占据着越来越重要的地位。邓小平曾说过，体育要从娃娃抓起，小学时代培养孩子的体育兴趣对以后体育事业的发展和自己的身体健康都很有益，因此，小学体育教学显得至关重要。

第一节　体育教学设计背景

一、体育学习需要分析

体育教学设计是一个解决问题的过程。程大力在《关于体育教学设计研究的特征分析》中提到了体育学习需要的分析是问题解决过程的起点，即解决教师“为何教”和学生“为何学”的问题。因此，只有深入教学实际进行调查研究，收集大量的资料和可靠的数据，了解教学中存在的问题和需要，确定教学问题的性质，才能为体育教学设计方案的评价奠定坚实的基础。同时，体育学习需要的分析能够使体育教学设计有效地利用教学资源和现有的教学环境，使体育教学设计具有较强的针对性和实效性。

（一）体育学习需要分析概念

体育学习需要是体育教学设计中一个特定的概念，是指学习者体育学习的目前状况与所期望达到的状况之间的差距，亦指学习者体育学习成绩现状与体育教学目标（或标准）之间的差距。①期望达到的学习状况是指学习者应当具备的体育能力和素质。体育能力和素质是指学习者具有的应付现实社会职业、社会生产生活所需要的体育知识、技能以及相应的体育态度、情感和价值观等。通常对学习者的期望由以下几个因素来决定：社会发展对学习者提出的要求；学习者未来从事的职业对人才的要求；学校和班级对学习者提出的要求以及学习者自身对知识、技能、态度的培养和发展的个人要求。对体育与健康课程而言，《体育与健康课程标准》目标体系中各个水平目标展现了期望学习者达到的学习状况。②目前的状况是指学习者在能力和素质方面已达到的水平。体育与健康课程小学生的目前状况是指学生目前在体育知识、技能和体育情感、态度以及价值观等方面的状态。③差距则指出了学习者在体育能力和素质方面与既定目标要求上存在的差距和体育教学中实际存在或要解决的问题。可以说没有差距就没有需要，也就无从谈论解决什么。

（二）体育学习需要分析目的

在新课程的理念下，体育教学帮助学生更好地掌握体育知识，突出学生的主体地位，选择灵活多样的教学方法服务学生的体育训练，围绕学生的基础和未来发展，使学生养成良好的体育锻炼习惯，树立终身体育意识，掌握运动技能，形成健康行为和体育品德，促进学生综合能力全面发展。体育学习需要的分析是一个系统的调查研究的过程，其主要目的是：①发现学习者在体育学习中存在的问题；②分析产生问题的主要原因，以确定体育教学设计时解决该问题的方法和途径；③分析现有体育教学资源及约束条件，以论证解决问题的可能性；④分析问题的重要性，以确定需要优先解决的体育教学设计问题。

体育学习需要的分析过程实际上是形成体育教学目标的过程。学习需要的分析属于前端分析，分析体育教学中存在的问题，可使后续的工作有的放矢，避免人力、物力、财力的浪费，提高解决体育教学问题时的针对性，增强体育教学设计的效果，保证体育教学设计实施方案的可靠性，从而达到提高体育教学质量的目的。体育学习需要分析的结果是提供关于“学习者目前的学习状态和期望的学习状态之间的差距即学习需要”的有效资料和数据，实际上就是分析体育教学设计的必要性和可能性。

（三）体育学习需要分析意义

1. 有利于处理好手段和目的的关系

教育改革，思想先行。在进行体育教学设计之前，应该先深入体育教学实践了解教学中存在的问题，然后通过学习需要分析的逻辑程序，即“用问题找方法”来设计体育教学。开展体育教学设计本身不是目的，它们仅是实现体育教学目标的手段。所以，体育学习需要分析要求我们重视体育教学目标的确定。如果体育教学目标的确定脱离教学实际需要，那么为实现体育教学目标而运作的各种手段将不能发挥应有的作用，甚至会发挥相反的作用。在实际的体育教学中，人们所关心和研究的往往是如何改进方法、形式、媒体等，而较少考虑所确定的体育教学目标是否符合客观的实际需要，这是我们应着重解决的一个问题。只有客观地、实事求是地分析学习需要，确定体育教学目标，并为此采取有效的教学策略，才能取得良好的教学效果。

2. 有利于解决体育教学中的主要问题

考夫曼认为“能否发现教学过程中存在的实际问题、弄清楚产生问题的原因并选择最佳的解决方法是教学工作成败的关键所在”。体育学习需要分析正是搞好这项工作的有效工具。在体育学习需要的分析中，只要深入体育教学实际，发现体育教学中的问题，寻找问题的原因，找到解决问题的方法，就可以了解到存在的教学问题。例如在体育教学中，有些学生的体质健康状况低于体质健康标准的要求，有的教师希望改进教学方法，有些学生对体育课不感兴趣，学生人数多、场地器材少等问题的存在，就说明体育教学设计是必要的。

（四）体育学习需要分析方法和步骤

1. 体育学习需要分析方法

体育学习需要的分析方法有内部参照分析法和外部参照分析法。内部参照分析法是将制定的体育课堂教学目标与学习者体育学习的现状做比较，找出两者之间的差距，从而鉴别体育学习需要的一种分析方法。外部参照分析法是以社会对体育学习者的期望值为标准来衡量体育学习者的学习现状，找出差距，从而确定体育学习需要的一种方法。

2. 体育学习需要分析步骤

①体育课堂教学期望状况的确定。体育教学期望状况主要是指在体育课堂教学中期望体育学习者达到的状况，即体育教学目标。体育教学目标的制定要根据《体育与健康课程标准》的目标体系和体育课的类型来确定。体育教学期望状况要用可以观察、可以测量、可以评价的具体的行为术语来陈述。②学习者体育学习现状的确定。体育学习现状主要是指体育学习者当前掌握的体育与健康知识、技能，表现出的对体育学习的态度、情感以及价值观等方面的状态。③选择学习现状的调查工具和方法。体育学习涵盖五个领域，涉及体育知识与健康知识、锻炼方法、运动技能、态度和情感、社会适应能力。不同领域内容的学习现状调查需要不同的调查测量方法。因此，要根据不同的调查范围选择适合的调查方法。一般来说，体育知识的掌握和运用可以通过相关问题的测验来调查，体能（形态、机能、素质、运动技能）可采用相关测量指标来测量、评定，体育态度、行为、兴趣、社会适应能力等可采用访谈或调查量表来调查。设计访谈提纲、调查量表和测试指标，我们可以根据体育学习现状调查范围形成具体的调查、测量指标体系，并编制成相应的访谈提纲、调查量表、测量指标。进行学习现状的实际调查，可通过对学生进行访谈、召开座谈会、组织测试、进行问卷调查等方式收集调查资料。此外，还要善于捕捉测试、调查量表以外的有用信息。进行学习现状调查结果分析，可对现状调查结果进行各类整理、统计处理、综合分析，以确定学习现状。将学习现状与期望状态进行对照，可得出学生体育学习现状和期望状况之间的差距，进而对差距和问题产生的原因进行分析，论证解决问题的必要性。利用学习需要评价表，我们可以清楚地把体育学习需要分析结果表现出来。从学习需求中找出体育教学中的主要问题以及问题形成的主要原因，分析问题的产生是否与体育教学资源和体育教学的约束条件有关，然后确定该问题是否可以通过体育教学设计来解决，分析学习差距以及差距产生的原因，为制定体育教学目标提供依据。

3. 体育学习需要分析应注意的问题

①体育学习需要是指体育学习者的差距和需要，而不是教师的差距与需要，更不是体育教学过程、方法和手段的具体需要。②获得的数据必须真实、可靠地反映体育学习者的

情况，它包括现在和将来应该达到的状况，要避免从“感觉”需要入手。③要以体育学习行为来描述差距，而不是用过程或手段来描述，要避免在确定体育教学中的问题之前就去寻找解决问题的方案。④因为体育学习需要分析是一个永无止境的过程，所以在实践中要经常检验体育学习需要分析的有效性。

二、体育教学内容分析

体育教学内容是指为实现体育教学目标，要求学习者系统学习体育与健康的知识、技能和体育能力的总和。它是教师为了实现体育教学目标而专门为学习者精选的，是学习者从现实状态过渡到目标状态的载体。这一步要解决的实际上是教师“教什么”以及学生“学什么”的问题。因此，在教学设计中要构建科学的教学内容，不能单一按项目割裂教材内容，可以按项群、按主题、按互补性来构建“教材群”。比如在对学习内容进行全面分析的基础上，根据对技能本身的价值判断，设计出更具生活意义和生命价值的体育学习主题：可以把跳高、跳远、跳山羊等技能结合在一起进行课堂教学设计，定名为“越过障碍”这一学习主题。

体育学习需要的分析，揭示了体育教学中存在的问题及其主要原因，据此提出了体育教学设计的方向并制定了体育教学目标。为了保证体育教学目标的实现，体育教学必须有恰当的、适宜的体育教材内容作为载体。体育教材内容就是指为实现体育教学目标，精选和组织的具有一定深度的体育与健康知识、技能体系。它是体育教学目标赖以实现的载体。体育教学设计需要对体育教材进行分析，旨在确定体育学习的范围和深度，揭示体育教材本身的特点、功能、所适应的教学对象以及所需的教学环境等，以保证达到体育教学最优化的内容效度。从构成的角度讲，体育与健康知识、运动技能信息及这些信息赖以存在的体育项目载体是组成体育教材的不可或缺的要素。从功能来看，体育教材是为促进学生身体、心理、社会适应能力、道德健康目标服务的师生之间的中介。从表现形式上讲，除了有和别的学科相似的，包括以教科书为主体的图书教材、各种视听教材、电子教材以及来源于生活的现实教材外，体育教材最主要的内容是各种身体练习项目。

体育教材功能分析与人们所持的教材观有着密切的联系，同时，这种认识又随时代的发展不断发生着变化。长期以来，我们一直把教师、学生、教材作为教学活动的三要素，教材在教学中发挥着举足轻重的作用。传统体育教学把运动技能作为体育教材，并且把竞技技能看成学生必须完全接受的内容。随着体育与健康新课程的不断推广，教材的实质功能呈现出新的转向，这种转向的根本特征是凸显其“范例性”，即把教材看作引导学生认知发展、生活学习、身体发展和人格建构的一种范例，是引导学生认识、分析、理解人的健康发展规律，发展健身与健康能力和社会适应能力的中介，是手段或范例。因此，它强调体育教材是学生发展的“身体练习中介”，是师生进行交互活动的内容。师生进行体育教学活动的目的不是传授或学会运动技术本身，而是通过运动技术的传授或学习这一中介进行交流，获得发展。体育教材的功能归纳起来有如下几点：①传递与创造人类丰富的体育与健康文化；②促进学生身心全面发展；③促使学生养成健康生活方式；④从教学系统内部看，教材在教学目标、课程、教师、学生、教学环境、教学评价、教学观和教学模式上也都具有一定的功能。

三、体育学习者分析

对学生的分析是建立在以学生为主体的体育课堂教学前提之下的。首先，要分析学生的需求状况，解决教师“为何教”、学生“为何学”的问题；其次，要分析学生的技能学习基础和学习能力，为“如何教”寻求共性的实践依据；最后，要分析学生的差异状况，为可能采用的个性化教学指导提供设计依据。主要针对要学习的内容，阐明学生已有的知识基础、思维结构、能力层次，对要掌握的学习内容有哪些不利因素，需要采取哪些对策。在进入新的学习单元时，学生原有的学习习惯、学习方法、相关的知识和技能对新的学习任务的成败起着决定性的作用，它们是新的学习任务的内部条件。所以教师在确定终点教学目标后，必须分析并确定学生的起点状态即起点能力。在一般情况下，教师可通过安排小测试、课堂提问、问卷调查等方法来了解学生原有基础。体育教学设计方案是否与学习者的特点相匹配，是体育教学设计成功与否的关键之一，因为一切教学过程只有从学生的实际出发才能取得成功并不断优化。

学习者分析的目的是了解学生的学习准备情况和学习风格，为后续的体育教学设计步骤提供依据。虽然教学设计者不可能对每个学习者的心理因素、生理因素、社会经济因素等都进行分析，但是必须了解那些对决策起重要作用的因素。体育学习者分析的目的是了解学习者的一般特征、学习风格和学习准备情况，为体育教材内容的选取和组织、体育教学目标的制定、体育教学方法和媒体的选择、体育教学过程的设计等教学外因条件以及适合学习者的内因条件提供依据，从而使体育教学真正起到提高学习者的健康水平，促进学习者的运动知识、技能和能力发展的作用。体育学习者分析主要从两方面进行。①分析学生的一般特点和学习风格，为在体育教学中因材施教、使学生向个性化方向发展、培养学生的创新意识和能力提供条件，让每一个学生明确自己的目标，在重视个人特征和自我价值观的基础上，学会怎么“做”，为给不同的学生提供科学、合理的体育教学提供依据，使体育教学真正能为每一个学生的发展服务。②分析学生的起点能力，为“如何教”寻求共性的实践依据。只有以学生原来具有的技能学习基础、生活经验以及对体育学习的兴趣、态度等为基础，精心设计体育教学活动，指导学生不断完善自己的体育知识、技能和能力，才能使体育教学获得成功。

第二节　体育教学设计理论

一、系统论理论基础

系统科学近年来在教育领域内应用比较广泛。依据系统理论的思想观点，不仅体育教学过程是一个系统，而且体育教学设计也是一个系统。系统理论主要为体育教学设计提供了系统分析方法。从系统理论所提供的思想和方法出发，来研究体育教学设计，为体育教学设计打开了一个新的视角。系统理论为人们进一步认识事物的本质提供了依据，指导人们去揭示物质运动的规律。系统理论认为：整个自然界是以系统的形式存在的有机体，任何客体都是由很多要素以一定结构组成的具有相对功能的系统，整个自然界是由不同层次的等级结构组成的开放系统，它处于永不停息的运动中。用这些基本观点去观察世界，能够较为具体地说明物质世界的本质联系。这也为系统地研究体育教学设计系统及体育教学各要素提供了重要的方法论指导。

系统论认为，世界上一切事物都是作为各种各样的系统而存在，任何事物、现象、过程都自成系统。什么是系统？“系统”一词出自希腊语“system”，表示群或集合的概念。“系统”的英文为“system”，解释为“同类事物按一定的关系相互作用的整体”。系统论的创始人贝塔朗菲把系统定义为“相互作用的很多要素的复合体”。一般认为，“系统是相互间具有有机联系的组成部分结合起来的能够完成特定功能的整体”。系统就其本质来说，就是要素及其关系的总和。系统的构成至少要有三个条件：①要有一定的要素，其中因为分析的需要，而把其主要的元素称之为要素；②要有一定的结构，即要素之间的相互联系，若要素之间没有联系，则不能构成系统；③要有一定的环境，系统是一定环境中的系统，它在一定的环境作用下，又作用于一定的环境，没有环境就没有系统。系统的组成部分所包含的内容将由系统设计者的需要而定。

由于分类的标准不同，对系统有不同的分法：①根据系统的组成内容不同，可将系统分为物质系统、社会系统等；②根据系统的生成原因不同，可将系统分为自然系统、人工系统；③以系统的形式或从它的复杂程度来分，可将系统分为小型系统、中型系统；④从系统与时空的关系上来划分，可将系统分为静态系统、动态系统；⑤从系统与环境的关系上来划分，可将系统分为封闭系统、开放系统；⑥从功能上分，可将系统分为控制系统、封闭系统等。

体育教学系统的特点主要有以下几方面。①目的性。体育教学系统的存在和运行始终围绕着一个明确的教学目标，这个目标从纵向关系看，包括学段（水平）教学目标、学年教学目标、学期教学目标、单元教学目标、课时教学目标等。②整体性。系统是由两个或两个以上的可相互区别的要素构成的综合整体。构成体育教学系统的各要素虽然具有不同的作用，但它们都是根据逻辑统一性的要求而构成的整体，缺一不可，如教师、学生、教学目标、教学内容、教学方法、教学环境、教学过程、教学评价等。③关联性。体育教学系统各要素是相互联系、相互作用的，这些要素之间具有相互依赖的特定关系，这种特定关系才能使它们有机地结合起来，从而形成具有特定性能的体育教学系统。④开放性。体育教学主要在户外进行，与外界始终是紧密联系的，它的操作及运行过程受环境条件影响较大，体育教学系统与外界系统保持着动态联系。⑤差异性。体育教学对象（学生）是存在差异的，这种差异既有班级间的差异，又有学生个体的差异，体质强弱、健康水平、兴趣爱好、运动技能等千差万别。所以在体育教学中，教学内容的选择、方法的应用、负荷的大小都应因人、因时、因地制宜等。

总之，体育教学设计是一个复杂的系统，它受到诸多教学要素的影响和制约。因此，我们只有从系统理论所提供的思想和方法出发，研究体育教学设计的过程，同时了解体育教学设计各要素的结构、功能和特点并整合各要素的功能，深入了解各要素之间的关系，并通过严密的分析和精心的策划，充分发挥各要素对体育教学设计的良性作用，才能设计出高质量的体育教学方案。

二、传播学理论基础

传播就是将信息从一个地方传到另一个地方。传播学研究的是信息的传播过程、信息的结构和形式、信息的效果和功能。传播理论对体育教学设计产生着重要影响，因为体育教学过程就是一个信息的传播过程。传播理论揭示了体育教学过程系统中各要素之间的动态联系和相互关系，描述了体育教学系统中信息的传播过程，为体育教学设计者进行体育教学设计提供了理论支撑。人类是处理信息的动物，是传播的动物，传播渗透到我们所做的一切事情中，它是形成人类关系的材料，它不断延伸我们的感觉和信息渠道。人们除了睡觉外，大部分时间都在使用媒介。在日常生活中，人们对信息有三种看法：一是作为通信的消息来理解；二是作为运算的内容而提出的；三是作为人类感知的来源而存在的。一般地说，信息是指反映客观世界中各种事物的特征和变化的组成。

关于信息的传递，威尔伯·施拉姆提出了有意义信号的传播和接收的模式。此模式具有四个要素：信息发送者、信号、信息通道、信息接收者。首先，信息发送者通过各种媒体，使用语言，借助手势、表情、语调等方式发送信息，这些信息包含了发送者的文化、经验、态度、能力等。所发送的信息并不是所有的都能被信息接收者接收。因此，所发送的信息必须经过某种形式的编码，被编码后的信息通过信息传播通道传播出去。信息传递有不同的通道，声波作为听觉通道，光波作为视觉通道。何种信息选用哪种信息传播的通道，才能获得最佳的效果，是体育教学设计者选择媒体时应着重考虑的。

然后，信息接收者对接到的信息进行解码，并对其附加一定的意义。要有效地完成这个过程，信息接受者对信息的细节必须有足够的感知和注意，这还取决于信息接收者的经验背景、个性特征、价值观等，与信号呈现的质量等因素也有关。在威尔伯·施拉姆《大众传播的过程与效果》一书中，他认为，只有在信息传播者和信息接收者的经验领域重叠的部分，传播才是有效的。从传播模式中可以看出，有效的传播不仅是发送信息，还要通过反馈途径，从接收者那里获取反馈信息，以便据此调整发送出去的信息。在信息传递的全过程中，信号的质量可能受到噪声的干扰，极易导致传播失误或接收困难。因此，在体育教学设计时，必须考虑噪声的消除问题。信号的形式和结构影响着信息的接收，这里需要注意三个问题：信号的组织、语言的作用和能够引起注意的信号特征。大多数信息都可以用词或者句子进行编码，所以语言是建构信号的基本因素。语言为组织信号提供了一种结构方式，人们可利用语言对信号进行编码和组织，也可用其对信号进行解码。

传播过程中另一个关键因素是信号中所包含信息的组织化程度。那些有序的结构和图式丰富的、相互之间密切联系的信息易于记忆和提取，而无序的信号由于缺乏结构而常常被人遗忘。这里我们还要考虑一个问题，那就是信号的传播速率对信号负载量的影响。快速传递的信息对接收者施加了更重的信息负载。一般认为，接收者控制信号的程度越高，传播的效果越好。信号的形式和结构中还有一个要考虑的问题是，信号要能够吸引接收者的注意力。因此，体育教学设计者必须对信号精心设计，而且还要排除影响接收者注意和编码的那些刺激信号。所以，确定选择何种体育教学媒体是十分重要的。

至于传播的背景，可以划分为个人之间的、小组中的、机构中的和大众媒体的四类。个人之间传播的原因有人际关系、需要等。体育教学活动常以小组的形式进行，在小组传播情境中，传播具有相互依赖、较强的目的性、密集形式等三种特性。据此，可以分析小组中相互之间传播的情况。如果要影响机构的传播状况，必须了解机构的传播模式和有影响力的管理者。大众传播的特点是单向快速，信息接收者可控制信号的接收，以上这些方面的知识对进行体育教学设计是有帮助的。

通过以上分析，传播理论的基本思想和观点可以应用到体育教学设计中去。第一，体育教学设计可应用传播理论的一些具体方法。例如对学生的分析，其宗旨就是要了解学生原有的经验、兴趣和动机等，以便使信息发送者（体育教师）清楚信息接收者（学生）具备了哪些经验。传播模式中的反馈是为了了解信息接收者（学生）是如何解释所发出的信息，接受的效果如何。体育教学设计也必须通过反馈不断地了解学生的需要，以便修改体育教学信息，使传送的体育教学信息更有效。第二，传播理论十分重视传播媒体的分析和选择，不同的媒体将产生不同的传播效果。体育教学设计也十分重视体育教学媒体的分析和选择，因为体育教学媒体是传递体育教学信息的通道，哪种通道便于学生理解和接收体育教学信息，哪些通道有利于提高体育教学效率和效果，这是进行体育教学设计时必须加以考虑的。同时，应用传播理论可以使体育教学设计者科学地考查学生接收信息的能力，有效地提高学生理解和接收体育教学信息的能力和水平。传播理论对体育教学设计的理论支持主要体现在：传播过程理论模型说明了体育教学传播过程所涉及要素；传播理论指出了体育教学过程双向性；等等。

三、教育学理论基础

教育是培养人的活动，教育的直接对象是个体的人，人才培养的质量与劳动力的素质和劳动生产率密切相关。孔子提出的“有教无类”的教育思想，可以理解为人人都有受教育的权利；孔子的这些教育思想与观点成为当今教育“人人、时时、处处”学习与教育理念的思想基础。教育学理论指出，教师在教学过程中起主导作用，主要因为教师“闻道在先，术有专攻”，受过专门的教育训练。他们不仅知之在先，知之较多，而且有扎实的教育科学知识、体系化的教学技能，从而能够更有效地向学生传授知识，帮助学生发展智力、完善人格。

学习理论是研究人类学习的本质及其形成机制的心理学理论，而体育教学设计则是为学习者的体育学习创造环境，根据学习者的不同需要设计不同的体育教学计划，在充分发挥体育教学对人的全面发展作用的基础上进一步挖掘体育教学的功能。因此，体育教学设计要广泛地了解及学习人类行为，将学习理论作为其理论基础。

现代学习理论主要有三大学派。他们在对学习的实质、过程、规律及其与学习者心理发展关系的认识上都有所不同。行为主义的学习理论强调学习刺激与反应的联结，主张通过强化和模仿来形成和改变行为；认知主义的学习理论强调学习是认知结构的建立与组织的过程，重视整体性和发展式学习；人本主义的学习理论强调学习是发挥人的潜能、实现人的价值的过程，要求学生愉快地、创造性地学习。各学派学习理论对体育教学设计的理论支持作用表现在三大方面。①在行为主义学习理论中，斯金纳的程序教学为体育教学设计的程序提供依据。体育教学设计开始于程序教学的设计，程序教学为体育教学设计提供实现基础。②认知主义学习理论为体育教学设计提供科学依据。布鲁纳是美国当代认知心理学的主要代表人物，他认为学习是认知结构的组织和重新构建，是将有内在逻辑结构的教材与学生原有的认知结构联系起来，新旧知识交互作用，是新材料在学习者脑中获得新意义的过程。③人本主义学习理论以罗杰斯的“以学习者为中心”的学说为代表。他主张学习者要充分挖掘自己的潜在能力，能够愉快地、创造性地学习。其主要观点有：意义和经验的学习是重要的学习，即让学生学习对自己有意义、有价值、有好处的知识和技能；学习是愉快的事，即不应给学生加上过重的心理负担，不能用威胁、讽刺等手段强制学生学习；学生必须懂得怎样学习，即学生必须在教师的引导下主动发现、运用有效的学习方法；学生要学会自我评价，即教师要引导学生分析自己的学习历程与学习水平，而不是和别人比较；情感在学习过程中有重要作用，即要发展学生的积极情感，使学生以饱满的热情投入学习。总之，体育教学设计的目的是促进学习者更有效地进行体育与健康知识和技能的学习。体育教学设计必须充分研究学习者的体育学习，即分析学习者的学习需要、学习特征和体育教材内容，然后制定体育教学目标、研究教学策略、选择媒体等。学习理论就是研究人类学习的理论，也必然成为体育教学设计的基础理论之一。

教学理论是研究教学本质和一般规律的科学。教学的本质与一般规律是指教学过程的基本性质以及教学过程与教学结果之间的因果关系，即各种教学事件（教学活动）和学习过程、学习结果之间的内在联系。因为要通过规律性的认识来确定优化学习的各种教学条件与方法，所以教学理论属于规定性理论。教学的社会职能是传授人类历史发展中积累的社会经验，它不能不受到社会背景规定的目的和任务的制约。传授什么，如何传授，以及最后在学生身上形成什么样的品质，是教学理论的核心问题。教学理论研究的范畴将教学理论的研究对象具体化，主要是研究教学的价值、目的和教学活动的具体目标，确立正确的价值观，探讨教学目的、目的制定的依据及其与教学活动的联系或关系。研究教学的本质，揭示教学过程的因素、结构及其客观规律。研究教学内容，探讨社会、教师、学生与教学内容的制约关系，揭示教学内容的制定、变化和更新的机制。研究课程、教材的正确选择与合理编排的原则和要求。研究教学的模式、原则和组织形式，研究教学的手段和方法，为教学实践活动建立规范、提出要求。研究教学评价，教学评价的标准、要求和手段，为调整教学活动环节，保证和提高教学质量提供可靠的反馈系统。

教学理论与体育教学设计的关系。体育教学设计是科学解决体育教学问题、提出解决方法的过程，是在教学理论、学习理论指导下，用系统的思想和方法对教学理论研究的主要范畴，即教师、学生、教学目标、教学任务、教学内容、教学形式、方法和原则等要素进行研究和应用。

四、生理学理论基础

青少年儿童生长发育是一个长达20年左右的连续、统一的发展过程。在这一过程中，由于社会环境、营养、遗传和体育锻炼等因素的影响，不可避免地存在着较大的个体差异，但同时也遵循着共同的基本规律。青少年儿童生长发育的规律主要包括身体形态、生理机能和身体素质等几个方面，它们互相依存、互相影响、互相制约。人体的形态，从外形上，可分为头、颈、躯干和四肢等主要部分；从人体内部来看，主要包括肌肉、骨骼、心、肝、肺、肠等大的器官。如果用显微镜来观察就可以发现，人体任何部位、器官都是由基本相同的结构单位组成的，这就是细胞，它是组成人体的形态、结构，形成人体机能，以及人生长发育的基本单位。

人体的生长发育是一个连续、统一、逐渐完善的过程，青少年儿童的身体形态随着年龄的增长而变化，但在各个年龄阶段，生长发育的速度并非匀速直线上升，而是呈现出一定的阶段性和波浪性的特点。青少年儿童的身体机能发展和完善表现在神经系统、骨骼肌肉系统、呼吸系统以及心血管系统的功能变化上，各个系统的功能和特点都会随着青少年儿童发育的不同阶段呈现出较大的差异。身体素质的发展随着年龄的增长而变化，表现出明显的年龄特征和性别差异。在身体素质发展的过程中，不仅存在一个连续的增长速度较快的时期，而且还有一个身体素质发展的敏感期。

体育教学是以学生的身体练习为主要手段，以促进学生健康、增强学生体能为核心，以培养和谐全面发展的学生为目的的特殊教学方式。体育教学设计就是为了最大限度地挖掘体育教学在促进学生生长发育、提高学生的身体机能、增强学生的体能等方面的有效性。因此，在进行具体的体育教学方案设计时，我们应该详细了解教学对象的生长发育规律、有机体的机能特征以及不同年龄阶段学生的身体素质特点。青少年儿童的生理特点对体育教学设计的影响主要表现为：在分析体育教材内容、确定或创编具体的体育教材内容时，应充分考虑青少年儿童的生理发展特点，使选择的体育教材内容充分发挥其在体育教学中的载体作用，为体育教学目标和任务的完成提供条件；在对学习者的学习需要和具体特征进行分析时，尊重学习者的心理发展特点，有利于我们准确地确定体育教学中存在的问题，确定学习者的教学起点；此外，体育教学目标的制定、体育教学策略的选择以及体育教学过程的安排都要遵循青少年儿童的生理发展特点，以设计出适宜的体育教学目标、有效的体育教学策略和丰富多彩的体育教学过程。总之，在体育教学设计过程中，必须认真遵循学生生长发育的规律，重视各种生理规律对体育教学的积极影响和制约。只有这样，才能设计出真正体现新体育课程理念、高效完成新体育课程目标和任务的体育教学方案。

动作技能形成的规律。运动技能是一种习得的能力，是按一定的技术要求，通过练习而获得的迅速、精确、流畅和娴熟的身体运动能力。运动技能也指在准确的时间和空间里正确运用肌肉的能力，即在大脑皮质主导下的肌肉的协调性。按照巴甫洛夫条件反射学说，运动技能的形成是由简单到复杂的过程，其实质是在大脑皮质建立暂时神经联系的过程，并有建立、形成、巩固和发展的阶段性变化和生理规律。运动技能的形成过程是一个连续的、渐进的过程，运动技能的形成可分为泛化过程、分化过程、巩固过程和自动化过程。新课程标准把体育与健康课程的性质确定为：体育与健康课程是一门以身体练习为主要手段、以增进小学生健康为主要目的的必修课程。新课程的内容标准分为四个学习领域，即运动参与、运动技能、身体健康、心理健康和社会适应。其中，运动技能学习领域直接体现了体育与健康课程以身体练习为主的本质特征。运动技能也是实现其他领域学习目标的主要手段之一，没有运动技能教学也就没有体育教学存在的价值。运动技能的教学仍是我们体育教学的核心。在体育教学设计中，运动技能的形成规律主要影响体育教学目标的制定、体育教学策略的选择以及体育教学过程的组织和实施。只有严格地遵循运动技能的形成规律，才能制定出准确而适宜的知识、技能学习目标，才能设计出实用性好、针对性强的体育教学方法、手段，也才能较好地实施和控制体育教学过程。因此，体育教学设计必须遵循运动技能的形成规律。

身体机能适应规律。体育教学之所以能通过体育活动和锻炼对学习者的有机体进行生物改造，达到增强体质、增进健康的目的，就是因为有身体机能适应规律的存在。遵循身体机能适应规律，不仅能有效地增强体能，而且能促使有机体的神经系统、运动系统、心血管系统、呼吸系统和能量代谢系统等的机能水平向着有助于健康的方向发展，这也正是体育教学活动和体育锻炼的意义所在。在体育教学设计中，学生身体机能适应规律会影响体育教学策略和体育教学过程的设计。我们在设计具体的体育教学模式、体育教学方法和体育教学手段时，要遵循学生的身体机能适应规律，使我们所选择的教学模式、方法、手段有利于促进学生体能的增强以及健康水平、体育动作技能和活动能力的提高。在对体育教学过程进行设计时，把握学生的身体机能适应规律，有助于设计出更科学、更有效的体育教学过程。

五、心理学理论基础

体育锻炼既是身体活动又是心理活动，体育锻炼与心理健康之间是一种相互作用、相互制约的关系。心理健康对于个体学习和掌握动作技能、提高体育成绩及坚持参加体育锻炼具有重要作用；反过来，体育锻炼有助于增进人的心理健康。

青少年儿童心理发展包括认知发展、情感和意志发展、个性发展等三个方面。认知发展主要包括：感知、注意、记忆、思维和想象。青少年儿童的认知发展随着年龄的变化而变化，在不同的年龄阶段表现出较大的差异性。从总体来看，青少年的情感与儿童相比具有内隐性及延续性，他们的情感丰富、生动，表现强烈、鲜明，但对情绪、情感的控制能力不够强。儿童意志的独立性、果断性、坚持性和自控能力都比较差。随着年龄的增长，初中阶段以后，学生意志的独立性和坚持性迅速发展，果断性和自控能力也得到提高，但仍带有冲动性和草率性。个性发展包括：个性心理特征（气质、性格、能力）和个性心理倾向（需要、动机、兴趣、信念和世界观等）。青少年儿童的个性心理特征和个性心理倾向在不同的年龄阶段具有不同的特点。

在体育教学中，为了更好地实现体育教学目标，达到增强学生的体质、增进学生的健康、使他们掌握体育与健康的基本知识和技能的目的，我们需要了解不同年龄阶段学生的心理特征；为了培养学生积极参与体育活动的态度和行为，培养学生健康的心理以及良好的社会适应能力，我们更需要详细掌握学生的不同心理特点。学生学习和掌握体育与健康的知识和技能、增强体质、增进健康的过程不仅需要学生的身体参与，而且对学生的心理过程也有较高的要求。培养学生积极参与体育活动的态度和行为以及健康的心理，更需要我们深入地理解心理学的相关原理，并有效地结合体育教学实践加以应用。学生的心理发展特点是我们进行体育教学设计时需要遵循的主要规律之一。这是因为学生在体育课堂中的学习受到其心理发展特点的影响和制约。我们只有清楚地把握学生的心理发展特点，才能准确地分析学生的学习需求和特点，准确地确定学生的起始状态，为后续体育教学活动的安排提供依据；才能选择或创编符合学生心理特点的体育教材内容并使其充分发挥实现体育教学目标的载体作用，激发和保持学生对体育学习的兴趣，调动学生的学习积极性和主动性；才能制定出具体的、可操作性强的体育教学目标，为体育教学活动的开展提供准确方向；才能设计出理想的、高效的体育教学模式、方法和手段，为体育教学目标的实现提供保障；才能设计出既丰富多彩又严谨有序的体育教学过程，为体育教学的全面实施提供具体的、完整的思路。总之，掌握不同年龄学生的心理发展特点是设计高质量体育教学方案的前提和基础。

第三节　体育教学设计原则

一、目标导向原则

目标导向原则是指体育教学设计必须紧扣体育教学目标，所有教学环节的设计都以目标为导向，体育教学设计方案要保证实施过程的教学行为与目标保持高度一致，为目标的实现服务。体育教学目标由体育与健康课程目标决定。从课程目标到水平目标，到学年目标，到学期目标，到单元目标，再到课时目标，形成系统的教学目标序列。

体育教学设计是一个通过解决问题来实现体育教学目标的准备过程。因此，在进行体育教学设计之前，要认真解读体育与健康课程目标体系，理解体育教学的宏观目标，找到课程目标实现的具体步骤；要深入教学实际进行调查，了解教学中存在的问题，确定问题的性质，分析学习者的学习需要、特点和起始能力，从而确立课堂教学的具体目标；要选择实现目标的手段，研究解决问题的办法和途径，设计实施程序，然后用体育教学设计方案的形式呈现出来，最终达到解决体育教学问题、实现体育与健康课程目标的目的。

体育教学设计在体育教学过程的初始阶段，对体育教学过程起着宏观调控、指导与定向的作用，是体育教学目标实现过程的具体演说，它的优劣直接决定着体育教学过程和教学效果的优劣。体育教学的目的就是帮助学生从起始状态（学生目前的实际情况）达到目标状态（学生学习后达到的结果）而体育教学设计就是为了制订科学、合理的教学实施方案，高效地帮助学生实现这种状态的转移。因此，体育教学设计的每一个环节、每一个步骤都要考虑对教学目标实现的功能和作用效果，检查是否有利于学生的体育能力、健康状态、社会适应能力向目标状态高效转移。

二、整体优化原则

体育教学模式的整体优化是指体育教师运用综合性观点，对体育教学模式分析和综合的基础上，通过优选体育教学模式方案和科学地组织体育教学，在已有物质基础条件下用最少的时间和精力获取最佳的体育教学效果。在进行体育教学设计时，应从整体最优化的目标出发，使体育教学系统的每一个要素、每一局部过程和每一环节都置于系统的整体设计之中，以协同实现体育教学设计整体功能的最优化，而且要特别注意要素之间结构和功能的相互匹配，最终设计出最优的教学方案，使体育教学达到体育教学设计的预期效果。

体育教学设计的整体优化集中表现在设计和组织教学两个方面。它包括以下四个最基本的要素：①分析教学对象；②制定教学目标；③确定教学策略；④安排教学过程。体育教学设计整体优化原则要求把体育教学设计作为一个整体加以考虑。要从体育教学设计方案整体与要素、要素与要素的相互联系和相互作用，以及体育教学设计系统与外部环境的制约关系中去揭示体育教学设计的特征与规律。要运用系统的思想和方法，把影响体育教学设计效果的各个因素看作整体的一个部分，对体育教学设计过程的各个环节及其相互关系做出分析和探讨。同时，由于整体功能大于部分功能之和，我们还要从整体考虑并设计体育教学过程，处理好体育学习需要与学生特征、体育教学内容与体育教学策略、体育教学目标与体育教学评价、体育教学环境与体育教学媒体等要素和要素之间的相关性、制约性，设计出最优化的体育教学方案，增强体育教学系统的整体功能，提高体育教学的整体效益。

三、程序性原则

程序性原则是指在体育教学设计中必须根据学生的现实状态，遵循体育教学规律，有序地编排教学内容和采用恰当的教学策略。体育教学观念不同，体育教学设计的指导思想不同，体育教学设计的重点和结果也不同。体育教学设计是体育教师科学素养和教学思想的具体体现。体育教学设计作为系统决策过程，它的每一步都受一定的体育教学观念的支配。因此，在体育教学设计中，体育学习程序的编排要有利于学生原有认知结构、动作技能、健康水平、身体素质向新的体育学习内容转化，有利于动作技能的良性迁移，有利于促进学生的学习和社会适应能力的形成，还要便于教与学的操作。

体育教学设计实现程序化是一个非常困难的过程。因为体育教学目标体系是多元化的，体育教学内容与体育学习目标呈非线性关系。体育教学内容本身基本上是依托体育项目，因此难以形成有序性；加之体育教学环境复杂，不可预测因素多，也使体育教学设计难以程序化。体育教学设计课程是一门关于“以系统的思想和方法为指导，以体育教育学的相关理论为基础，遵循与体育课程有关的生理学、心理学和社会学原理，对‘教什么’和‘如何教’所制订的一种‘低耗高效’的操作方案”。因此，体育教学设计的程序性不但要求体育教学设计者把握学生认识过程规律、动作技能形成规律、身体发育规律、身体适应规律，深入了解学生的知识学习基础、身体基础、动作技能基础、体育学习态度，还要求教师根据现有教学环境条件，研究体育教学内容体系，编制体育教学步骤，才能使之程序化。

体育教学方法程序性设计划分为如下几个步骤。

1. 明确体育教学任务

分析每节课中的体育教学任务，将所有细化出的教学任务整理排列出来，综合制定本节课的思想德育教育、知识技能学习运用技能学习以及学生创新能力、个性发展培养的详细任务。这就提示我们体育课教学的任务不仅仅是让学生掌握运动技能，还培养学生的综合性能力。

2. 提出总体设想

根据具体教学任务、教材内容难易程度、学生具体情况和体育教学外部综合条件，提出本节课所能用到的多种教学方法以及教学时间。并且，对多种教学方法进行分析，主要考虑其对学生的适应性，以及在各个教学阶段完成不同的教学任务的效果。在选择具体教学方法时，要以启发式教学为指导思想，以培养学生创新能力、促进学生个性全面发展为目标。

3. 对多种教育教学方法进行优化组合

首先，制定一张最佳教学方法的选择工作表，其中包括各种可用的体育教学方法和各种方法的使用方式和细节等。其次，对所提供的体育教学方法进行多方比较、仔细推敲、去粗取精，并做出调整、配合、选定。最后，完成优化组合并应用到体育教学实践中去。

4. 教学方法的实施和评价

在体育课堂中对优选出来的体育教学方法进行实践应用时，体育教师要注意教学方法的实施情况与学生的适应状况。课后要对本节课的教学方法的应用情况进行评价，找出成功或失败的原因，总结经验教训，不断提高体育教学方法优化组合的理论和实践能力。

四、可操作性原则

可操作性原则是指体育教学设计方案应在体育教学具体实施过程中具备便捷、实用、低耗、高效的特点。体育教学设计的工作主要有以下 7 个方面。

1. 对学生学习需要和发展需要的分析

进行体育教学设计的第一个工作就是要认真分析体育教学系统的环境，其中最重要的内容就是对学生的学习需要和发展需要进行分析；只有在客观地分析学生学习需要和发展需要的基础上，才能提出合理的体育教学目标并进行科学的体育教学设计。因此，体育教学设计的第一个工作就是要明确学生“为什么而学”“为什么必须学”的问题。

2. 对学习内容的分析

体育教学设计还要对学生需要学习哪些知识和技能，要达到什么程度和水平，体育教学过程可以形成何种能力等进行分析。学习需要分析与学习内容分析密切相关。前者是明确学生“为什么而学”的问题，后者是教师针对学生学习和发展的需要决定“让学生学什么”的问题。

3. 对学生的分析

教师对学生当前具备的知识技能的了解程度是教学成败的关键。因此，搞好体育教学设计，还必须分析学生在进入学习前的准备状况。这个准备状况包括：学生的身心特点、某项技能的基础等。

4. 体育教学目标的设计

在对学生的需要、学习内容和学生自身情况进行分析的基础上，要对体育教学目标进行设计和编写。明确而具体的教学目标是进行体育教学策略制定和体育教学媒体选择的指导思想，同时也为体育教学评价提供了依据。

5. 体育教学策略的设计

体育教学策略设计是体育教学设计的核心和重点。体育教学设计就是对体育教学实践方案进行设计。体育教学实践方案则是用于指导具体教学活动的文件，是在对学生需要、学习内容和学生自身情况进行分析的基础上，设计和编写体育教学目标。学校体育教学要紧跟时代步伐，不断进行体育教学内容的选择与优化，建立能够充分体现“和谐、扬长、发展”个性特点的体育教学新模式，这样才能真正做到以生为本。

6. 体育教学设计不能太理想化

进行体育教学设计时，把目前学生做不到或不会做的活动也设计进去只会适得其反。体育教学设计方案不是一蹴而就的，要在体育教学中经受检验，并随着教学实践经验的不断增多，进行不断的修改和充实。李金钟在《新课程理念下体育教学设计的策略研究》中说，只有在新的教学理念下科学、合理的教学设计，才能保证教学效果。通过对新课程理念影响教学活动的各种因素进行综合分析，建立科学、合理的体育教学设计策略，建立积极有效的教学过程，为学生提供更好的学习条件。

7. 体育教学设计要具有可操作性

在体育教学设计过程中，不能生搬硬套教科书上的案例和模式，要在进行体育教学背景分析的基础上，制定切合自己学校、班级特点的教学目标，安排适量的、实用的、与现有教学条件相匹配的、可操作的教学内容。在教学内容难度的确定上也要考虑学生的现有基础，尽可能让学生在学习中体验成功的乐趣，感受成功的喜悦。体育教学设计的可操作性还包括操作的难度。有些体育教学设计方案虽然可以执行，并且可以获得很好的教学效果，但如果必须花费很大的精力，占用很多的教学资源，不能适用于常规教学，可操作性也不强，就应该加以修正。体育教学设计的可操作性是为了提高体育教学效果，不是为了标新立异。体育教学设计无论其形式多么新奇多样，都务必讲求实效，因为追求高新优质的教学境界是我们进行教学创新的根本目的。因此，体育教学设计必须与学生现有水平及教学环境相适应，否则，无论教学者的教学理论多么先进，教学水平多么高，都不可能达到预期的效果。

五、灵活性原则

灵活性原则是指体育教学设计要针对不同的课型、不同的学生、不同的教学条件进行不同的设计，即努力使特定情况下的体育教学各环节达到最合理的匹配。体育教学目标的多元化、体育教材的特殊性和各地区、各学校体育器材、设施条件的差异性决定了体育课类型、模式结构的多样性和体育教学设计的灵活性，很难有适合所有学校情况的体育教学设计方案。如尹军在《注重体育教学的灵活性》中也提到“体育教学的方法要丰富多彩，兴趣是第一位的，让学生爱体育，做到回归游戏，真正做到寓教于乐，成为体育学习的受益者”。

体育教学设计的对象是体育教学系统，这是一个开放的动态系统。体育教学系统的开放性表现在体育教学过程在开放的空间中进行。一方面，体育教学活动受外界环境的影响较大（如场地、季节、气候都会随时影响其正常进行）；另一方面，体育教学过程中师生、生生之间人际交往复杂，角色不断发生变化。体育教学系统的动态性表现为体育系统处于不断的运动和发展之中。学生在体育学习时，其身体、心理都在不停地变化。体育教学设计方案应充分体现教学系统的开放性、动态性的特点和可变因素，具有较大的可调控空间，以适应体育教学过程中的变化。

第三章　小学体育教学方法与科学发展

在课程改革的背景下，体育教学的发展越来越受到关注，小学生的身体健康也成为体育教学重点。小学生处于身心发展的重要时期，科学有效的学习方法对学生成长起着重要作用。教师在教学中，需要根据素质教育的要求，对体育教学方式积极创新，有效帮助小学生身心健康成长，积极推进小学体育教学的发展。同时教师需要在教学过程中加强与学生的有效沟通，弥补教学中的不足，切实有效地提升体育教学成果，增强学生身体素质。

第一节　小学体育教学方法

一、体育教学方法概述

（一）体育教学方法的概念

1. 体育教学方法

教学方法是教学理论中一个重要组成部分。经过千百年的教学实践，教育工作者们创造了许多教学方法。体育教学方法可理解为：教师和学生为完成教学任务，实现体育教学目的所采用的工作方式。所以体育教学方法是实现体育教学任务或目标的方式、途径、手段的总称。

体育教学方法和体育教学法的概念也是不同的，教学法的含义比教学方法更为广泛。

体育教学法研究的对象包括整个体育教学的理论和实践，有关教学过程、教学原则、教学内容、教学组织、教学方法、教学评价等，又称体育教材教法。因此，体育教学法在某种意义上讲就是体育教学论。体育教学论是关于体育教与学的理论，研究的是体育教学中的教与学的关系，教与学的条件、教与学的操作等问题。研究对象是体育教学原理和体育教学要素。

教学方法包括教学方式和教学手段，但不能把教学方法与教学方式、教学手段等同起来，它们之间是有区别的。

2. 体育教学方式

教学方法和教学方式也是不同的。教学方式是教学方法的活动细节或者构成部分，如语言法中的讲述、口令、口头评价等，演示法中各种操作都只能称为教学方式；教学方式是个小概念，而教学方法是个大概念，教学方法是由许多教学方式所组成的，是一连串的教学活动，它能单独完成某项教学任务，而教学方式本身不能独立完成某项教学任务，这就是它们的区别。

3. 教学手段

教学手段是指为提高教学方法效果而采用的各种器具和设备，是指体育教学传递信息和情感的媒介以及发展体能和运动技能的操作物。

体育教学方法与教学手段既有区别也有联系，其联系性是教学方法的运用，离不开某种物体、工具或器材与设备（教具）；其区别性在于教学手段是指师生在教学过程中相互传递信息的工具、媒体或器材设施。

（二）体育教学方法的作用

体育教学方法在实现体育教学任务和目标中起着桥梁和中介的作用。体育教学方法是体育教学过程整体结构中的一个重要组成部分，是体育教学的基本要素之一。它直接关系着体育教学的成败。任何体育教学活动都离不开体育教学方法。不同教学方法对学生的体育学习会产生很大的影响。适宜、正确、丰富、多样的教学方法能够激发学生积极的学习动机，产生良好的教学效果。反之，枯燥、乏味、不正确的教学方法会极大地影响学生的学习，甚至会产生反作用。

（三）体育教学方法的特点

体育教学方法的特点受体育教学目标和特点的制约。它在具有一般教学方法特点的同时，还具有自身的特点。

1. 教学的组织与教法相结合

组织与教法是体育教学中的重要因素。在体育教学中，特别是体育课中的基本部分，为了尽可能给全体学生充足的练习时间，组织与教法应以追求教学班整体教学效益为目的，以最佳的组织形式与教学方法相结合。

2. 练习法与恢复法相结合

练习法是学生在教师指导下，对所学技术进行反复练习、多次重复以巩固、掌握技术，提高身体素质和运动能力的方法。通常有固定条件、变换条件和循环练习等多种形式。通常练习法要与恢复法相结合。

恢复法是指利用适宜性休息，使学生消除身体疲劳的方法。

练习与休息是一对矛盾的两个方面。练习法是用运动刺激有机体，使其产生疲劳；休息法是用相对静止的活动使有机体恢复。练习法与休息法交替合理使用对实现体育教学目标有重要意义。

3. 练习与保护和帮助相结合

保护是指教师在学生练习时为了使其不受伤害而施加的安全措施。帮助是教师在学生做练习时施加的适时、适量的助力或阻力。

保护与帮助的运用是体育教学的显著特点之一，也是教学中经常采用的一种有效手段和预防运动创伤的重要安全措施。在练习中正确运用保护与帮助，有助于减轻学生的身体负担，消除顾虑，增强学习的信心，有利于尽快建立动作概念。

（四）体育教学方法的制约因素

1. 体育教学方法受到世界观和方法论的制约

科学的世界观和方法论反映在教育学和体育教学论方面主要集中在“教师观”和“学生观”问题上。传统的教学观与现代教学观形成了鲜明的对立。传统的教学观强调以“教师为中心，教材为中心，课堂为中心”的教育理论体系。传统的学生观认为，学生是消极、被动接受“三基”的容器，反映在教学方法上是重视教师的“教”，忽视学生的“学”的“填鸭式”“注入式”。

与传统的教学论相对的是人本主义、实用主义，强调人的本性、尊严、理想和兴趣，过分夸大学生的兴趣，贬低教师的主导作用，因而形成了以“儿童为中心，活动为中心”的教学观。在教学方法上强调学生的兴趣，把学生的生动性限定为主观自生，随心所欲的活动性，倡导“从做中学”“从经验中学习”的方法。

2. 体育教学方法受到教学目的、任务的制约

教学方法的概念反映出教学方法是以完成体育教学的教养，发展教育目的与任务的一种有序的工作方式。因此，检验教学方法运用的实效性也必然从某种教学方法对完成教学任务的作用上加以检测与评估。如在体育教学中，为了发展体能、锻炼身体，除了运用和选择传授知识技能、技术的方法外，主要还要选择锻炼身体的方法，或者选择比赛方法和游戏方法。教学方法受到教学目的、任务的制约是显而易见的。

3. 教学方法受到教学内容要素与结构的制约

体育教学内容是多种多样的，但不论什么内容和教材，其基本要素是身体练习。由于身体练习的动作技术及其结构的复杂性，为了掌握这些动作技术，必然要运用与其动作技术相适应的教学方法。如动作技术比较简单又不易分解的动作，常常采用完整教学法来教授；比较复杂又可采用分解方法掌握的动作技术，如“背越式跳高”，可先学习落地技术，然后再学习过杆技术；等等。

4. 体育教学方法受到体育教学原则的制约

教学原则是教学工作必须遵循的基本要求，整个教学过程、教学的各个环节都要以教学原则为指导，教学方法也是如此。如各种教学方法的运用，首先要贯彻自觉积极性原则。

教学工作是师生双边活动，只有教师的积极主导性，而没有调动学生主体的能动性，再好的教学方法也不会取得好的效益。其次，教师在运用讲解和示范方法时，也要时时处处考虑贯彻直观性原则。再次，要取得增强体质，锻炼身体之效，教师与学生都要以适宜的运动负荷原则为指导。因此教学方法应该体现教学原则的基本要求。

5. 体育教学方法受到教学对象心理与生理条件的制约

由于学生的生理与心理条件在不同的年龄和学龄的不同阶段有其不同的特点，因而深刻掌握这些特征，才能更好地确定合乎他们需要的教学方法，如小学生活泼好动，注意力不易集中，宜多采用生动的直观方法，并常用游戏方法来进行教学，这样效果会更好。中学生争强好胜，群体意识和集体主义荣誉感强，可采用集体分组比赛的方法。

6. 体育教学方法受社会的物质、生产条件的制约

因为体育教学方法离不开具体的场地、设备与器材，离开了这些最基本的物质条件做保证，很难采用科学的方法完成体育教学目的与任务。特别是现代化的教学手段，如摄像、电视等引入体育教学，对加强直观教学、活跃课堂气氛、改进教学方法、提高教学质量起到非常重要的作用。

通过上述分析可以看出：教学目的、任务、教学内容、教学对象等对选定教学方法有制约作用。但教学方法对教学目的、任务、教学内容、教学对象也具有反作用。即教学方法对完成教学过程中教养、教育、发展任务产生重要影响，具有不可低估的意义。

（五）体育教学方法的分类

分类就是根据各种方法具有的共同特点划分归属，建立教学方法的秩序和系统。即把众多的体育教学方法，按照一定的标准归属到一起；又按照某些不同特点，把它们区分开来。分类有助于从教学方法中分清一般的和具体的、理论和实际、本质和次要的东西，从而有助于在实践中更有效地运用教学方法；运用分类为教师学习教学内容选用适当方法，正确理解自己工作中的优点和缺点，并为改进工作创造条件；分类有助于教师理解教学理论原则，提高教学实践自觉性，增强教育素养。因此，对体育教学方法进行合理的分类，是十分必要的。

1. 根据体育教学师生双边活动分类

教授法：教师为完成体育教育目标，所采用的一系列教育、教养、发展的教法。

学习法：学生为完成体育学习的目标，所采用的一系列学法和练法。

2. 根据体育教学目的任务分类

体育教学方法：包括语言法、示范法、整体法、分解法、练习法、游戏法、比赛法等。

身体锻炼方法：包括负荷锻炼法、重复锻炼法、间歇锻炼法、变换锻炼法，巡回锻炼法等。

3. 以教学活动中获得信息的来源进行分类

语言法：通过教师的语言获得教学信息的方法，包括口令、指示、讲授、音像教学等方法。

直观法：通过学生自己的感官，直接观察和体验教学的信息而获得知识、技能和技术的方法，如教师的示范动作，展示直观教具、挂图等。

练习法：通过各种身体练习来掌握“三基”的信息方法，如重复练习法、变换练习法等。

4. 以教学方法的来源进行分类

体育传统的教学方法：包括语言法、直观法、完整与分解法、练习法、比赛法、预防纠错法等。

学科引进的教学方法：包括掌握法、发现法、程序法、学导式教学法、问题法、范例教学法、自学辅导法等。

实践创造的教学方法：包括成功教学法、快乐教学法、情景教学法、小群体学习教学法、领会教学法、重点教学法和游戏教学法等。

5. 根据体育特殊教学方法进行分类

一般教学方法：讲授法、谈话法、读书指导法、参观法、实验法、演示法、练习法等。

运动训练方法：分解法和完整法、重复训练法、变换练习法、循环训练法、比赛与游戏法。

心理训练方法：集中注意力的方法、念动的方法、放松的方法，等等。

6. 根据《体育与健康课程标准》的目标进行分类

传授体育知识的方法：讲解法、谈话法、问答法、讨论法、比较归纳法等。掌握运动技能的方法：讲解法、直观法、完整与分解法、模拟法、练习法、预防与纠正错误法、比赛法、强化法等。

发展体能的方法：不同负荷法、持续法、间歇法、游戏法、综合法、比赛法等。

评价与教育的方法：评价法、激励法、评比法、成功教学法、说服法、榜样法、表扬与批评法等。

发展个性的方法：发现法、启发法、学导法、个性培养法、差别教学法、合作学习法、分层教学法、小群体教学法等。

体育教学方法分类要求从整体上去认识和把握各种教学方法的本质与内在联系。各类方法都有其主要特点，其功能是多方面的，往往是相互渗透，且从各方面发挥作用，同时每种方法都有所长，也有局限，实际运用时必须取长补短，互相配合。

二、体育教授方法

在体育教学中，学生能否掌握基础知识、基本技能与方法，养成良好的锻炼习惯，与教师运用的教法有密切的关系。教师的教法起着组织、启发、教育等多种作用。根据体育教学规律、原则及教学目标，可将体育教学教授方法分为五大类型，即传授体育知识的方法、掌握运动技能的方法、发展体能的方法、评价与教育的方法和发展个性的方法。

（一）传授体育知识的方法

1. 讲授法

讲授法是教师以学生所能接受的简明语言，系统地讲述教学大纲所规定的体育基础理论教材。由于理论知识内容和学生的年龄特征不同，在实践中又可把讲授法区分为讲述法、讲解法、讲演法。

讲述法是教师以讲故事的方式向学生叙述事实材料或描绘学习的对象，分析它的发生和发展过程及其结果。这种方法适用于讲授体育教学知识，运动项目的产生与发展、有关奥运会与亚运会知识、体育明星故事等。

讲解法偏重于叙述事实，现象、定理、定律，常常运用这种方法加以分析、讲解和论证。

讲解法与讲述法的主要区别在于：讲述法偏重叙述与描绘，而讲解法则主要对某些事实、现象、定理、定律等加以分析、解释和论证。如在理论课教学中，讲解某项教材的动作要领、原理和方法。

讲演法是教师在较长的时间里持续地讲授教材，不仅向学生描述事实，而且深入分析和讨论事实，并在此基础上做出科学的结论。它以演说、报告的形式出现，通常采取专题讲座的形式，如“女子健美与体育运动”“生命的意义在于运动”“体育锻炼与智力开发”等。

讲授的内容应注意逻辑程序，使学生不断产生“是什么”“为什么”的心理定向反射。其讲授程序可以从具体到抽象，也可以从抽象到具体，但要注意由浅入深、深入浅出的讲授技巧。

2. 谈话法（问答法）

谈话法是教师提出问题，引导学生运用已有的经验、知识进行积极思考，并回答教师提出的问题，从而获得知识的一种方法，亦称问答法。

谈话法能激发学生的思维，锻炼学生的记忆力和语言的表达能力，引起学生的注意和兴趣。通过这种方法教师可以了解学生掌握知识的情况，及时获得反馈信息。由于教学任务不同，谈话法又可分为：

（1）传授知识谈话。首先由教师提出问题，让学生运用已有的知识和运动经验，进行问题回答。

（2）巩固与检查知识的谈话。这种谈话是教师根据学生过去已经学过或掌握的教材内容提出问题，让学生回答，以达到了解学生掌握知识的情况和巩固知识的目的。

（3）指导或总结谈话。这种谈话常常用于讲课之后，教师回答学生提出的问题，最后进行概括与总结的一种方法。

提出的问题要切合学生的实际水平，要考虑学生已知的实际水平，避免提出比较复杂的怪题、偏题，使学生无所适从。提出的问题应具有启发性，能激发学生的思维。多运用思考题，少用事实题。要引导学生通过比较分析来说明原理、指明关系、判断正误。

3. 演示法

演示法是教师把模型、图表、实物等直观教具或幻灯、投影、录像加以演示，引导学生从观察中获得知识的方法。由于电化教育日益发展，视听工具不断更新，演示内容与范围不断扩展，使这种方法在教学中的作用越来越大。

演示法使学生获得生动直观的感性认识，加深理解体育运动的原理与方法。有助于提高学生的注意力，激发学生的兴趣，发展学生的观察力和思维能力。

演示法的基本要求：（1）教师依据教学的目的与任务、教材的性质和学生的需要，有计划、有目的地运用直观教具。（2）要预先做好演示教具的准备，使用前应检查和试用。（3）直观教具应选择适宜的时机演示，不要在上课前陈列出来，以免分散学生的注意力，演示完毕，要收管好。（4）教具要注意大小适当，如挂图、模型等以让全班每个学生都能看到为原则。（5）如果运用录像、投影等电化教具，事前教师应做一简单的说明，要求学生重点观察什么；在演示过程中，可插话和适当讲解；在演示后，要给予全面分析与概括性的总结。

（二）掌握运动技能的方法

1. 讲解法

讲解法是指在教学中，运用各种形式的语言指导学生掌握体育知识、技能、技术的一种方法。正确运用讲解法，对顺利地完成教学任务具有重要意义。

其作用有：（1）运用讲解法进行体育知识教学；（2）指导学生进行身体练习活动；（3）分析与评价学生的练习活动；（4）进行思想品德教育。

语言是人们表达思想、交流感情、交换意见、相互了解的工具，是人类社会第二信号系统，人们通过语言作用于大脑而感知事物。词语所形成的无数刺激物，能使人们离开直接刺激物而抽象概括思考问题，认识事物。作为肩负“传道，授业，解惑”任务的体育教师，他的语言在课堂上更是引导学生掌握“三基”发展体能和品德教育的必不可少的重要手段。

运用讲解法应注意的事项：（1）讲解时要有明确的目的性，对于“讲什么”“怎样讲”“讲多少”要做到心中有数；（2）讲解时要符合学生年龄特征；（3）讲解时要通俗易懂，用词得当，生动形象，富于启发性；（4）要注意讲解的时机和效果，要贯彻精讲多练的精神，突出重点、难点。

2. 直观法

直观法是指在体育教学中，借助视觉、听觉、动觉等感觉器官感知动作的教学方法。直观法包括视觉法、听觉法、动觉法三种方法。

（1）视觉法

通过学生视觉器官直接观察学习知识技术的方法。视觉对评估和校正动作的空间特征具有重要作用，而对动作的时间与动态感知则较差。

在体育教学中，通常在动作示范、直观教具和模型的演示、定向标记直观等情况下运用方法。

①动作示范。动作示范是体育教学中最常用的一种方法，它是教师（或指定学生）以具体动作为范例，使学生了解所要学习的动作要领与方法，以建立动作的正确表象。动作示范应注意：A. 示范要有明确的目的性。每次示范时应明确“示范什么”“如何示范？”，教师依据教学任务，学生的特点、教材等情况进行安排。依据需要，示范时可进行常速示范、慢速示范或重点示范。B. 示范要正确，注意示范的位置和方向。要求教师示范应做到准确、熟练、轻松、优美，同时要善于运用不同的速度、方位来进行示范。即要慢则慢，要停则停，如同录像机一样。示范的位置应根据学生的队形、动作的性质及安全要求，充分考虑动作不同的方位。如正面示范、侧面示范、背面示范和镜面示范。

②直观教具和模型的演示，是一种运用图像、图表、照片、幻灯及人体动作模型等间接直观的方法。这种方法有助于学生掌握技术和战术，特别是当示范动作难于展示动作结构、技术细节和关键时（如动作结构复杂、动作速度过快、动作处于动态而难于停顿或放慢），这种方法是比较好的。

③定向标记直观，是以具体的形象的标志物给学生规定与指示动作的时间与空间的方法。如在跳箱的双手撑处画上白线，以帮助学生远撑；跳起摸高触动悬挂的球体以及拉上一定高度的横线标志物，限定投掷的高度等。

（2）听觉法

这是以声波为信号，迫使学生准确地掌握动作空间与时间特征的一种方法。如在跑的教学中，以击掌声和节拍器的节奏，来控制跑的速度，按口令、口笛或按乐曲节奏练习广播操、韵律操等活动。利用各种音响，事先应有所准备，要掌握好动作的瞬息因素，依据动作反应时间，给予相适应的超前信号。

（3）动觉法

是借助外部力量帮助学生通过触觉的肌肉本体感受器，直接体验动作的要领，辨别动作的空间与时间的关系和对身体及身体某部位影响的一种方法。这种方法是一种引导辅助的练习，在改进与提高动作技术教学中运用广泛。这种方法可以运用一定的教具，也可以徒手进行。如在体操教学中，学生练习双杠挂臂摆动屈身上，当学生向前上方抵起时，教师适时地托举，强化了“蹬”的时间体验。学生在练习技巧肩肘倒立时，教师提拉双腿和触动腰背部以帮助形成正确的倒立姿势。

为了提高动觉的感受性，还可以运用正误比较法，对正确与不正确动作进行比较与体验，同时应适时强化正确动作的体验。运用这种方法的注意事项有：①不应该采取过分依赖外部力量，而应加强学习者的自我体验。②避免长期采用这种方法，养成不良的习惯。

3. 完整法与分解法

（1）完整法

就是从动作的开始到结束不分部分和段落，完整地进行教学。它的优点是便于学生完整地掌握动作，不致破坏动作的结构和割裂动作各部分或动作之间的内在联系。不足之处是不易很快地掌握动作中较为困难的要素和环节。

完整法一般是在动作比较简单，或者动作结构虽然比较复杂，但如分成几个部分会破坏动作结构时采用。对于不同的动作，运用完整法时，可采用以下方法：

①在教简单的、容易掌握的动作时，教师在讲解示范后，就可让学生完整地学习整个动作。

②在教复杂和较难的动作时，在学习完整动作过程中应突出重点。如重点先注意技术的基础部分，然后再逐渐掌握细节部分；或者先要求动作的方向、路线等要素，然后再要求幅度、节奏等要素。至于应先着重掌握什么，则应根据动作的特点和学生掌握动作的情况来决定。

③简化动作的要求。如跑，可缩短跑的距离或速度；跳高，可降低高度；投，可减轻器械的重量；等等。

④广泛采用各种辅助性或诱导性练习，发展相应的肌肉群及其协调配合的能力，体会动作的关键。

（2）分解法

是把完整的动作合理地分成几个部分，按部分逐次进行，最后达到全部掌握。分解法的优点是可简化教学过程，缩短教学时间，并能提高学习的信心，有利于更快地掌握动作。但运用不当，容易使动作割裂，破坏动作的结构，因而影响动作的正确形成。分解法有：

①纯粹分段法；先将各段一一学习后再综合练习，如学掷标枪。可分为三段，先学持枪跑，再学掷步点以内的步法，然后学掷出动作。最后综合三段学习。

②递进分段法：即先学第一段，再学第二段，然后一、二段联合练习，学会后再学第三段，三段都学会后，再联合一、二、三各段。如此递进式地学习，直至全部学完为止。

③直进分段法：即先学第一段，再加学第二段，然后再加学第三段，如此直接前进。

直至全部动作学完为止。此法为由已知联络未知。如掷标枪先学会持枪跑，再加学掷步点以内的步法，最后再加学掷枪动作。

④逆进分段法：此法乃直进分段法的相反的学习，即由最后一段学至最前一段。此法为由未知联络已知。如学标枪，先学立定掷标枪动作，再学掷步点步法，最后再学持枪跑法。

分解法一般是在动作较复杂、可分解，而用完整法学习又不易掌握动作的情况下，或动作的某部分需要较细致地学习时采用。

运用分解法的注意事项如下：

①划分动作各部分时，应考虑到它们之间的有机联系，使部分的划分不改变动作的结构。

②使学生明确所划分的部分在完整动作中的位置。

③要与完整法结合运用。运用分解法是为了完整地掌握动作，因此教学时间不宜过长，应与完整法结合运用。

在体育教学中，往往有些动作用完整法学习感到困难，而又不宜于分解教学，如体操的腾越动作等。在这种情况下，可采用诱导练习，逐步引导学生完整地掌握动作。

完整法与分解法，在实际应用中是互相紧密配合的。运用分解法时，应积极创造条件，以使学生完整地掌握动作。在以完整法为主练习时，也可对动作的某些环节进行分解学习，但要根据教材特点和教学的需要而定。

4. 预防和纠正错误法

预防和纠正错误是指教师针对学生练习中产生错误动作的原因，选择最有效的手段，及时地预防和纠正错误动作的一种方法。在体育教学中，要正确掌握身体练习的技术，必须注意防止和纠正可能产生的某些错误。如若不及时纠正，就会形成错误技术定型，不仅会影响技术的掌握和提高，而且还易产生伤害事故。

运用预防纠正错误法，首先应以预防为主，分析产生错误的原因，针对产生错误的原因，采取预防措施。学生产生错误的原因，一般有练习目的不明确、练习不积极、怕伤怕累；动作技术观念不明确或者受旧的技能干扰；学生身体素质欠佳，技术基础差；教学内容安排不当，教法运用不当；等等。

如果错误动作已产生，应及时分析研究，找出错误原因，抓住主要错误对症下药。纠正方法是及时加强思想教育；加强基本技术教学，发展运动素质；加强备课，认真钻研教材，科学运用教法；注意创造良好的教学环境和条件。

5. 领会教学法

领会教学法是一种不同于传统的动作技能传授方法，是强调学生认知能力和兴趣的教学方法，是体育教学指导思想的一项重大改革。领会教学法包括六个部分：①项目介绍；②比赛概述；③战术意识培养；④瞬时决断能力训练；⑤技巧演示；⑥动作完成。

领会教学法是以项目介绍和比赛概述作为运动的开始，让学生了解该项目特点和比赛规则，从而使学生一开始就对该运动项目有一个全面的了解。领会教学法与传统的技能教学不同的是：教师不是从基本的动作教起，而是首先对学生进行“战术意识培养”。教师在战术介绍以后，结合实战向学生演示一些临场复杂的情况和应付方法，对学生进行瞬间决断能力的训练，培养学生全面观察情况、把握和判断时机的应变能力，使学生最终可以根据所学的技术和战术，判断应该做什么和选择最佳的行动方案“如何去做”。

领会教学法的教学模式有如下特点：

（1）从项目整体特征入手，然后回到技能学习，再回到整体的认识和训练中。

（2）强调从战术意识入手，把战术意识贯穿在各个教学环节中，以整体意识和战术作为主导。

（3）突出主要的运动技术，而忽略一些枝节性运动技术。

（4）注重比赛的形式，并在比赛和实战中培养学生对项目的理解，教学往往从“尝试性比赛”开始，以“总结性比赛”结束。

（三）发展体能的方法

1. 固定负荷练习法（重复练习法）

固定负荷法是指不改变运动负荷表面（外部）数据，以连续的形式反复练习的方法。如长距离的匀速跑、划船、游泳。这种反复练习方法可以同样的负荷，并经过一定间歇进行练习。如以最大的速度跑过一段距离，并安排充分的间歇。固定负荷练习法又可分为连续重复练习法和间歇重复练习法。

（1）连续重复练习法

连续重复练习法是指没有间歇，连续不断地重复练习。通常采用的是跑步等周期性项目，主要是以发展耐力素质的练习。非周期的练习也可连续重复。如连续进行前滚翻的练习、乒乓球的连续挥拍抽杀等。

（2）间歇重复练习法

间歇重复练习法是指重复练习之间有相互固定的间歇。如让学生做 10 次俯卧撑，休息 1 分钟后再做 10 次俯卧撑。

2. 变化负荷练习法

变化负荷练习是指在变化负荷的条件下进行练习的方法，如连续变速跑等，这种方法的特点是不断改变负荷与休息的因素。常用的方法有：

（1）不断增大运动负荷的间歇练习方法

进行举杠铃练习时，每次举起的重量要逐步增加，而每次练习后安排充分时间休息。

（2）逐步减小运动负荷的间歇练习方法

在不断减小运动负荷和缩短间歇时间的情况下跑 800 米、400 米、200 米、100 米。

（3）采用不同负荷的间歇练习法

每次举起杠铃重量不断变化，一次增加，而另一次则减小。

3. 综合练习法

上述各种练习法在教学中往往是相互结合起来运行的，并且在实践中得到了广泛的运用。因为综合练习法能更加灵活地控制与调节负荷与休息这两个基本的要求，同时可以组合成多种练习的方案，更好地为教学服务。如采用两种不同负荷进行重复变换练习，用 200 米快速跑加 100 米中速跑，这种方法对有机体的适应能力提出了更高的要求。运用综合练习方法应注意以下事项：

（1）要从教学任务出发，运用不同的综合练习方法，每次练习应有明确的目的性。

（2）采用综合练习方法时，对练习的负荷（量、强度）和间隔时间及其休息方式均应提出不同的要求和规定。

4. 游戏法与比赛法

体育教学游戏法和比赛法是体育教学方法。游戏法是教师组织学生，运用做游戏的方式，在规则许可的范围内，充分发挥学生的主动性和创造性，以达到规定目标的一种练习方法。游戏内容应具有一定的情节和形象，如老鹰捉小鸡、大鱼网、猎人打鸭子等。通过游戏活动，发展学生跑、跳、投等基本活动能力。在游戏活动过程中，教师要注意观察学生各方面的反应，并根据现场情况，随时对游戏的规则、时间、方式加以调整，以充分发挥游戏的练习效果和教育作用。

正确地选择和安排游戏是提高游戏教学质量的首要条件，必须结合教学任务、教材内容，选择那些思想性好，具有良好教育作用、针对性强，且符合学生个性和卫生健康原则的游戏。因此，应根据不同阶段的任务和游戏教材的特点进行有计划的安排，并且要和其他教材紧密地配合起来。

比赛法是指按规定的人数和已经掌握的体育技术技能进行互相竞争，以决定胜负的一种方法。运用时，要注意控制比赛的强度，时间和次数。可根据教学任务，采用不同的比赛，如复习课可采用教学比赛法；检查教学效果和学生情况可采用测验比赛法；等等。比赛内容应是学生掌握得比较熟练的动作，并要有严格的规则要求。进行集体比赛时，分组的实力水平应比较相当，避免发生伤害事故。

游戏法一般有一定的情节和一定的竞赛成分。比赛法则主要是竞争、分胜负，对机体机能能力要求更高，因此心理的紧张比游戏法更为突出。

5. 巡回锻炼法

巡回锻炼是体育方法的一种，即用简单易行的身体练习动作组成一定时间固定不变的锻炼“程序”，按负荷方式的因变关系巡回锻炼。每个“程序”都用巡回锻炼程序示意图表示。

一般以下肢锻炼开始，按顺时针或逆时针方向进行，否则要稍做准备活动。循序渐进是按每个人的身体条件递增负荷。负荷是以“极限体能”测验为依据的，如极限体能为100%，锻炼时的负荷则按不同的目的可定为 50% 或 70%。使多数学生同时完成因人而异的运动量，既可在规定的一定时间内隔一定的间歇来完成，也可以全体在单位时间内较快地重复每一个动作，或通过一个程序或若干个程序。

巡回锻炼法的具体方法：学生尽量重复做一种规定的练习。在适当的休息间隙之后开始做下一个规定的练习。当把整个巡回锻炼内容都做过之后，计算每人每种练习的最大能力，这样在下一次课时，教师在设计这些项目的巡回锻炼时，学生可根据自己的条件去按照最大能力的 50% 进行练习。将一次课的巡回次数乘以每个学生每个练习次数就是该课的总练习次数和能力的初试。以后每隔一次都要进行一次最大能力的检测后，再进行目标性的和固定不变的巡回锻炼次数和时间，即可在渐进中明确学生经过一般的锻炼后身体素质的提高幅度。巡回锻炼的具体组织形式会在规定的练习时间之后轮换，在规定的练习次数之后轮换两种。

（四）评价与教育的方法

1. 评价法

评价是指对一件事或人物进行判断、分析后的结论。其基本思想是将多个指标转化为一个能够反映综合情况的指标来进行评价。

教学评价是以教学目标为依据，按照科学的标准，运用一切有效的技术手段，对教学过程及结果进行测量，并给予价值判断的过程。

学生评价指在一定教育价值观指导下，根据一定的标准，运用现代教育评价的一系列方法和技术，对学生的思想品德、学业成绩、身心素质、情感态度等的发展过程和状况进行价值判断的活动。它是教育评价的重要领域之一，也是学校教育中每一位教师都必须实际操作的一项重要内容。学生评价不仅包括教育者对学生的评价，也包括学生的自我评价。

构成评价的要素有：①评价者；②被评价对象；③评价指标；④权重系数。

2. 竞赛与评比激励法

所谓竞赛与评比激励法，是指通过组织开展正确的竞赛与评比活动，以增加学生不甘落后的压力感和奋发向上的竞争心的激励方法。在教学中，通过竞赛、检查、评定和比较学生在体育教学中思想行为等方面的表现，对学生进行教育。青少年朝气蓬勃，进取心、好胜心强，根据他们这一特点，有目的、有计划地组织评比、竞赛，有利于培养学生的进取、竞争精神。

运用评比方法应注意以下几点：

（1）评比要有明确的目的性。（2）评比要有严格的制度和规则。（3）评比必须有总结评定。

3. 说服疏导法

说服疏导法是进行道德教育时普遍使用的一种方法，是指在道德教育中广开言路、循循善诱、说服教育，引导谈话对象不断提高自己的道德觉悟的教育方法。运用说服疏导法，首先，要坚持以理服人的原则，这是说服疏导的前提；其次，要讲究针对性的原则，教育者要根据具体情况，因人、因事、因时地进行说理引导；再次，要相互尊重，平等交流；最后，要学会说服疏导的艺术。教育者的语言应该深入浅出，富有感染力和说服力。

运用说服疏导法要注意以下几点：

（1）要以理服人，不能压服。

（2）说服要耐心，要以表扬为主。

（3）要动之以情才能晓之以理、导之以行。

（四）榜样示范法

榜样示范法，是指在开展公共关系活动中，通过活生生的典型人物和事件来积极影响公众心理，争取公众与组织的良好合作，从而达到公众目标。在教学中，是指以英雄事迹和模范行为对学生进行教育的方法。榜样的力量是无穷的，它能激励学生，使其赶有目标，学有样板。青少年儿童善模仿，常以英雄人物及自己最佩服的人的光辉形象、言谈举止为榜样，所以先进人物、优秀运动员的事迹和行为对青少年具有很大的感染力，对提高学生的思想认识、熏陶他们的感情、培养他们的意志，形成优秀的品质具有特殊的作用。此外，教师能以身作则，为人师表，也具有榜样的教育作用。

（五）表扬与批评法

表扬与批评法是指对学生的思想行为做出肯定或否定评价的教育方法。其意义在于巩固和发扬他们的优良思想行为，克服和改进他们的错误思想行为。对学生的思想行为给予肯定或否定的评价，可使学生分清是非，认识自己的优、缺点，并产生一定的荣誉感，从而激励他们更好地扬长避短，形成优良的思想品德。表扬有口头表扬和书面表扬两种形式。而批评也有个别批评和当众批评两种形式。在表扬批评时，教师应注意学生的个别特点，区别对待。掌握好分寸，采用不同的方式进行，如口头的、个别的或当众的等。

（六）发展个性的方法

1. 发现教学法

发现教学法，指教师在学生学习概念和原理时，不是将学习的内容直接提供给学生，而是向学生提供一种问题情境，给学生一些事实和问题，让学生积极思考，独立探究，自行发现并掌握相应的原理和结论的一种方法。

发现教学法亦称假设法和探究法，这是一种基于问题学习的教学方法。它的指导思想是以学生为主体，独立实现认识过程。即在教师的启发下，使学生自觉地、主动地探索科学知识和解决问题的方法及步骤；研究客观事物的属性；发现事物发展的起因和事物的内部联系，从中找出规律，形成自己的概念。教师扮演学习促进者的角色，引导学生对这种情境发问并自己收集证据，让学生从中有所发现。发现教学方法的优越性表现如下：

（1）有利于激发学生的智力潜力。

（2）有利于培养学生的自我激励的内在动机。

（3）有利于学生获得解决问题的能力，探索的技巧。

（4）有利于增强学生的责任心。

（5）有利于学生对学习结果记忆的保持。

2. 启发式教学法

启发式教学法，是根据教学目的、内容、学生的知识水平和知识规律，运用各种教学手段，采用启发诱导办法传授知识、培养能力，使学生积极主动地学习，以促进身心发展的一种方法。是指老师在教学过程中根据教学任务和学习的客观规律，从学生的实际出发，采用多种方式，以启发学生的思维为核心，调动学生的学习主动性和积极性，促使他们生动活泼地学习的一种教学指导思想，更是老师在教学工作中依据学习过程的客观规律，引导学生主动、积极、自觉地掌握知识的一种有效教学方法。

启发式教学的特点在于强调学生是学习的主体，老师要调动学生的学习积极性，实现老师主导作用与学生积极性相结合；强调学生智力的充分发展，实现系统知识的学习与智力的充分发展相结合；强调激发学生内在的学习动力，实现内在动力与学习的责任感相结合；强调理论与实践联系，实现书本知识与直接经验相结合。启发式教学的关键在于设置问题情境，有效设疑则能创设问题情境，打开学生心扉，促使他们开动脑筋，独立思考，求得问题的解决。

启发式教学的实质在于正确处理教与学的相互关系，它反映了教学的客观规律。随着现代科学技术的进步和教学经验的积累，启发式教学将不断得到丰富和发展。其基本要求为：

（1）调动学生的主动性。

（2）启发学生独立思考，发展学生的逻辑思维能力。

（3）让学生动手，培养独立解决问题的能力。

（4）发扬教学民主。

3. 学导式教学法

学导式教学法，是在充分发挥学生主动性的基础上，教师采用各种教学手段创造条件、积极引导，使学生主动探索，开发智力，发展体能，成为学习的真正主人的一种方法，是在教师指导下，学生进行自学、自练。它把学生在教学过程中的认知活动视为教学活动的主体，让学生用自己的智慧主动地去获取知识，发展各自的智能，从而达到在充分发挥学生主动性的基础上，渗入教师的正确引导，使教学双方各尽其能、各得其所。

学导式教学法既是一种教学法，同时也体现一种教学组织模式，是一种充分重视教学过程中“学”的因素的教学。

学导式教学法没有固定的模式，不能生搬硬套，而应根据学科教学任务、课程性质、学习对象和学生自学能力等不同情况采用不同的方式。其方法特点是：

（1）先学后导，问题先行。

（2）学生为主，教师为辅。

（3）学导结合，符合认知。

（4）以导利学，学导相长。

（5）及时评价，注重效益。

（6）开发智能，适应性强。

4. 小群体教学法

小群体教学法是通过体育教学中的集体因素和学生间交流的社会性作用和学生互帮互学来提高学生学习的主动性，提高学习的质量，并达到对学生社会性培养的一种教学方法。

小群体教学法也称为“小集团教学模式”，其基本思想是试图通过体育教学中的集体因素和学生间的交流的社会性作用，通过学生互帮互学来提高学生的学习主动性，提高学习的质量，并达到对学生社会性培养的作用。要指出的是小群体学习的模式与以往为提高教学效率和进行区别对待的分组教学是有根本的区别的。前者充分考虑了体育教学中的集体形成和人际交流的规律性来设计教学过程。

小群体教学模式虽也形式多样，但一般在单元的开始都有一个分组和集体形成的过程。在这个过程中，重要的是使小组具有一定的凝聚力和各自的学习目标；在单元的前半，一般是以教师指导性较强的小组学习为主；在单元的后半，一般则以学生主体性较强的小组学习形式为主，此时教师主要起指导和参谋的作用；单元的前半以学习活动为主，单元的后半则以练习和交流活动为主；在单元结束时，一般有小组间比赛，小组总结，发表和全班总结等步骤。使用小群体教学法有以下要求：

（1）依据教材特点和学生实际，确定探究发现的课题和过程。

（2）严密组织教学，积极引导学生的发现活动。

（3）努力创设一个有利于学生进行探究发现的良好情境。

三、体育学习方法

体育学习方法种类很多，根据学法的基本特征与内在结构，可分为自学法、自练法两种。而每一种方法又可分为若干具体方法。

（一）自学法

自学法是指学生自己学习有关体育基础知识，领会掌握动作要领、技术环节与特征的一种方法。它主要包括阅读法、观察法、比较法、讨论法、互助法等。通过这些具体方法，可以加深对动作的感知和理解，培养学生认知、观察与分析能力，为学习与掌握体育基础知识和学习动作技术奠定良好的基础。

1. 观察法

观察法是学生通过感官对学习的教材内容，进行有目的、有计划的感知，初步建立动作概念和表象的过程。

观察法可以获得直接动作形象（教师和学生的示范）和间接动作形象（图像、直观教具），但要求学生加强有意注意，集中注意力，建立大脑优势的兴奋中心。采用观察法还要求学生要全面、周密而系统地观察，并要求应有足够的观察次数；观察的对象应该是标准化、规范化的动作模式。

但是单纯凭观察法，还不能亲自体验动作，只能是形成初步的印象和建立动作的初步概念，因此还需多种学习方法的配合。

采用观察法应注意：

（1）观察的对象应该是标准化、规范化的动作模式，以利于形成正确动作概念。

（2）要提示学生全面、系统地观察动作顺序和方法，并有足够的观察次数。

（3）结合其他学习方法，都能更好地掌握动作。

2. 阅读法

学生通过阅读体育教材课本，体育动作图解和其他体育、保健知识，来感知与理解体育基本知识和动作技术原理的一种方法。阅读法常遇到的是学习图解，如学习广播操、韵律体操、器械体操等。

采用阅读法时，应提示学生注意：

（1）阅读要掌握基本原理，抓住重点。

（2）加强领会动作的方法、动作要领，掌握动作方向、路线、时间、空间、用力的程序。

（3）要使学生在阅读时学会和掌握动作的保护帮助方法和自我保护的方法。

3. 比较法

学生就体育知识的某一问题集中有关学习资料，进行对照学习，兼取各家之长的一种分析综合的方法。比较法的运用，可使学生直观了解动作方法，加强对动作的理解，使学生的思维活动参与技术学习。如教师在教授羽毛球技术时，引导学生想象排球的扣球动作，综合其共同点和区别，运用动作技术迁移的特点加快动作技术的掌握。

4. 讨论法

学生依据教师所提出的问题，在集体研讨中相互交流个人看法、相互启发相互学习的一种方法。讨论法可以通过学生间的相互诱导，启发学生思维参与学习，从而进一步感知动作技术。如武术操教学中，教师提出是否可以改变动作顺序，可不可以再加几个动作，应配什么音乐，然后，让学生讨论，培养他们独立思维、相互合作、创造力等。

（二）自练法

自练法是以学生自身的独立活动为主，有目的地反复进行某一运动动作的一种方法，它是学生掌握体育知识技术与技能最基础的实践操作活动和方法。自练法改变了学生在教学中被动地接受学习内容的形式，从自身实际出发，对掌握和巩固体育知识、技术和技能，发展智力和体力，掌握锻炼的方法具有积极的作用。常用的自练法有模仿练习法、适应练习法、强化练习法、反馈练习法、自我定向法等。

1. 模仿练习法

模仿练习是指以别人提供与演示的动作模式为样板进行模仿，从而形成动作技术与技能的方法，是人们不可缺少的学习方法。模仿练习是学习体育运动技术、技能的简便有效方法，如学生学习广播操、武术等，运动用模仿法学习效果显著。

对模仿练习可初步得出这样的概念，即模仿是作为人的某种行为和动作的直接反应而做出的行动。学生通过模仿，尝试各种动作，依据动作的标准模式，通过对动作的各种程序的尝试，采取有效的方法，完成对动作的适当反应。

2. 适应练习法

适应练习法是通过再现性练习，即反复多次的重复练习，使人体在生理与心理上产生适应性变化，创造有利的条件，掌握动作知识、技能的一种方法。

俗话说，熟能生巧。人们不管学习什么动作和技能，都要通过无数次的反复实践，通过这些实践使学习者不仅有深刻的动作体验，更重要的是形成良好的生理与心理定式。

为了加速这种适应练习，不仅要反复多次重复练习某种教材，而且还要自我选择一些辅助练习、诱导练习等手段来提高学习者自身的体力和素质，以适应学习的要求，这也是自治组织、适应学习规律的方法。

3. 强化练习法

通过自我强化手段，创造一个复杂多变的练习条件和外部环境，运用“超短反馈”——自我反馈的方法，进行高难度、高强度的学习和练习方法。强化练习的目的，在于使已掌握的技术与技能，形成动力定型和动作技巧。

4. 反馈练习法

反馈练习法是指为了解与掌握动作模式与实际演练的目标差，不断获取反馈信息，以加强自我诊断与自我纠正，不断改进与提高动作技术的方法。

5. 自我定向法

每个学生由于个体差异，在总体中应该找到自我的位置，并根据自己的实际，确立体格、体能和身体素质等方面的努力，进而完成或达到学校体育教学的标准。自我定向目标包括近期目标、中期目标和长期目标，并根据目标，制订出实现这些目标的计划、安排、步骤和方法。采用自我定向法时，教师应提示学生注意以下问题：

（1）目标的制定从近期着手，向远期目标着眼。近期目标的制定要具体。

（2）制订计划时，要有具体的方法，以确保目标的实现。

四、合理运用体育教学方法的原则

体育教学是有目的、有组织的教育、教养、身体发展过程。在运用教学方法过程中，也必然遵循一定的原则与要求，这样就形成了体育教学方法的运用原则。体育教学方法的运用原则是教学原则指导下，综合运用一系列教学方法的经验和总结，也是教学过程的一种客观规律。

（一）教法与学法协调统一的原则

教师的“教法”必然制约与规定学生的“学法”；反之，学生的“学法”也必然影响与作用于“教法”，这种教法与学法的双边及其辩证统一关系，必然使教师的“教”和学生的“学”成为相互适应，协调、配合的双边活动。

（二）学习方法与学习任务相适应的原则

学习方法是为完成学习任务服务的，因此，用什么样的方法，应服从学习任务的要求，使学习方法与学习任务相适应。学习方法是具体的，每一种方法，总有它的特点，既有长处，也有短处，有它的适用范围。

（三）综合运用看、听、想、练的直观性原则

在体育教育过程中，教师实施各种教学方法时，不仅让学生观察，更重要的是综合运用视觉、听觉、肌肉本体感觉的直观作用，使看、听、想、练相结合。

看、听是学习的前提，想、练是学习的深入，它们之间相互联系，相互促进。只有综合运用看、听、想、练，即发挥视觉、听觉、动觉的直观作用，才能发挥其整体效果，这也是提高教学质量的关键。

（四）统一要求和因材施教相结合原则

统一要求充分考虑学生年龄、性别、健康水平、训练程度及不同体力与心理能力来确定方法，大多数学生都可接受。教师在教授新动作时，要考虑难度，也要考虑可能性。教师运用教学方法时要安排好练习连续的时间和强度，并考虑好外部的手段及体育设备与器材等合理搭配。如果困难性超出学生的实际可能，学生力不胜任，必然会造成过度紧张和导致伤害事故。当然，过于降低要求，会使学生失掉练习的兴趣，影响练习效果。另外，统一要求应做到计划和设计，拟定一定的评价标准。

因材施教反映了教学的差异性，在面向大多数学生的基础上应兼顾“两头”，既要择优施教，也要做好差生的转化，热情关怀与帮助他们，通过适宜的方法，掌握“三基”，发展体力。因此，要处理好教材的重点和突破难点的关系。

身体练习是由动作的力量、速度、轨迹、节奏、身体姿势等要素组成，从身体练习的结构来看，包括运动技术、技术基础和技术细节。技术基础是按一定顺序和节奏组成的运动技术的各个部分，而技术基础是由技术细节所组成。所谓难点是指学生在练习技术动作中，对某一技术环节掌握相对的困难性，这种难点又分为共性和个性。共性的难点是指带有普遍性难以掌握的环节，如跳高中不会快速而有制动地踏跳、步点不准确、缺乏节奏感等。个性的难点是指在练习跳高时，由于每个人体力、智力、心理素质的差异，表现各不相同的难点，如有的腿部力量差，有的心情紧张而导致步点节奏感差等。教学中应注意的事项如下：

第一，要正确分析和判断教材的重点、难点，教师必须熟悉教材，认真备课，研究和掌握学生体力、智力、心理条件，采取行之有效的教学手段与教学方法。要抓重点，突破难点，在教学实践中，它是优选和创新教学方法的动力之源，也是提高体育教学质量的关键。

第二，要处理好知识、技能、技术与发展体能、锻炼身体的关系。

第三，要有的放矢，既要达到教学的基本要求，又要发展学生个性特长和各自的爱好，解决好教学中“吃不饱”“吃不了”的问题。要在研究学生性别、年龄特征的基础上，加强组织措施和个别对待，首先要调查分析，分类编组，再进行分组辅导。

总之，只有贯彻统一要求和因材施教相结合的原则，才能更好地促进教学方法运用时的针对性、实效性，不断提高教学质量。

（五）多样化原则

从系统论观点分析教学方法，可把教学方法理解为教师调节“教”与“学”活动的一种控制方式。教学方法作为调节“教”与“学”活动的控制方式，它要受到实体因素与非实体因素的制约与影响。这种影响因素的复杂性、多样性、动态性，决定了教学方法的多样性。如何理解教学方法多样性原则这一特点呢？可以从以下几个方面加以探讨。

1. 教学方法不是单一的

任何单一的教学方法是不能完成体育教学多维的功能和教学目标的，在实践中必然需要多种教学方法的最优组合相辅相成，取得整体的效能。

2. 教学方法不是凝固的

教学认识过程是一个历史进程，随着学科教育学、体育教学论等理论的发展，人们的认识不断深化、不断创新，教学方法也不是一成不变的。教学方法这种动态性，必然对教师的课上应变能力提出更高的要求。因此，教师教学方法的设计不是一套方案，而是几套方案，以加强适应性和以备不时之需。

3. 教学方法的继承性

传统的教学方法在体育教学中起到了重要作用，至今仍有值得学习与借鉴之处，人们不能割断历史，应对传统的教学方法加以批判地继承，在继承的基础上加以创新和发展。

4. 教学方法的时代性

教学方法具有鲜明的时代性，它不仅受教学思想、教学目的、教材内容和学生等因素的制约，而且受生产力和科学技术发展的制约。随着体育教学器材设备的更新和电化教学技术手段引入课堂，对体育教学方法提出了更高的要求。

5. 教学方法不是万能的

一定的教学方法是在一定教学思想指导下，受培养目标、教学内容、教学对象、场地器材等因素所制约而产生的，都有一定的适用对象和范围。任何一种方法，如果撇开一定的时间、空间和具体条件这个前提，那么这种教学方法就没有什么价值和功能可言。一定的场地、器材与设备使教学方法获得了利用多媒体的前提，在对传统教学方法的继承与创新中，在纵比与横比的实践中，促进了教学方法的发展。

6. 教学方法不是随意的

教学过程涉及多因素并处于动态变化的控制系统之中。教学方法不是随意的，它是为完成一定的教学目标，始终处于最优化的永不停息的组合之中。

7.“教书育人”原则

在体育教学中，教学方法的实施过程，也是学生知、情、意、行的体验和锻炼，无论是学习“三基”，还是锻炼身体，都需要学生勤奋思考，刻苦锻炼，反复练习，克服来自内部和外部的各种困难。所以，要求学生不仅要发挥积极性、主动性，而且要具备良好的道德和意志品质。

认知是形成思想品德的基础，情感是内部的动力，意志是精神的支持。认知和情感是转化为行动的重要环节，而行为则是知、情、意的综合表现。知、情、意、行四个因素互相联系、互相制约、互相促进。

因此，在实施教学方法的过程中，应加强教育，重视“教书育人”，要做好这项工作，贯彻“教书育人”应注意以下事项：

（1）努力挖掘教材的教育因素，把教育寓于教材的内容之中。

（2）遇到困难与挫折时，正是“教书育人”的好时机，应坚持动之以情、晓之以理、导之以行，培养学生克服困难的勇气和信心，引导坚持练习，磨炼意志，而成为“苦学”的人。

（3）对学生的刻苦精神和点滴进步之处，应及时给予表扬，因势利导，鼓励他们积极向上，拼搏进取，对后进生应耐心说服、正面诱导，满腔热情地关怀和帮助。

（4）体育教师要严格要求，抓典型，树立样板，坚持正面教育，而教师自己应注意培养做到言传身教，为人师表，身先士卒。

因此，实施教学方法的过程，是教、导、学、练的过程，是知、情、意、行的循环升华，学生独立自主学习，沿着“爱学—好学—苦学—会学”这一条治学炼身之路前进。

总之，这六项原则是统一的、相辅相成的，运用优化教育方法必须依据教学规律和教学原则，以系统的观点，从整体出发，充分发挥教与学两个方面的积极性。全面考虑教学的目的任务、教材的内容，学生的特征、教师的能力，场地、器材，时间与空间等条件；采取多样化的手段与方法，加强因材施教，区别对待；同时在实施教学方法过程中，要重视“教书育人”，强化管理，更好地完成体育教学任务。

第二节　小学体育课程科学发展

小学体育课程是小学体育教学开展的重要依据和指导，没有体育课程，教学的开展就无从开始。因此，对小学体育课程进行科学设计是非常重要且必要的。在设计小学体育课程之前，要了解和掌握相关的依据和理论基础来作为设计的参照和支持，主要涉及小学生自身的身心发展特点、小学体育教学的发展现状、小学体育课程的多学科理论基础以及小学阳光体育教学等，这些都是本章的主要内容。在这些理论的基础之上，小学体育课程的科学设计才有可能顺利开展并实施。

一、小学生身心发展特点

小学生阶段，通常是指 7~12 岁年龄段，在这一阶段小学生身体的各器官、系统稳步发育，但是相较成年人来说，结构和功能上的差异性还是比较明显的。下面就对小学生的身体和心理发展特点进行分析和阐述。

（一）小学生身体发展特点

小学生的身体发展特点主要从其身体各个系统的发展上得到体现，具体如下：

1. 运动系统的发展

（1）骨骼发展特点

小学生骨组织水分和有机物较多，无机盐较少，这就决定了骨骼的弹性和韧性是非常好的，骨折发生的概率很低；但是，强度和硬度差，容易发生变形。

（2）关节发展特点

关节面软骨较厚，关节窝较浅，关节囊及关节周围的韧带薄弱松弛，关节周围的肌肉细长。这就决定了关节良好的伸展性、灵活性特点，活动范围较大；但是同样，其牢固性和稳定性会相对比较差，脱位的情况较容易发生。

（3）肌肉发展特点

小学生肌肉含水分多，蛋白质和无机盐少，肌纤维细，因此，其弹性会比较好；但与此同时，其肌肉力量弱，较容易产生疲劳的情况。

2. 心血管系统的发展

小学生的心脏发育还不够成熟，心脏重量与容积相较成人来说，都是比较小的，但相对值却比成人要大。

小学生心肌纤维较细，收缩力较弱，心脏泵血力量小，在这样的情况下，要想使运动和旺盛的新陈代谢的需求得到有效满足，一般会通过增加心跳频率的方式来加以弥补，这就是小学生心律较快的原因所在。

3. 呼吸系统的发展

小学生胸廓狭小，呼吸肌力量弱，这就决定了其呼吸系统的特点为：呼吸浅，频率快，呼吸的效率较差，肺活量小。

相较成人来说，小学生的最大肺通气量和最大摄氧量的绝对值都是比较低的，但是，其相对值要比成人高。

小学生气管和支气管通道狭窄，气管软骨尚未坚固，黏膜薄弱，血管丰富，易受尘埃和微生物的侵害。

4. 神经系统的发展

小学生大脑神经细胞的分化已基本完成，这就使其动作的精确性和协调性有所提高。但是神经系统兴奋与抑制的过程发展不均衡，兴奋过程的优势较为显著，表现为活泼好动，注意力不集中；学习和掌握动作较快，但兴奋容易扩散，从而导致错误或多余动作的出现；神经元的工作能力较低，易疲劳，但神经的灵活性好，物质代谢旺盛，这对于疲劳后的迅速恢复是有帮助的。

（二）小学生心理发展特点

在小学阶段，不仅小学生的身体发展呈现出显著特点，其在心理发展上的特点也是较为显著的，具体表现在以下几个方面：

1. 认知能力的发展

（1）感知觉的发展充分

小学生的听觉、视觉十分敏锐，触觉也比较发达，表现为知觉能力的全面发展和综合分析能力逐渐提高，为学习和从事体育活动提供了基础和保证。

（2）注意力范围有限，且稳定性较差

小学生一般只能注意到自己感兴趣的对象。可以根据学习的需要和教师的要求，将注意力指向学习的对象，注意的范围和稳定性也随之逐步提高。

（3）记忆力的提高有渐进性

小学生的无意识记忆仍然起着重要的作用，容易记住那些自己非常感兴趣的事物，并且记忆内容由初期的具体形象记忆逐步发展到抽象记忆。

（4）主要表现为形象思维

小学生的思维能力虽然有了很大的发展，但是思维发展并不均衡，仍然以形象思维为主。

生活化的结合，不仅可以改善现有传统教学单一的模式，丰富教学内容，而且在提高教学质量、使学生快乐学习方面得到保证，所产生的作用也是非常积极、正面的。

（5）想象力丰富

小学低年级学生想象力十分丰富。在他们的头脑中，现实与想象之间往往没有明确的界限。

2. 个性特征的发展

小学生个性特征的发展特点可以从以下几个方面得到体现：

（1）情绪稳定但是较为单一

小学生的情绪相对稳定而单纯，表现出单一性的显著特点，并且对自己的情绪能有效控制。

（2）意志品质的坚韧程度有待提高

小学生明辨是非、抑制不良愿望和动机以及坚韧不拔地完成任务的能力较差，所以在体育教学中，教师尤其要针对那些相对单调、艰苦的体能锻炼，以学生的个性特点和能力为依据，将明确、具体的目标与任务提出来，并对学生的自制力和坚韧性加以培养和关注。在体育运动中积极引导，多加鼓励，有效抑制并克服不良的动机和愿望，从而使小学生完成锻炼任务、达到锻炼目标的决心和信心得到提升。

（3）自我意识明显但独立性差

小学生的思想和行动，通常会较容易受到他人的影响。在体育活动中，教师和其他人的言行都可能成为他们学习和模仿的对象。因此，这就要求教师一定要注意自身的言谈举止，将榜样作用充分发挥出来。总体上来说，小学生的自我意识虽已形成，但不够客观、不够全面，带有明显的主观色彩。随着年龄的增长，小学生的自我意识会由低到高，提升和发展的趋势越来越稳。

（4）社会认知得到发展

小学生与社会的接触还比较少，或者说比较浅显，但是，这并不能否定小学生的社会认知能力的不断锻炼、发展和提升，这是其个性特征发展的一个重要体现。

二、小学体育课程的多学科理论基础

（一）教育学理论

1. 小学体育课程中蕴含的教育学理念

教育学作为学科之一，其研究的对象为教育现象，目的是将教育规律揭示出来。这里所说的教育，指的是教化培育，可以从两个方面来加以理解：一个是传授经验、学识，培养思维方式的过程；一个是教书育人的过程。

学校教育是以社会需要为依据，在遵循青少年学生身心发展规律的基础上，系统地引导学生获得知识技能、陶冶思想品德、发展智力和体力的一种活动，把学生培养成为适应一定社会需要和促进社会发展的人是其主要目的。

现代教育制度形成之后，长期以来，体育课程是作为学校教育的重要手段和学校课程体系的重要内容而存在的，小学体育课程的改革与发展是在国家教育方针政策指导下进行的，同时也渗透着国家教育改革的思想和理念。

2. 小学体育课程有助于“立德树人工程”的落实

教育的一个根本任务就是立德树人。为了深入贯彻这一精神和教育规划纲要，深化教育教学改革，全面提升育人水平，2013 年教育部颁发了《教育部关于实施“立德树人工程”的意见》（以下简称《意见》），《意见》明确指出：把促进学生全面发展，健康成长作为工程的出发点和落脚点，坚持全科育人，统筹品德、语文、历史、体育、艺术 5 个学科，发挥其独特的育人优势，加强学科间的相互配合，发挥综合育人功能。

（二）生物学理论

1. 小学体育课程中蕴含的生物学理论

生物学，也有生命科学之称，这一学科的研究对象为生物和生命现象。以研究的方法和问题为依据，可以将生物学划分为形态学、解剖学、生理学等几个具体的学科。体育是通过身体练习对人体实施干预的教育，体育课程的本质功能是增强学生的体质。因此，人体形态学、人体解剖学、人体生理学等学科自然成为小学体育课程改革的理论基础。

生物学的研究对象主要为生命现象和生物活动规律，促进生物有机体更好地健康发展是该学科的主要目标。人作为一个生命体，其基本特征包括新陈代谢、生长、发育等。体育运动作为一种作用于身体本身的手段，其主要是改善机体的机能，使机体朝着更加健康的方向发展，而小学体育课程正是一门以身体练习为主要手段，以增进小学生身体健康为主要目的的学科。

健身性所强调的重点在于，在学习体育知识、技能和方法的过程中，以人体生理机能适应性规律、人体生理机能活动能力变化规律、机能发展的适应性规律和学生动作发展规律为主要依据，合理安排体育课运动负荷，从而实现学生身体良好的生物学改造，提高体能和运动技能水平，促进学生身体健康成长。适宜的运动负荷是小学体育课程学习的一个基本特征，运动负荷过高或过低，对学生身体的健康发展都是非常不利的。只有根据人体的生长发育、新陈代谢等规律来确定运动负荷，才能保证所取得的效果是较为理想的。

2. 体能在人体形态学特征和生物学特征的基础上发展

良好的体能是身体健康的重要表现，也是小学体育课程的主要目标之一。体能，从广义上来讲，是人体适应外界环境的能力；从狭义上来讲，是指人体各器官系统机能在体育活动中表现出来的能力。

一般来说，体能的获得途径主要是体育运动锻炼，除此之外，其还会受到饮食方式、生活方式等方面的影响。体能水平的高低与人体的形态学特征、机能特征之间的关系也非常紧密，其中人体的形态学特征是其体能的质构性基础，人体的机能特征是其体能的生物功能性基础，这为小学体育课程教学如何有效发展和提升学生的体能水平提供了理论基础。

（三）心理学理论

1. 小学体育课程中蕴含的心理学理论

心理学这一学科的研究内容主要是行为和心理活动，具体来说，心理过程和个性心理是其主要的研究对象。

心理过程，就是一个人心理现象的动态过程，认识过程、情感过程和意志过程都属于心理过程的范畴，其能够将正常个体心理现象的共同性充分展现出来。

个性心理，指的是一个人在社会生活实践中形成的相对稳定的各种心理现象的总和，个性倾向、个性特征和个性调控等都属于个性心理的范畴，其能够将人的心理现象的个别性反映出来。其中，个性倾向是推动人进行活动的动力系统，它反映了人对周围世界的趋向和追求，主要包括需要、动机、兴趣、理想、信念、价值观和世界观等。这些内容在小学体育课程理念、目标及内容等方面的渗透和体现是有所差别的。

2. 小学体育课程理念及目标的心理学阐释

从小学体育课程本身来讲，培养学生对体育的情感态度与价值观，实际上就是要重视对学生积极体育情感和态度的养成，对学生进行正确的体育价值观和责任感的教育，培养其自尊、自信、不怕困难、刻苦锻炼的精神。究其原因，主要是由于积极的体育情感是学生参与体育锻炼的巨大动力，端正的体育态度对学生参加体育学习和锻炼具有重要影响，正确的体育价值观是形成正确的体育道德信念、理想及行为的保证。

传统的小学体育教学对运动技能的系统传授过于重视，同时，也过于强调学生对于运动技能的掌握，但是在学生运动兴趣的培养上往往是忽视的，这样就会导致学生既没有很好地掌握运动技能，也没有强烈的运动兴趣和热情。在新一轮的小学体育课程改革中，新的体育课程要尽力打破传统教学思想和传统势力的束缚与禁锢，深入改革原有的体育课，在强调运动技能学习的同时，还特别强调运动兴趣的培养，并把“心理健康”作为课程的重要方面，充分体现出小学体育课程改革中心理学理论的渗透。

（四）社会学理论

1. 小学体育课程中蕴含的社会学理论

体育社会学和教育社会学，都属于社会学理论的范畴，都能够为小学体育课程改革提供必要的参考和依据。

从社会学的角度上来看，小学体育课程将促进学生的社会化，把提高学生的社会适应能力作为主要目标。这里所说的社会适应能力，往往也被称为社会健康，具体来说，是指个体与他人及社会环境相互作用、具有良好的人际关系和实现社会角色的能力。

小学体育课程在提高人的社会健康水平方面的促进作用是非常显著的，具体表现在以下几个方面：

第一，有利于小学生和谐的人际关系的建立和社会交往能力的提高。

第二，有利于学生的竞争意识和抵抗挫折能力的培养和提升。

第三，有利于学生良好的体育道德规范及合作精神的培养与建立。

第四，有利于学生社会适应性的锻炼和提升。

2. 小学体育课程中社会规范意识与社会适应能力的提高

小学体育课程所强调的“社会规范意识”，更多的是指向“社会规则意识和安全意识”。

社会规范意识是小学体育课程的一个显著目标。在具体的课程实施过程中，主要是通过组织学生参与各种体育比赛，形成遵守各种活动的规则意识，通过安全教育来对学生安全防范的能力进行培养和提升。

人是社会的人，人的价值主要是通过社会的价值来体现，所以如果一个人要想实现自我价值，必须拥有良好的社会适应能力，这就是“人的社会化”过程。社会适应是个人和群体调整自己的行为，使其适应所处社会环境的过程。小学体育课程所培养的社会适应是学生在小学体育学习过程中形成的情感、态度、价值观等的综合表现。“社会适应”作为小学体育课程目标和学习内容之一，它主要强调学生社会化的过程，在小学体育课程的学习过程中，培养学生坚强的意志品质、与他人合作和交往的能力、社会规范意识等，都是对其进行社会化改造的体现。

三、小学“阳光体育”教学

小学体育教育在整个体育教育中是处于基础地位的，体育教育对学生身心健康的培养和提升就是通过小学体育教育实现的。少年儿童是祖国的未来、民族的希望，基础教育是根基，因此对于小学体育教学必须充分重视。阳光体育工程在小学的推进，就在很大程度上为小学体育教学的发展提供了契机，因此，一定要抓住这一有利条件，推进小学体育教学的改革。

（一）在新课标的指导下，建立新的教育教学理念

教育本身就具有一定的特殊性，这种特殊性主要体现在教学对象上，即其具有显著的特征，比如发展性、变化性和个体的差异性等。随着社会的不断发展，小学体育教学需要满足新时代的新要求，这在教学的各个方面都必须有所体现和反映。

新颁布的小学体育课程标准是小学体育教学推进与实施的重要导向，教师教学的开展是要按照新课标来进行的。对小学体育教师来说，要从清楚体育课程的价值，转变之前知识和技能技巧为核心的教学理念，立足于学生长远的发展，本着促进学生身体健康、提高学生心理健康水平、增强学生适应社会的能力、获得体育与健康知识和技能这几方面着手来进行小学体育教学。简言之，就是要有主动学习的意识，主动研究新课标，结合学生实际来落实课标的要求。

（二）创设轻松和谐的课堂氛围

在传统的小学体育教学中，教师将关注的重点通常放在教学的结果上，却忽视了更重要的教学过程和学生的个体差异，因此，这就会导致一部分因没有理解老师的教学内容或是本身的身体素质达不到教学目标当中所要求高度的学生心理受挫，对体育课的兴趣会逐渐减退，增加了其参与体育教学课的压力。新课改下的素质教育，要求教师要为学生创设轻松和谐的课堂氛围，不能将教学结果作为唯一关注的重点，要尊重学生的全面发展，让

小学体育教学的气氛活跃起来，提升学生学习的兴趣。

（三）围绕学生这一中心，落实素质教育要求

新课标明确指出：小学体育教学要将满足学生的需要和重视学生的情感体验、促进全面发展的社会主义新人的成长作为关注的重点。由此可见，小学体育教学活动的设计与开展都是围绕着小学生这一中心来进行的，因此，这就要求教师一定要在体育教学活动开始就对小学生的各个方面有全面且深入细致的了解与掌握，遵循区别对待和个体差异性原则来设计和组织教学。同时，还要对学生的情感体验和全面发展加以重视。

从上述内容中可以得知，广大小学体育教师在教学中要把备课标、备教材、备学生三者结合起来，在关注学生掌握一些基础性运动项目技能、技巧的基础上，把能力培养落实其中。除此之外，更要在此过程中把体育拼搏精神、爱国主义教育、法治教育、团队意识等渗透其中，引导学生形成良好的运动习惯，培养学生积极向上的体育意识，由此，来使学生身心健康成长的长远目标得以顺利实现。

（四）开展趣味化教学，将学生积极性有效调动起来

对小学生来说，其天性就是玩。因此，小学体育教学活动的开展，也要尽可能与玩有关，以此来将学生参与体育教学活动的兴趣和积极性激发和调动起来。

新课标改革之后，教师在小学体育教学中的地位有所提升，其主导性地位更加显著。与此同时，也不能因此而降低了学生的主体性地位，这就要求小学体育教师在备课的时候，一定要将生活化和趣味化这两个基本要求结合起来，精心策划教学内容，根据学生不同的兴趣开展教学活动。教师可以从生活出发，挖掘生活中有趣的事情，融入学生学习之中，发现学生感兴趣的东西，从而围绕这些开展教学，大大提高教学的趣味性。为了避免传统体育教学活动的各种弊端，体育教师要发挥日常教学的正能量，多元化地发展教学内容，加强生活化与趣味化的融合，可以有效地促进学生与教师的交流，增进师生情谊。从日常角度出发，结合必要的趣味性游戏，使学生在学习的过程中保持积极向上的学习态度。趣味化与生活化的结合，不仅可以改善现有传统教学单一的模式，丰富教学内容，而且在提高教学质量、使学生快乐学习方面得到保证，所产生的作用也是非常积极、正面的。

（五）教学中学生运动负荷的设计要科学

让学生积极地参与到阳光体育活动中，对于增强学生的身体素质，促进学生的心理健康都是非常有利的。在当今社会，学生的压力非常大，这就需要教师通过积极的引导，使学生能够经常参与到阳光体育运动中，以此来使他们的学习压力得到缓解，同时还能提高学生的心理素质，真正地提高学生的思想品德与审美情操。

当前的体育课程的改革，主要是为了对学生的健康成长起到更好的促进作用，有效提升学生的身体素质。无论课堂形式有什么变化，其需要遵循的基本原则都是要科学地安排

学生的运动负荷。不仅如此，教师还要全面地考虑学生所处的环境，根据年级的高低与身体素质的不同，来对学生的运动负荷进行科学的设计和安排，注意一定不要超过负荷量。

（六）完善评价体系，有效辅助教学

小学体育教学的开展必须是完整的，因此，教学评价作为其重要的组成部分，是非常重要且不可或缺的，能够对体育教学目标实现和课程建设发展起到积极的促进作用。

新时期的小学体育教学所采用的是素质教育的形式，这就需要体育教师改变传统的以运动成绩来单一评价学生的方法，而是要以学生长远发展为立足点，尊重学生个体上的差异，既要关注结果，更要重视过程；切实发挥教学评价激励与发展的功能，从三维目标的要求出发，全方位评价学生。在此过程中，可以把教师评价、学生互评和学生自评结合起来，这样不仅能够使教学评价更全面、更客观，也有利于学生主体地位的发挥。

由此可以看出，在小学课程体系中，体育教育是落实素质教育的重要环节。广大体育教师要将其与新课改的新要求有机结合起来，从学生的实际出发，开展有效的体育教学活动，推动阳光体育工作在小学阶段的落实。

第四章　小学体育教学环境与安全监督

学生在学校的安全是家长和学校都非常关注的问题。尤其是在如今的社会环境下，自实施素质教育以来，体育课程的教学受到重视，鼓励学生积极参与到体育运动中。体育课程的教学主要是为了提升学生的身体素质以及心理健康，使学生获得全面发展。在小学体育教学中，由于小学生自身的安全防护意识较低，在体育课堂上的自我约束能力较差，使得安全事故容易发生，对小学生的身体健康产生伤害。

第一节　体育教学指导系统

一、理论概述

良好的学习环境对学生的学习效果不容忽视。学生的非学习和干扰学习的行为通常是与学习环境有联系的。然而，良好学习环境的创建和维护是一个非常复杂的过程。很多教师发现创造良好学习环境不是一件容易的事。创造一个良好的学习环境是保证高质量教学最重要的因素之一。尽管一位体育教师能够拥有广博的体育知识和教学经验，但是如果不能建立和保持一个良好而积极参与的学习环境，那么学生的学习效果将受到很大影响。例如一位篮球知识和技术丰富的教师如果不能够了解学生的技术水平，而以陈旧的方式教授课程，不注意关心学生的认知和感受，且不能够公平对待每一位学生，那么这位教师的教学将不可能成功。

越来越多的教育者发现创造一个良好的学习环境是一个复杂的体系，且有许多相关的因素。这个体系包括教学指导系统、管理系统和社交系统。

首先，一个积极向上的学习环境来自一个好的教学指导系统。这个系统里包括如下因素：教学内容（如运动项目、舞蹈、身体素质练习等）和教学方法（如清晰的指导，快速的内容转换，教授与学生生活相关的学习内容，增强学生的归属感）。

其次，一个优秀的体育教师也是一个优秀的管理者。一个管理系统包括教师具有详尽的策略使学生能够清晰地了解课堂的规则、条例、教师的期望，并自觉地学习。同教学指导模式一样，管理系统的基本元素包括对课堂中可接受和不可接受行为的界定，教师对学生学习的期望，如何激励学生好好学习，及如何减少学生的非学习行为。

最后，一个良好的学习环境也取决于课堂的社交系统。课堂的社交系统是指在体育课中的教师和学生之间、学生和学生之间的交流与互动。教师能够平等地对待、尊重和关心每一个学生。学生能够享受学习的快乐，学生之间能够相互帮助和鼓励。

就像组装汽车一样，教学指导系统、管理系统和社交系统在教学中相互分离却同时相互联系。只有这三者有机地结合在一起才能产生最大的教学效果。正如汽车的燃烧、排放和消音系统相互连接一样，任何系统的缺损都会直接影响其他系统的运行，最终导致汽车的瘫痪。同样，如果一位教师忽略了创造良好学习环境中的任何一个部分，整个积极向上的学习环境就会破裂和消失。例如在教学指导系统中，即使一位教师能够给予学生清楚的、与学生技术水平相当的教学，但是如果学生不能够认识到教师教授内容的价值和兴趣，整个教学氛围就会被破坏从而不可能达到最佳的教学效果。事实上，学生对教学内容的认知会直接影响到教师教学方式的选择和运用。教师必须对整个体系有个全面的理解并能够将各个部分合理地结合在一起。

一个系统中的基本元素也是相互关联并相互作用的。仍以汽车的组装为例，一辆汽车不仅要有排放系统，而且还要有其他的体系才能使汽车正常地运行。汽车还有一个动力传送系统（发动机和传送带）、一个安全系统（安全带、气囊和缓冲挡）和一个发动系统（点燃体系、电池等）。如果点燃体系不能够将汽车启动起来，那么即使最好的动力传送系统也将是毫无用处的。在一个汽车中，每一个系统不仅自己要运行良好，更重要的是所有系统要相互支持且共同将汽车运转起来。同样的道理可运用到体育课中，教师不仅要确信每一个系统（如教学指导、管理和社交系统）工作良好，而且要意识到如果一个系统缺损，将会导致另外的系统罢工。比如一个教师建立了一个良好的教学指导系统（如清晰的教学、令人感兴趣的内容），但是如果在管理体系中没有明确的规则和对不良行为的处理，这位教师将会遇到许多干扰课堂教学的行为。因为无法管理课堂纪律，即使教师具有指导教学的能力，学生也不可能好好地学习。另外的例子是即使教师具有教学和管理的能力，但是如果不能够关心、尊重和爱护学生，这个社交系统的缺损也将会使整个积极向上的学习环境逐渐消失。就像一辆汽车的许多系统必须整合在一起，教师的指导、管理和社交系统必须相互作用，共同创造出一个良好的课堂环境以提高学习效果。

在接下来的内容中，我们将详细描述影响体育学习环境的教学指导系统、管理系统和社交系统。

二、教学指导系统的构建

教学指导系统包括教学内容（教什么）和教学方法（如何教）。这两个问题直接影响到学生如何认识和体验体育课环境。这个系统中的一些关键元素如下：

1. 教学须符合学生的技术水平和理解水平。

2. 在学习中须减少对学生身体和情感的危害。

3. 学习活动须有明确的教学目的。

4. 新颖和符合实际的学习活动。

5. 及时的教学指导。

6. 学习活动须有一定的挑战性。

7. 学习活动须多样化，包括具有竞争性的、无竞争性的或相互协作的学习活动。

8. 教授与文化和传统相关的学习活动。

9. 给学生在学习活动中自主选择的权利，提高学生的课堂归属感。

一个教师对学生技术水平和理解水平的正确判断能力直接影响到创造良好学习环境的质量。一方面，如果学习内容的困难程度高于学生的学习能力，由于缺乏成功的机会会使学生感到沮丧从而导致许多非学习和干扰学习的不良行为。这些行为包括停止练习、抱怨教师、聊天和不努力练习。另一方面，如果学习内容过于简单，学生会感到成功太过容易从而引起非学习行为。体育教学必须根据学生的技术和知识理解水平来确定学习内容，学习内容既要有挑战性又要使学生感觉到通过自身的努力能够成功。对一位新教师来讲，由于缺乏对学生的了解，在确定学习内容时往往会感到困难。

当学生感到学习的新内容会对身体和情感产生可能的危害时，他们也往往会有许多非学习行为。对学生情感会产生伤害的行为包括迫使学生在公众面前换衣服，强迫学生在全班面前独个表演或做身体素质练习，用技术水平差的学生作为反面“榜样”，或者不制止其他同学羞辱弱小学生的行为。身体上的危害包括学生担心由于过于剧烈活动和身体碰撞而受伤。对许多学生来讲，担心身体和情感上的危害在体育课中是非常真实的，当学生感到体育课中有太多潜在的身体和情感方面的伤害时，为避免这些风险他们往往会有许多非学习行为，即使这样做会影响其学习成绩也在所不惜。

当学生感觉教师在课堂上不知所云或无法知道教师所指的学习目的时，积极向上的学习环境就会遭到破坏。因为无法理解教师的要求和期望，学生就会出现许多非学习行为。然而在很多情况下，教师往往认为这是学生违反纪律或缺乏学习动机的表现，而很少从自身找原因。为了避免这种情况发生，教师必须清晰明了地讲解并在学习过程中经常询问学生是否理解了课堂要求。

当学生认为学习内容枯燥无味时，非学习行为也可能出现。当学生认为体育课活动总是千篇一律或过于简单时，学生是不可能积极参与到学习活动中去的。同样，当学生认为他们所学的单一技能不能够运用到实际生活或比赛中去时，他们也不会积极参与其中。为了避免这些情况，教师应该使学习生动活泼、新颖有趣和直接可运用的一些内容。比如在教授篮球运球时，教师应该教授学生学习在真正比赛时的运球情况，例如移动中运球和有防守者参与的运球。简单的非实战的教学会使学生产生枯燥无味的感觉。

另外，教师在教授新内容时应保持一个稳定和快速的学习节奏。内容丰富和快节奏的课程是抓住和保持学生注意力的基础。当学生感受到教师在教授一个接一个的令人感兴趣和技术水平相当的内容时，学生往往没有时间做一些同课程无关的事情。一些教育者把课堂的学习节奏作为一个动力系统，当这个系统运转稳定和快速时，学生的学习效果就会增强。

正如学习内容必须符合学生的身体技能发展水平一样，学习内容具有一定的挑战性也是非常必要的。例如学生在学习投掷时，教师可以制作一些靶标并要求学生击中一定数量的目标来挑战学生；或者在瑜伽教学中教师可以挑战学生是否能够在一个姿势上保持一定时间；在足球射门教学中，可以挑战学生去击中球门的某一部位；等等。需要注意的一点是学习内容必须在一定程度上超过学生的目前水平，并且学生通过努力可以达到。学习内容要避免过难或过易，否则，都会导致非学习行为的出现。另外必须注意的一点是学习内容的难易必须因人而异，因为在体育课小学生的技术水平往往差异较大，运用一个简单的标准去衡量学生的学习是非常困难的。在教学中，教师可根据学生的学习水平逐渐增加内容的难度。另外一个方法是让学生自己选择学习目标，在这种情况下，学生的学习动机就会加强，非学习行为随之减少。

当学习内容同学生的文化相关联时，良好的学习环境往往就会形成。文化关联可表现在许多方面，如果学生认为学习内容（如运动项目、身体训练、舞蹈等）具有应用价值或可以直接运用到课外或其他地方（如家庭、社区），那么文化关联就会产生。同样，如果学习内容被认为时尚流行或显得很酷，文化关联也会出现。例如许多学生会认为学习集体舞是枯燥无味的，但他们可能认为街舞符合时尚。如果教师所选择的教学内容符合年轻人的价值取向就会很容易地吸引和保持学生的学习兴趣和注意力。最后，学生对文化关联性的认知是直接同流行文化和体育偶像相联系的。随着体育文化的崛起，许多年轻人开始崇拜体育明星。因此，如果教师能够将体育流行文化应用在教学指导中，学生就会很容易地参与到学习过程中。教师课程内容的选择其实是一个复杂的过程，它主要依据来自社会的期望、指定的教学大纲、教师自身的价值取向和教学专长等。然而，当课堂内容同学生的流行文化认知相联系时，学生将更加希望参与到学习中。如果学生不能够认知到学习内容同自身文化、价值的联系，他们就会缺乏学习兴趣，并认为学习内容陈旧无用。

教师如何处理运动中的挑战性问题也是同等重要的。如果教师只关心运动技术好的学生和比赛中的输赢胜负，技术差的学生就会产生许多非学习行为。当教授一个内容时，教师应将重点放在掌握学习内容、公平竞争、快乐教育等方面而不是输赢。过度强调输赢胜负将造成学生对自身能力的不正确认识从而危害良好的学习环境。另外，教师应有一个全面平衡的教学课程计划。教学内容必须广泛，包括竞技性活动（足球、篮球、排球等）、非竞技性活动（武术、瑜伽、健美操等）及合作性活动（户外活动、集体探险等）。只有这样，教师才能够满足不同学生的兴趣爱好、技能水平和文化价值的需求。

在某种程度上，学生的归属感对学习内容的拥有和控制能力将影响他们对学习环境的认知与参与程度。如果学生认为教师的教学总是以命令式的口气来控制所有的课堂活动而没有任何自主权，那么学生是不可能享受体育所带来的快乐并全身心地投入学习的。对学习内容给予学生一定的选择权将有助于激励他们的课堂归属性。在体育课上给予学生选择的权利不是一成不变的，例如学习内容（学什么）、学习形式（怎么学）、评价指标（怎样打分）等方面。相应地，教师可以让学生有一些小范围的选择，例如运动器材的使用、学习伙伴的选择、选择学习目标和挑战等。无论何种方式，只要当学生认为他们的意见和建议被教师倾听和接受时，学生才会具有高度的学习积极性，并更容易享受到学习的快乐。

总之，创造一个良好的学习环境涉及教学内容和教学方法的各方面。如果一位教师能够根据学生的技术和知识水平选择教学内容，有意识地避免和减少对学生感情和身体的危害，给予学生清晰和明了的学习指导，安排令人感兴趣且富有挑战性的教学任务，使教学节奏稳定且快速，强调学习而不是竞争，使学习内容多样化并同学生的文化相关联，倾听学生的意见，以及给予学生一定的自由度来选择学习内容和方式，那么，这样的体育课就会吸引学生的注意力，提高学习效果，减少非学习和干扰学习的行为。而任何一方面的缺失都会对良好的学习环境造成无法弥补的影响。

第二节　体育教学管理与社交系统

一、管理系统

许多教育家认为课堂管理系统是创造良好学习环境的最重要因素。一般认为，课堂管理系统仅仅包括课堂条例、课堂常规和学生行为规范的条例。事实上，有关体育课教学方面的研究已经表明，体育课堂管理系统远远超过课堂条例和行为规范条例的范围。体育课堂管理系统是一个全面负责任的程序，它包括以下几方面：

1. 对学生各方面行为清晰的规范和规则。

2. 一个稳定一致的课堂常规。

3. 对学生正确学习行为的要求。

4. 对学生非学习行为和干扰课堂行为的认定和相应处理。

5. 整个课堂中教师对学生活动的全面积极的监督。

6. 对学生正确学习行为的评价和奖励。

对学生各方面行为的清晰规范和规则是管理系统中最重要的元素。课堂规范和规则包括如何对待同学、教师和体育器材。一些教师将规范和规则置于醒目的地方，因此当学生违反规则时能够直接看到错在哪里。另外，一些教师将学生对规则的理解和对课堂的拥有性认知结合在一起。课堂条例必须简单明了和全面。课堂规范和规则应以书面的方式展示给学生。在教学过程中，教师应不断强化这些规范和规则，特别是在学年开始的时期。

同样重要的是建立一个稳定的课堂常规。如果当学生进入体育课堂时就知道课程的基本进程，教师将如何教授学习内容，以及教师所希望的行为，那么他们将更容易参与到学习过程中去。一些重要的课堂常规包括学生在体育课中的着装要求、上课地点和位置安排，教师如何记录出勤情况，如何领取、分配和归还器材，学生在体育课中须携带的物品（如自行车、铅笔、纸张等）和如何解散下课。课堂常规的操作和学生对其的理解与实施对于学习过程具有非常重要的作用。稳定的课堂常规将直接有助于良好学习环境的形成和发展。像课堂规范和规则一样，课堂常规应以书面的方式展示给学生。在教学过程中，特别在学年的开始时，教师应不断强化课堂常规。

清晰的规则和稳定的课堂常规可直接引导，到达创造良好学习环境的另一个方面：教师对学生正确学习行为的期望。对学生正确行为的期望需要非常具体和详尽。一些教师往往仅在体育课中概括课堂常规和规则，而不能非常详尽和认真地解释它们并让学生理解其对学习效果的影响。学生必须理解只有遵守课堂条例和常规才能享受学习和锻炼的快乐，从而取得良好的学习效果。对学习行为的期望是以创造良好学习环境为最终目的的，行为的期望和学习不应对立而应相互扶持。教师应以热情和积极向上的态度讲解对学生的行为期望。学生不仅要了解这些期望而且要知道为什么教师会给予他们这些期望。

课堂条例与常规的实施要针对学生非学习和干扰课堂的教学行为。学生应理解在体育课中非学习和干扰课堂行为的后果。不论何种处罚的形式（不公开或公开批评、停止参加课堂活动、停课、降低成绩或叫家长），学生如果事前能了解非学习和干扰课堂行为的后果就将会减少违反纪律的概率。尽管许多教师对学生违反纪律有非常具体的处理条例，但不能够经常性地提醒学生并在实施过程中保持一贯性。当学生违反规则的时候，教师必须根据已制定的违反纪律条例来处理。依据情节的严重性和违反规定的次数依次给予处理。最后，教师必须对非学习和干扰课堂行为的处理始终如一，经常性地改变对同一行为的处理方法和程度，会造成学生对行为后果处理方法的理解混乱。另外，教师应对所有学生一视同仁，公平对待每一个学生，否则，整个管理体系就会被破坏。

加强学生对规则、常规和良好行为的期望最有效的策略是通过对整个课堂活动的全面和积极的监督。对整个课堂活动的监督是教师的责任而且必须同制定课堂条例和行为后果规定相联系。对学习活动全面和积极的监督包括全面观察学生的活动情况，倾听学生对活动的意见和想法。教师的监督必须包含两个侧重点：一方面，教师必须指导学生学习，观察学习进展并根据学生的学习情况提供相应的反馈，制订进一步的学习活动计划；另一方面，教师也需要监督整个课堂和每位学生的表现，以确定是否有违反课堂条例的行为。例如在篮球运球教学中，教师不仅要观察学生的运球情况和提供反馈，而且同时留意整个班级的活动情况。同样，当教师在管理器材的分配和将体育活动转移到室外时，教师也必须注意同学之间的交流以防止违反课堂纪律的行为。在以上的两个例子中，如果个别学生开始有非学习或干扰课堂的行为，良好的学习环境其实已经开始遭到破坏。如果这种非学习或干扰课堂的行为不能及时得到控制，这种行为就会像滚雪球一样越来越严重，最终危及整个班级。一个最基本的监督策略是教师应保持站在学生的前面，面对学生。当教师巡视全班时，应沿着操场的外围面对学生走动。这样，教师能够容易地观察到所有学生的行为而没有把一些学生遗漏在视觉以外。教师的这种监督策略可使学生感觉到教师一直在看着他们，从而阻止非学习或干扰课堂行为的发生。

管理系统中的另外一个基本元素是如何决定学生的成绩。尽管人们对体育的成绩是否应成为学生学校学习总成绩的一部分存在争议，但是绝大部分的学生还是非常想在体育课中得到一个好的分数。因此，教师如何制定学生体育课成绩的评价体系在管理过程中具有重要作用。除了对学生非学习行为和干扰课堂行为的认定和相应处理外，教师应鼓励学生采取正确的学习行为，这一点特别是在学生的成绩评价中很重要。当然，学生的学习行为不应成为学生体育成绩的唯一基础。有一点切记，教师对正确的学习行为的期望是为了学生更好地学习而不是学习行为本身。总之，对学生正确学习行为的鼓励是管理系统重要的一部分，但不应成为体育课中唯一的焦点。否则，体育课中掌握知识和技能的目的就会被忽视掉。

总之，体育课中的管理系统是一个线性的和相互联结的过程。它起始于学期开始时的清晰明了的课堂条例、常规、对学生学习的期望和日常对其的强化。然而，课堂条例、常规和对学生的期望必须伴随着对学生非学习行为和干扰课堂行为的明确认定和相应的处理。教师可以通过对课堂学生活动全面和积极的监督，制定成绩评价体系，并鼓励学生采取正确的行为。当管理系统运转正常时，学习就会自然地随之发生。整个管理系统是创造良好学习环境的前提和方法，因此，教师必须认真对待管理系统中的每一个元素并使学生明确地了解这些元素。

二、社交系统

除了教学指导系统和管理系统之外，一个良好的学习环境在很大程度上也取决于在体育课中和在学校里的社交系统。体育研究已经很清楚地表明，学生在体育课中对自我的社会认知直接影响到其体育参与和学习环境的质量。尽管教师可能具有令人信服的教学和管理能力，但是如果忽略体育课中社会人与人之间的互动，良好的学习环境仍然不能够维持。在体育课中，社交系统包括以下三种主要人际关系：

1. 学生与学生之间的关系。

2. 学生与教师之间的关系。

3. 学校文化氛围对学生体育课认知的影响。

因为青少年时期学生非常看重发展友谊，以及确定自己在同伴之中的位置，体育课如何能够有助于发展学生这种良好社会关系将影响到学生对体育价值的认知、参与和学习效果。如果学生在体育课中拥有和睦的同学关系，那么他们就会有更多的机会享受学习乐趣。相反，如果在体育课中没有朋友或伙伴，那么学生对体育课就会有强烈的抵触情绪，并且不愿意参加体育活动。在这种情况下一些教师往往错误地认为这是学生缺乏学习动机或不尊重教师的表现，但并没有觉察到这有可能是学生为了避免遭遇没有同伴或被同学讽刺的尴尬局面。

在一些学校，体育课往往是学生经历同伴讽刺、欺负、排斥的地方。女生、低技能学生、瘦弱的男生、肥胖和有残疾的学生通常会在体育课中体验许多负面的经历。在一些体育课中，高技能的男生往往是体育课的主宰者并经常欺凌其他学生。有时体育教师没有意识到这些行为和语言的危害性，认为这仅仅是儿童时期的正常现象，并不严重，或认为学生的这些不良行为不在自己的控制范围以内，甚至错误地觉得有些欺凌语言非常正常，其有助于培养学生形成坚强的个性。

第一，教师应该监测体育课中同伴关系的形成及其对学习的作用。教师有责任了解体育课中的同学关系、学生谈论的主题，了解那些最容易欺负和被欺负的人。换句话说，创造一个良好的学习环境的前提是意识到和了解体育课中的社交问题。在某种程度上，教师应像对待教学和管理一样，认真探求体育课中的社会问题并增加对其的认识。只有这样，体育课中的社交问题才不会成为创造良好学习环境的障碍。

第二，当教师察觉到欺凌行为发生时，应该立即予以制止。意图寻找另外的方法或简单地忽略这些行为往往不能使欺凌行为消失甚至更加严重。教师应该同欺凌者严肃地谈话，在全班面前强调体育课中不允许欺凌行为的规则，如果有必要，应采取进一步的行动。非常重要的一点是，确信学生们了解为什么欺凌行为是错误的。一方面是阻止学生讽刺欺凌他人，另一方面是让学生认识到讽刺和欺凌行为的危害性，这样更有教育意义。所有的学生应该理解欺凌对他人情感的伤害和为什么欺凌行为会直接破坏和腐蚀积极向上的良好的学习环境。当教师发现欺凌行为发生时，应该抓住这个教育时机去强调课堂条例并且帮助学生加深理解，教学生如何发展体育课中的融洽的人际关系。

第三，体育教师可以通过教学指导方式和课程设置内容以更加前瞻性地解决体育课中的社交问题。一些侧重于体育运动合作、理解和社交责任培养的内容能够直接帮助学生培养正确、平等的人际关系认知。体育课应成为培养学生正确人生观和社交责任的重要载体，对学生正确社交行为的培养是体育教学内容、教法和课程指导的重要组成部分。

学生同教师的关系也同样影响良好学习环境的形成。教师可以唤醒、激励、赞扬和关心学生，同样，教师也可能伤害学生感情。在有关学生体育学习的研究中，学生同教师的关系直接影响学生学习、体育价值和体育课的参与。从学生的角度看，教师不但能够激励学生积极地参与学习，能够使枯燥的学习内容变得充满乐趣，同时也能够使体育课兴趣荡然无存。一些简单的策略可以增强教师同学生之间的关系。这些策略包括相互击掌，拍肩膀庆祝学习进步，主动询问学生的课外生活情况，微笑，征求意见，阻止欺凌行为，对所有学生同等对待，提供学习反馈，对遇见困难的学生表示关心和提供帮助，等等。令人惊奇的是，当教师在体育课中实施了这些策略时，所有的学生都会看见、感知和影响他们对教师的观点。教师的关心和爱护能够迅速感染到课堂中的每一个角落从而增强学生对教师的爱戴。在许多时候，当学生被询问什么是影响他们体育课学习最重要的因素时，教师是否关心和爱护他们是最显著的回答之一。

在学校中体育课常常被认为是一个可有可无的学科，特别当它同一些核心学科如数学、语文和科学相比较时。不幸的是，一些体育教师的教学粗暴简单，缺乏学习目的，也缺乏对学生的学习行为进行监督，从而加重了人们对体育课的误解。另外，由于受公众观点和学校环境的影响，许多学生也认为体育课是不重要、枯燥、同自身发展无关的。简单地说，当学校文化不认同体育课的重要性时，创造良好学习环境的概率就会减少。学生往往缺乏体育学习的动机、努力和参与。然而，这些客观因素不应成为体育教师不进取的理由。相反地，许多研究表明，敬业和充满激情的体育教师能够有效地改变体育课在学校中的声望和地位。体育教师能够通过报纸、活动示范、建立网页来宣传体育课程。教师可以进入学校的委员会教育其他教职工体育活动、讲授健康生活方式的重要性，通过努力获得家长和学生的支持。体育教师的积极努力能够改变学校文化和学校领导以及其他教师和员工对体育课的认识。

体育工作者必须负起建立良好师生及学生之间关系的责任。他们必须全面地、不知疲倦地工作，去改善体育课教学质量，及重新树立体育课作为青少年身心发展的中心的形象。当学生认识到体育课的价值时，他们往往会更加积极和热情地参加体育课。体育教师的工作应摆脱体育操场的束缚，应在改变公众对学校体育认知中起到更加主动积极的作用。在同学校领导、家长和其他学科教师的相互交流中，体育工作者将影响学校文化从而间接地影响体育课学习环境的质量。

许多非教育人士认为创造一个良好的学习环境就是简单地建立一些课堂条例并且执行它们。正如本章所述，良好学习环境的创造和维护是一个非常复杂的过程。它包括教师应该教授学生什么内容、如何指导、如何管理和如何培养积极正确的课内外社交关系。为了创立一个良好的学习环境，所有相关因素必须有机地结合在一起，共同作用。建立良好的学习环境是一个长期的过程，需要教师的不懈努力和坚持。如果新教师不理解创造良好学习环境的内容和过程，往往会将学生的非学习行为看作学生的违纪行为，从而简单地斥责学生没有学习动机、注意力不集中、学习不努力等。然而，正如本章所述，学生的非学习和干扰课堂的行为同教师的行为和态度是息息相关的。教师在指导、管理和培养正确社交关系中的任何疏忽和懈怠都会造成学生不良的学习表现。教师应不断提高自己的知识和经验，当学生的非学习行为发生时，教师应反问自己是否这些非学习行为是由于以下行为造成的：学习内容枯燥和缺乏兴趣，教学指导过于简单或复杂，缺乏关心学生或缺少同学生之间的互动，忽略了培养学生之间互相帮助和积极向上的社交关系，等等。良好学习环境的创立必须同课前计划、课中实施、课后总结紧密地结合起来。

第三节　小学体育教学活动管理

一、小学体育课堂活动与课外活动管理

体育教学活动，主要包括两个方面的内容，一个是体育课堂教学，一个是体育课外活动。下面就对这两个方面的管理进行详细的分析和阐述。

（一）小学体育课堂活动管理

对学生来说，体育课堂活动，是其获取知识和技能最主要的方式和途径。因此，如果能够有效强化对小学体育课堂活动的管理，不仅会对体育运动理论知识、文化体验、技能掌握等有积极的促进作用，还能提高学生参与体育活动的积极性和主动性。

一般来说，小学体育课堂活动管理涉及的内容主要有三个方面，即课前、课上、课后三个方面的管理。

1. 课前管理

小学体育课堂活动管理，主要是指教师的备课管理。在所有的教学活动开始前，教师的备课都是必须做的重要准备工作内容之一，是不可或缺的重要方面，会影响到教学活动的进程顺利与否。因此，这就要求备课的质量一定要有所保证，也有管理者将教师备课方面的要求提了出来，比如所准备的教案要规范、详略程度要适宜等。另外，教师备课的质量和规范性也要有所保证，学校要在这方面有定期或不定期的检查和评比活动，也可以适当安排一些集体备课，来有效提升体育教师的综合备课能力和水平。

关于体育教师的备课原则与要求，表现为：精练、准确、真实、详尽。除此之外，体育教师在备课时，也一定要对学生的体育基础、伤病情况等实际情况进行充分考量。除此之外，一些其他的客观因素，比如场地、器材等，也是备课需要综合考虑的因素，并且还要用精练、准确的文字来对这些情况做客观且详细的记录。

2. 上课管理

体育教师的上课管理，可以归纳为两个方面，一方面是课堂氛围的营造，一方面是教学内容的把握。

首先，体育教师要对上课过程有高度的关注和关心，一定要保证上课的质量和效率。因此，课堂看课、听课等方面要提出相应的具体要求，以保证上课的效果，同时，还要适当组织一些公开课、观摩课，从而使对体育课的检查督导得到进一步加强。除此之外，体

育教师还要想方设法为体育课提供必要的条件，从而使课堂上的一些问题得到妥善解决，课堂环境和氛围都会比较理想，这也为保证课堂效果提供了有利条件。

其次，体育教师本身应该负责的管理工作内容丰富，但是，不可能对所有的事物都充分关注到，这就需要在关注上要有所侧重，从而保证体育课的管理质量是理想的。

3. 课后管理

体育教学课堂活动结束之后，体育教师的工作并没有结束，其在课后的工作内容还可以大致分为两个部分：一是要将下次课的任务提出来，并且要组织学生将课堂上所用到的器材收回，对上课的场地进行整理，并按时下课；二是要对本次课程做总结工作，让学生对本节课有全面的回顾，积极参与讨论课程中的重点和难点，根据学生的意见和建议，有针对性地对下一次课进行安排。

（二）小学体育课外活动管理

小学体育课外活动管理的内容，并不比课堂活动管理的内容少，仍然是非常多元的，其中，最为主要的有以下几个方面：

1. 早操、课间操的管理

通常，各小学之间存在着或大或小的差异性，这也就决定了不同学校的课间操、早操在管理上也是有所差别的。但是，有一点是基本相同的，即早操、课间操管理包含的内容，具体有以下几个方面：

（1）项目管理

对早操、课间操的项目进行管理时，采用的管理方法通常有两种，一种是统一安排，一种是自选，通常会将这两种管理方法结合起来进行运用。

（2）器材管理

对课间操、早操的场地器材进行安排和管理采用的方法通常是将集体与分散结合起来。

（3）人员管理

这里所说的人员，主要是指学生干部、班主任、体育教师这几个方面，他们之间要相互配合，来对早操、课间操进行管理。

同时，要将关注的重点放在学生干部作用的发挥上，除此之外，还要做好早操、课间操的宣传教育工作，从而使学生能够更加全面和深入地了解和认识“两操”的重要作用，并使其能成为一种自觉行为。

（4）活动效果管理

通常，学校对早操、课间操的活动效果进行管理，采用的是平时考勤与抽查评比相结合的方法。

2. 个人体育活动的管理

体育教师在对学生的个人体育活动进行管理时，所采用的方式方法主要为指导、咨询、协调等，通过积极的鼓励、启发，使学生的体育锻炼具有一定的计划性特点，并且启发的方式和途径需要具有多样性特点，这样，才能使其通过与自身情况的有机结合，来有针对性地选择活动内容，并且将与自身情况相符的科学训练计划制订出来，为更加科学合理地参与到体育锻炼中，取得理想的训练效果奠定良好的基础。

3. 班级体育活动的管理

通常，班级活动的举办，其要求会比个人活动的要求更高。因此，为了使学生参与体育活动的兴趣得到较好的激发和提升，这就要求在进行班级体育训练的管理时，要将训练与体育课教学内容有机结合起来，以“标准”为中心来有针对性地选择具体的项目开展锻炼，除此之外，将体育活动与学校传统项目和学生感兴趣且简单易行的项目结合起来，也是一种有效的方式。

学生体育干部在班级课外体育活动中具有重要的带头作用，因此，一定注重这方面的重要性，并且尽可能将其作用充分发挥出来。通过班主任、体育教师的指导，由班级体育委员在征求全班同学的意见和建议后制订相应的活动计划，组织落实班级体育活动。

4. 年级体育活动的管理

学校在组织年级课外体育活动的管理时，一定要对学校的实际情况以及学生的实际情况等进行充分考量，从而保证管理的有效性。

第四节　小学生运动安全与伤病处理

一、小学生运动安全基本常识

小学生的运动安全常识，涉及很多方面，下面，就详细分析和介绍小学生在不同情况下应该掌握的运动安全基本常识。

（一）课间活动安全常识

1. 为了保证空气新鲜，课间活动要尽量在室外进行，但要注意与教室的距离不能太远，以免耽误下面的课程。

2. 课间活动的强度要适当，切忌剧烈的活动，避免后面课程过度疲劳，影响学习效果。

3. 课间活动应采用简便易行的活动方式，如做操等。

4. 课间活动要有安全意识，避免扭伤、碰伤等情况发生。

（二）体育运动安全常识

1. 运动时间要适宜

通常，早上、下午第二节课后或傍晚前，都是较为适宜进行运动锻炼的。而中午及睡前则要注意不适宜进行剧烈的体育锻炼。早晨的锻炼时间不易过长，运动量不宜太大，以免过度疲劳或兴奋，对一整天的学习造成不利影响。

2. 做好饮食营养和卫生工作

早晨锻炼前应喝些温开水、牛奶或糖水及吃少量饼干等食物；下午或傍晚锻炼前也应进食，但不应吃得太饱。同时，要保证营养均衡，不能挑食，多吃含维生素 C、维生素 B_1 和蛋白质等的食物。

3. 运动服和鞋子要选择好

小学生要选择质地柔软、透气性能和吸水性良好、有利于身体健康和身体自由活动的服装；运动鞋，首先要符合自己的尺寸，还要具有一定弹性，透气性能良好，符合季节要求和保持清洁卫生。

4. 保持良好的生活习惯

良好的生活习惯对于小学生有着非常重要的意义，主要体现在保持良好身心状态，提高运动能力和锻炼效果，预防身心疲劳，防止运动外伤等方面。因此，要保持良好的生活习惯，需要保证充足的休息和睡眠，饮食有规律，早睡早起，不熬夜。

5. 培养体育锻炼的良好心态

学生在参加体育运动时，一定要保持轻松愉悦的心情，这样对他们从心理上获得快乐和满足感是非常有帮助的。

6. 做好充分的准备活动

小学生在进行体育运动之前，也要做好充分的准备活动，这对于消除肌肉关节的僵硬，使身心逐渐进入竞技状态，并不断提高运动水平，充分发挥运动能力，预防和减少运动创伤都是非常有帮助的。

除此之外，在参加体育运动之前，还要适量饮水，排净大小便，检查和熟悉运动场地和器械，学习和掌握必要的自我保护或相互保护的方法。

7. 做好整理活动

整理活动也是参加体育运动后不可或缺的重要方面，因为科学的整理活动，能够使身体躯干及内脏比较一致地恢复到安静状态。

（三）游戏时安全常识

1. 游戏场所要保证安全

小学生在学校中开展游戏锻炼，一定要远离道路，最好选择在较为空旷的操场或者体育场上进行，避免不必要的碰撞等。

2. 游戏本身要安全

在选择游戏时，一定要选择安全性比较高的游戏，具有危险性的游戏尽量不要做，也不要模仿电影、电视中的危险镜头。这样做的危险性很大，容易造成预料不到的后果。

3. 游戏的时间要适宜

游戏的时间要控制好，不能太久，否则容易导致过度疲劳，加大发生事故的概率。

（四）参加运动会的安全常识

学校都会定期或不定期举办运动会，包含很多竞赛项目，持续时间长、运动强度大、参加人数多，这时候，一定要高度重视学生的安全问题。具体要做到以下几点：

1. 要遵守赛场纪律，服从调度指挥，这是确保小学生安全的基本要求。

2. 没有比赛项目的同学，要在指定的地点观看比赛，不要在赛场中穿行、玩耍，否则，不仅会对参加比赛的同学产生影响，还有可能会被投掷的铅球、标枪等击伤。

3. 参加比赛前，做好准备活动，从而使身体更好地适应比赛。

4. 在临赛的等待时间里，一定要休息好。

5. 临赛前，吃得过饱或者过多饮水都是不允许的。临赛前半小时内，可以吃些巧克力，能使热量有所增加。

6. 比赛结束后，要坚持做好放松活动，使心脏逐渐恢复平静，切忌立即停下来休息。

7. 剧烈运动后，不要马上大量饮水、吃冷饮，也不要立即洗冷水澡。

（五）体育活动中的自我防护

1. 在参加体育运动前，女生要将身上的发卡、塑料或玻璃饰物等摘下来，男生则要将小刀等锋利物品拿出来。

2. 小学生在体育运动中做器械运动时，一定要在教师或同伴的保护下进行，严格按老师的要求去做，不能擅自运动，否则会造成不必要的意外事故。

3. 如果在体育运动过程中受伤，不要急于起来，也不要乱搬动受伤同学，要等校医或教师来处理。

4. 夏天运动后，不要喝凉水，为了防止中暑，可以喝些淡盐水，补充水分和无机盐；运动后及时擦干汗水，穿好衣服，不要立即冲凉，防止感冒。

二、小学体育运动的安全教育及措施

（一）体育教学安全教育措施

1. 体育教师在运动技术指导和安全保护方面要进一步加强，要使学生知道每一项运动的动作技术要领，懂得锻炼和保护的方法以及可能发生的意外事故和应注意的事项。

2. 体育教师要与医务人员密切联系，建立学生体格检查制度，在医生的指导下，为有病与体弱的学生安排与其相适应的体育活动。

3. 体育教师和体育设备管理人员之间要做好合理的规划和分工，保证运动场地和设置警示标志的科学性。同时，还要将相应的运动秩序和规则制定出来。

4. 体育教师要带领学生在上体育课之前做好准备活动，体育课之后做好整理活动，避免肌肉、韧带拉伤，坚决杜绝“放羊式”体育课的出现。

5. 体育活动的组织工作要做好，纪律性特点要显著。

6. 要经常检查和维修体育设施，保证其必须是安装牢固的。在进行包括铅球、标枪在内的田赛项目锻炼时，场内、场外学生都必须服从教师安排，在教师指定的位置站立，注意安全，做到思想不开小差，一切行动听指挥。

在体操项目练习时，必须注意自我保护，在无教师或教师指定的学生保护时，学生不能自行练习。

7. 学生不得攀爬有关体育设施。

8. 任课体育教师作为安全责任人，要对上述体育活动的安全教育负责。

（二）体育课上采取的安全措施

体育课在小学阶段开展的主要目的是锻炼身体、增强体质。在体育课上所进行的锻炼的内容具有多样性和丰富性，在这些方面，也需要对学生的安全加以重视，具体因为体育运动项目的不同而有所差别。

1. 短跑项目的安全措施

短跑等项目的开展要按照规定的跑道进行，注意不能串跑道。这样能有效保证学生的安全。尤其是快到终点冲刺时，更要遵守规则，因为这时人身体的冲力很大，精力又集中，在竞技之中，思想上毫无戒备，如果不小心造成相互绊倒，那么受伤的程度就会比较严重。

2. 跳远的安全措施

跳远时，一定要严格按老师的指导做关于助跑、起跳等动作。起跳前前脚要踏中木制的起跳板，起跳后要落入沙坑之中。

3. 投掷运动项目的安全措施

在进行投铅球、铁饼、标枪等投掷运动锻炼时，一定要按老师的口令进行，令行禁止，不能有丝毫的马虎。否则所造成的危害是非常严重的。

4. 球类运动的安全措施

参加篮球、足球等项目的锻炼时，一定要做好自身的保护工作，不要在争抢中蛮干而伤及他人。

5. 单、双杠和跳高运动项目的安全措施

在进行单、双杠和跳高运动锻炼时，器械下面必须准备好厚度符合要求的垫子，如果直接跳到坚硬的地面上，会伤及腿部关节或后脑。做单、双杠动作时，要采取各种有效的方法，使双手握杠时不打滑，从而使从杠上摔下来受伤的情况得到有效避免。

6. 跳马、跳箱等跨越运动的安全措施

在做跳马、跳箱等跨越运动锻炼时，要注意器械前要有跳板，器械后要有保护垫，同时要有老师和同学在器械旁站立保护。

7. 垫上运动的安全措施

前后滚翻、俯卧撑、仰卧起坐等垫上运动的项目，做动作时要严肃认真，不能打闹，避免扭伤等的发生。

三、小学生运动伤病的科学处理

（一）小学生运动性损伤的科学处理

1. 水疱的处理

出现水疱之后，要用绑带包住皮肤。如果情况更严重，可使用消毒的空心针放出积水，涂上杀菌水（如碘伏），包上纱布并用胶布缠好。

2. 挫伤的处理

如果是单纯性挫伤，需要在局部冷敷后外敷新伤药，加压包扎、抬高患肢。有肌肉、肌腱断裂者，应将肢体包扎固定后，送医院治疗。如果是头部、躯干挫伤休克者，则应首先进行抗休克处理方法，保温、止痛、止血、矫正休克后，立即送医院治疗。

3. 皮肤撕裂伤的处理

如果症状较轻，应该在消毒后，以胶布黏合或用创可贴敷盖即可；如果受伤的面积较大，则须止血缝合和包扎。必要时酌用破伤风抗毒素肌内注射，以免引起破伤风。

4. 踝关节扭伤的处理

踝关节扭伤后，应暂停运动，冷敷，加压包扎，抬高患肢。24小时后可以进行热敷和按摩。严重的扭伤或怀疑有韧带撕裂时应及时求医。

5. 肌肉拉伤的处理

如果拉伤较轻，可立即休息，抬高患肢，局部冷敷并加压包扎。如果伤者疼痛明显，可酌情给止痛药。24 小时后开始理疗和按摩。如肌肉大部分或完全断裂，应加压包扎并立即送往医院处理。

6. 胫骨痛的处理

适当控制用足尖跑、跳的运动量，但不应停止练习，使下肢在不加重症状的情况下，逐步适应过来。运动前要做好准备活动，运动后加强局部按摩。严重时，去医院进行专业治疗。

7. 关节脱位的处理

切不可随意做复位动作，以免加重伤情。用夹板或三角巾固定伤肢，并尽快送医院治疗。

8. 骨折的处理

不要随意移动肢体，用夹板或其他代用品固定伤肢；如出现休克，应先施行人工呼吸。若伴有伤口出血，应同时施行止血，并及时护送至医院治疗。

（二）小学生运动性疾病的科学处理

1. 呼吸困难的处理

如果小学生还未适应运动，在运动刚刚开始 1 ～ 2 分钟就会有呼吸困难的感觉，这会导致其无法继续运动。导致这一问题的主要原因是，在呼吸、循环的氧气运输能力还没有充分提高之前，致使无氧供能的能量枯竭或血乳酸显著升高。这时候，可先停止运动，休息数分钟使身体恢复平静状态之后，再接着从轻运动开始练习。

2. 肌肉酸痛的处理

对酸痛局部进行静力牵引练习，保持拉伸状态 2 分钟，然后休息 1 分钟，重复练习。对酸痛的局部肌肉进行热敷，促进血液循环及代谢过程，有助于损伤组织的修复及痉挛的缓解。对酸痛局部进行按摩，使肌肉放松，促进肌肉血液循环，有助损伤修复及痉挛缓解。口服维生素 C，维生素 C 有促进结缔组织中胶原合成的作用，能加速受损组织的修复和缓解酸痛。补充微量元素锌元素，锌元素有利于损伤肌肉的修复。

3. 胸闷的处理

通常来说，导致胸闷的原因，主要是由于人心脏缺血所引起的心疼痛或冷空气刺激支气管而引起的气管痛症状，主要表现为运动中常有胸前区发闷、发胀、发痛等症状。当前研究表明，只要不引起其他临床症状，是可以进行适当运动的。而且，运动对于胸闷还有一定的治疗效果。

4. 岔气的处理

深吸气后憋住，握拳由上到下依次捶击胸腔左、右两侧，亦可用拍击手法拍击腋下，再缓缓做深呼吸。深吸气憋住气后，请别人捶击患者侧背部及腋下，再慢慢呼气。可连续做数次深呼吸，同时自己用手紧压疼痛处。用食指和拇指用力捻捏内关和外关穴，同时做深呼吸和左右扭转身躯的动作。可深吸气后憋住，用手握空拳捶击疼痛部位。

5. 运动中腹痛的处理

腹痛在明确诊断前，不能随意服用止痛药，避免因此而造成的掩盖病情最终导致误诊。一般运动过程中腹痛时，可适当减速，调整呼吸，并以手按压。如果这样做还不能减轻疼痛，甚至有所加重时，即应停止运动，进行检查，找出原因，酌情处理。如属胃肠痉挛，可针刺、手刺和手指点揉内关、足三里、大肠俞、阳陵泉、承山等穴，亦可用阿托品 0.5mg 即刻注射，或口服“十滴水”。如属腹直肌痉直肌痉挛，可做局部按摩和背伸动作，拉长腹部肌肉。还没有效果，则须请医生诊治。

6. 低血糖症的处理

使病者平卧、保暖。神志清醒者可饮浓糖水或吃少量食品，一般短时间内即可恢复。不能口服者，可静脉注射 50% 葡萄糖 40 ～ 100ml。昏迷不醒者，可针刺人中、百会、涌泉、合谷等穴，并迅速请医生前来处理。

7. 日射病的处理

在处理日射病时，要遵循的一个紧急处置原则就是降温，通常用冷袋和冷水湿敷。当体温高达 39℃以上时，可将冰袋放置在患者头部前额及枕部、胸部、腋区、大腿内侧等部位，用物理疗法进行降温。中度发热时（38℃）可用冷毛巾擦拭全身，微热时（37℃）可将身体暴露在阴凉的场所进行自然降温。

8. 中暑的处理

如果已经出现了先兆或轻度中暑的症状，就应该迅速撤离高热环境，至通风阴凉处休息，解开患者的衣领，并使其服用清凉饮料、浓茶、淡盐水和解暑药物等。如果患者的病情较重，则应该将其立即移到阴凉处，让其平卧。病情不同，具体的处理方式也会不同：中暑痉挛时，牵伸痉挛肌肉使之缓解，并服用含盐清凉饮料；中暑衰竭时服用含糖、盐饮料，并在四肢做重推按摩；症状重或昏迷患者，可针刺人中、涌泉、中冲等穴，并应迅速送往医院进行抢救。

第五节　创造安全教学环境的教学策略与安全监督

一、创造安全教学环境的教学策略

任何计划如果没有在具体行动中得到有效实施，将只能停留在纸面上。为了确保上述计划能有效实施，教师应该使用一些教学时间来讲授安全规则，给学生讲解日常行为管理计划、建立和纠正系统和紧急应变计划，讲解使用这些规则的原因，以及结合实例讲解如何在不同情况下使用这些规则。这些规则应该需要定期地审查并更新，并将这些规则印成大型海报张贴在显眼的地方，比如体育馆、游泳池以及其他体育课或者运动训练开展的地方。

为了能让这些规则得到最有效的应用，应该把它们融合在每个体育教学单元内，这样学生能够结合体育运动的特性来学习这些规则。每个教学单元内，学生们需要了解每个活动潜在的危险，以及如何减少这些风险。例如垒球击球手在上一垒时必须把球棒放置在一个特定的区域，否则将会被叫出局。

教育学生为自己的安全负责是另一种减少体育教学中不安全行为的有效方法。教师应指导学生认识到可能的危险，并采取预防措施，以减少发生意外的可能性。在学期之初，教师可准备并分发安全讲义给学生，然后经常与学生开展定期复习。讲义可以强调学生的责任，如报告教师没有注意到的不安全的器材或活动情景，当感到不舒服或疲劳时要通知教师，避免尝试自己做不到的活动，练习技术遇到困难时要及时寻求帮助。

维护不善的场地、设施和器材是另一个引发伤害事故的主要原因。维护设施安全、责任延伸到学生使用的所有场所。体育部必须保持设施状况安全的良好，防止意外发生。与行为有关的伤害事故不同，如果设施有定期维护并合理使用，由它们造成事故的可能性可以减少为零。遵循以下准则是有益的：

1. 体育设施。体育馆、运动场、跑道、游泳池，以及辅助场所（如舞蹈室、健身房、更衣室）必须定期、彻底地检查安全隐患。体育部必须建立一份书面清单，以便教师在检查所有区域时使用。负责检查的教师要在检查清单上署明日期，记录发现的问题和修复建议。

2. 当发现问题时，体育部以及教师都必须立即予以解决。如果不能立即解决，危险区域应封闭起来，停止使用。并立即向主管部门提出报告，以书面形式向合适的管理者争取及时处理。这个程序可以使教师和体育部免于任何法律问题，因为一旦管理部门了解情况后，法律责任将由他们承担。该报告的副本，在学校管理部门签署之后，应由教师保留存档。

3. 日常检查设施是一个很有用的程序。有时，它是一个新教师和有经验教师的分水岭。每节课前的日常检查可以帮助教师发现之前未预见或被忽视的隐患，例如在运动场上有碎玻璃，或体育馆地板上有水。如果问题不能立即解决，教师须采取必要措施，修改课程或提醒学生注意安全。可以使用口头警告，以及张贴告示通知学生潜在危险。在问题解决之前，该区域可以封锁起来或拉绳隔离起来。

4. 使用不当是学生造成设施损坏和不安全的主要原因之一。必须时常地提供给他们合理使用的说明书。教师应该建立并统一执行这些规则，不允许例外。当学生们第一次使用设施时，如学习游泳时使用泳池，或力量训练时使用健身房，使用设施的安全规则必须作为课堂内容讲授给学生。只有将安全规则以及合理使用说明认真地教给学生后，张贴设施规则才能有用处。

5. 安全隐患必须一课一课地检查，因为课程内容的变化会导致与之相关的设备使用方式发生变化。例如当学生踢足球或打篮球时，教师需要确保球场边界有足够空间或距体育馆墙壁有一定距离，以便有足够的空间让学生减速或在比赛中冲出界外救球。

6. 与设施一样，器材也应定期检查。检查书面记录应保留存档或者作为法律文件。危险或已坏或者过期的器材不应该继续使用，要么修理要么更换。教师应拒绝任何“仅用此一天”的想法去使用维修不足或不合理的器材。修理器材时，体育部门应只雇用那些受过适当训练或专业认证的维修人员进行调整、修理或翻新。

维护设施和器材安全是教师、体育部以及学校管理部门的共同责任。但体育教师总在这个共同体的第一线，因此要负责让其他人知道危害情况。此外，当不幸的事故发生时，仅仅汇报危险状况不足以减轻体育教师的事故责任。教师如在等待维护的同时继续使用一个有危险的区域或器材，那将是一个严重的错误。根据学生所参与的活动，如果器材对学生安全有巨大风险，教师应改换活动或安排使用（共享）其他器材。同样，磨损、破损或有问题的器材应立即更换或修理。在等待器材修理或更换的同时继续使用它们，将是一个严重的错误，很难在法庭上开释。

二、监督

体育活动的本质使得教师在课堂上提供有力的、合理的监督极其重要。监督不当或不力是导致大多数针对教师疏忽诉讼的原因之一。在诉讼中，问题往往集中在如果教师的监督符合其工作职责以及遵守相关规则和条例，是否还会发生意外。体育教师肩负着许多监督职责，在课上浑浑噩噩、无所事事，或站在场边玩手机，或观察学生练习的同时与其他教师聊天，或者漠不关心地靠在墙上都是监督不力或不当的例子。

（一）监督方式

监督是一个动态的过程。为了通过监督而有效地控制事故风险，教师必须密切观察学生的行为，知道课堂上都在发生什么事。如有学生行为不端，不参与活动，或有不安全的行为存在，教师应迅速针对此类行为采取必要的措施。动态监督包括一般和具体的监督。一般监督要求教师提供粗略的针对整个班级的全面监督。为了进行有效的全面监督和发觉危险情况或行为，教师需要站在合理的位置并不断在教学区移动，保持始终能观察到全部学生。具体监督涉及教师与单个或更多学生的直接交流。在体育教学中，教师总是需要给学生个体或团体提供反馈，纠正不良行为，或干预解决学生之间的纠纷，帮助学生学习新的或更复杂的技术。监督的强度和具体性取决于学生的年龄、能力以及活动的性质。当教年纪尚轻、尚不成熟、低技能的学生或存在高风险的活动时，应采取更具体的监督。

但当对个别学生或团体进行具体监督时，教师应该能够发觉任何可能发生的危险情况并做出回应。为了能同时进行针对一个或多个学生的具体监督和对其他学生的一般监督，教师在监督计划中需要考虑两件事情。首先，教师应该非常熟悉他们的教学环境。其次，教师应把器材安排在很容易就可以看到和监督的地方。在制订监督计划时，教师应该仔细考虑自己所处方位，使自己能随时看到所有的学生和设施。教师应从周边进行监督，以确保他们能够很容易地监督学生活动。当教师辅导单个或团体学生时，教师必须仔细地选好方位以便同时也能看到其他学生。

（二）称职的监督

在体育课堂中，教师要进行称职的监督。教师需要通过阅读最新文献，参加专业会议、培训班、研讨会等自学本领域内最佳的实践经验。教师也需要了解学生信息比如年龄、身体发育水平、医疗状况、技术能力、经验背景和体能状况。此外，教师必须具有所教活动的专长，这样他们才能预见到这些活动中存在的内在事故风险。

教师在任何时候都肩负监督课堂的责任。教师永远不能在无人监督的情况下离开课堂，即使是很短暂的一段时间。不管教师是否到办公室里接一个短暂的电话，个人紧急事务，与访客交谈，或是取一些额外的器材，一律不能让课堂无人看管。有些教师可能会认为在他们离开时，如果他们要求学生静坐什么也不做，那将会是安全的。然而，当教师离开后，学生并不一定会留在原来的座位上。事实上，如果学生们能做到这样，那将会是令人吃惊的事。此外，如果在教师离开的情况下，伤害事故发生了，并且可以确定如果教师在场就能避免该事故的话，那么教师的离开将成为伤害事故发生的原因。在紧急情况下，如教师必须离开课堂，应该由另外一名有资格证书的人负责监督。在这种情况下，教师需要派一名值得信赖的学生向体育部或校办公室请求帮助，在替补的人到来之前不该离开课堂。教师的监督计划应当包括在主要监督教师返回之前，选择一名具备必要知识、培训和资格的人来妥善监督课内活动。

（三）体罚

应避免体罚。中国法律已禁止体罚，因此，我们不能在体育课堂上使用体罚。如果教师坚持使用体罚，他的行为实际上是非法或违法的，这可能导致诉讼，这种行为将很难开释。教师还不能使用体育活动如跑圈或做俯卧撑来惩罚调皮捣蛋的学生。虽然教师可以声称这些体育活动是用来管教学生的，具有极小的潜在风险，但如果一个学生在被罚做 10 个俯卧撑时受伤，他的体育教师会因此而被起诉。

（四）监督准则

为在体育课中进行有效的监督，若干准则已被提出。以下是由专家推荐的一些准则：

1. 教师必须了解学生的能力，并长期记录他们的技术水平和健康问题。所有的活动和设施应与学生的能力和健康状况相适应。

2. 为体育课建立基本的安全规则。规则应该向学生解释、张贴、强调，并一贯执行。

3. 学校体育教师必须始终在场并积极参与监督过程。教师始终不能离开监管区域，哪怕是几分钟。

4. 监督包括注意所有学生的活动，执行安全规则，确保维持一个安全的环境。细心安排课堂活动，确保所有学生都在教师的视野中。当学生在学习一个较难的技能或第一次试做一个技术时，教师要对该学生使用具体监督，但同时留意其他的学生。

5. 体育教师必须在整个学期中定期强调安全法规和程序。

6. 体育教师应不断提高合理监督不同体育活动的能力，以期在计划过程中预见并消除潜在危险。

7. 确保取得监督资格。了解谁可以在学校履行监督职能是很重要的。学区或者省内规定是否允许教师助理或实习教师参与监督？是否需要有证书，如心肺急救护理（CPR）？

8. 万一事故发生，教师应知道处理紧急情况的程序。

9. 取得认可的急救认证书，以便在专业急救人员到达之前您可以采取必要的急救措施。

10. 定期检查地面、器材和设施。当器材和设施不使用时，一定要妥善保管。如果设施开放，器材放在外面，一定会有人使用它们。这种无计划、无监督的活动常常会带来伤害事故和诉讼。

安全必须是教学的一部分，并贯穿在每个学生参与的活动中。教师的责任包括制订计划以确保传授学生安全的程序知识，以及实行安全程序。常规行为管理计划是防止意外事故发生的一种有效的策略。每一个体育教师必须参与制订应急计划，并在事故发生时遵循该计划。

体育教师应知道，参与任何体育活动都涉及一定程度的安全风险。尽管学习环境是一个关键的安全因素，体育活动是否适合学生身体发育水平是另外一个重要因素。练习活动必须符合学生的体能和技能水平，这样练习活动不会对学生带来不必要的生理压力或风险。另外，教学指令需要正确、准确，并尽可能减少伤害的可能性。有效的安全监督是最重要的措施，监督不力会导致事故。教师是学生在课堂里的“父母”。这个固有的责任需要教师积极监督每个学生的行为以及所有的教学活动。

第五章 小学体育多元教学及改革创新

当前，我国义务教育阶段的体育课程的基本出发点是促进学生全面、持续、和谐地发展。立足这个出发点，就要求在体育课堂教学中，本着体育自身的特点，遵循学生学习体育的心理规律，探索学生学习体育的行为规律，同时要联系实际，从学生实际出发，综合运用多元化学科知识，创造性地设置合理的教学情境，让学生在情景活动中获得多元化发展，同时在思维能力、情感态度与价值观等多方面得到进步和发展。以此，在小学体育教学中，必须从学生发展方向出发实施多元化的教学方法，提高学生学习效果。

第一节 多元教学理论在体育教学中的实践准备

一、实验对象

本次实验采用简单随机的抽样方法抽取两个自然班的学生作为实验对象。采用随机抽样的方法将学生分为两个组，一组为实验组，另一组为对照组，每组 30 人，其中每组男生 18 人，女生 12 人。在实验开展之前，让学生填写《运动情境动机量表》，对学生的基本体能情况进行了解（如表 5-1 所示）。

表5-1运动情境动机量表

<table>
<tr><td colspan="2">仔细阅读下面的每一个题目，并根据最适合您的情况打分。回答没有对错之分，只是出于研究的目的了解您对运动的看法。回答时依据下面的标准。
1=一点也不对；2=不太对；3=适中；4=较对；5=非常对
您在什么情况下愿意从事运动?</td></tr>
<tr><td>调查问卷</td><td>1.因为我觉得运动很有趣
2.因为它能为我带来好处
3.因为我乐意去做
4.从事某项运动并不需要很好的理由
5.因为我认为这种运动是令人愉快的
6.因为我认为这项行为能为我带来快乐
7.因为这项运动对我有益
8.我从事这一活动，但是我不确定是否值得去做
9.因为某种原因我不得不从事这项运动</td></tr>
</table>

续表

调查问卷	10.因为我没有别的选择 11.我从事某一项目，但是我不知道是否值得去做 12.因为在从事这项运动时我感觉很好 13.因为我相信这一运动项目对我重要 14.因为我觉得我不得不去做 15.我从事这项运动，但是我不确定它是件好事
评分标准	内部动机分量表：1.5.9.13题相加，分数越高，内部动机越强 鉴别原则分量表：2.6.10.14题相加，分数越高，鉴别原则越强 外化原则分量表：3.7.11.15题相加，分数越高，外化原则越强 缺乏动机分量表：4.8.12.16题相加，分数越高，缺乏动机越强 所有题目都是正向计分，每个题目的得分就是所选答案的数值 每分量表的得分为所属题目得分的总和

二、实验方法

（一）文献资料法

笔者在中国期刊网上查询搜索关于探究式教学及拓展训练教学的大量文章，通过数字图书馆整理查阅了大量国内外关于教学理论的相关书籍，对其分析、归纳总结，将文献中的部分理论综合运用到教学研究实验内，为本书提供了有力的理论依据。

（二）问卷调查法

本实验问卷采用课堂当面发放、回收的调查方法。实验测试前，实验班与对照班一共有 60 名学生，实验测试前共发放调查问卷 60 份，回收调查问卷 60 份，回收率达到 100%。其中有效调查问卷为 60 份，有效率达到 100%。实验结束后，进行第二次问卷调查，发放调查问卷 60 份，回收调查问卷 60 份，回收率达到 100%，有效调查问卷均为 60 份，有效率为 100%。问卷在发放前咨询了部分专家教授对问卷的效度的有效性和准确性进行审核，认为问卷法具有较高的效度。

（三）数理统计法

根据数理统计学的原理，运用 SPSS19.0 以及 office2007 对实验前后的数据进行统计分析，通过卡方检验和比较分析，验证实验班采用探究式教学模式和对照班采用传统的教学模式在拓展训练项目完成效率、心理、课后体育锻炼参与度等指标是否存在差异，保证了本书的客观性和可行性。

（四）教学实验法

1. 实验基础

根据“多元”教学理论，在实验班采用“多元”教学模式，在对照班采用传统的教学模式，目的是在小学体育教学中构建多元教学方法。

2. 实验保障

为了保证实验的可靠性和有效性，我们对实验采取以下保障措施：

（1）实验班与对照班：在实验前对受试者的基本身体素质进行测试，并对测试数据进行测试，测试结果与对照班比较，无显著性差异（$p>0.05$）。

（2）实验班的教学由其他拓展训练教师担任，笔者主要以辅助教学为主。

3. 实验指标

实验班采用多元教学模式，对照班根据体育教学大纲进行常规体育教学，主要内容包括身体素质和外训技能。实验前后对实验结果和身体体能，自信心用“学生自信心测试问卷”指标进行了测试。

学生自信心的情况调查，自信是自身在积极性方面对自己的肯定程度，是否能够对自己的能力做出客观的评价，它是一种很稳定的人格特质，一般上下浮动不会很大。体能素质指标包括生理功能、身体素质。生理指标指心肺功能；身体素质指标包括力量、耐力、速度敏捷等。

4. 主要拓展训练技术测试方法及指标

我们根据实验的要求制定了考试内容和方法：根据笔者学校体育教学大纲的要求，并向有关专家、教师征求意见，本实验的考核方法及内容为考勤部分10%，理论部分20%，身体素质测试10%，技术部分60%共计4个部分总成绩100分。技术考核内容定为团队项目、个人项目。

三、实验原则

（一）因材施教原则

在进行教学实验的过程中，必须根据每位学生的身体素质以及运动能力等多个方面进行考虑，进而进行合理的层次划分，针对每个人的特点进行教学指导，实现因材施教的目的，让所有学生都可以全方位发展，成为最好的人才。

（二）动态原则

多元教学要想满足教学的需要，促进学生的全面发展，就必须是动态的。所有学生都期待着成功，都期望自己可以不断进步，并融入社会中。所以，教师在进行教学时，必须尊重每位学生的个性化特点，以动态的眼光看待事物。要综合学生的学习成绩、智力发展以及性格特点等多个方面进行考虑，促使学生健康地发展。

（三）激励原则

通过对皮格马利翁效应进行分析后发现，教师适当对学生进行赞赏与期望可以有效激发学生对学习的兴趣，对于提高学习效率会产生一定的积极影响。当然，激励也分为正强化和负强化，其不仅包含单纯的赞美和表扬，适时适当的批评也是不可或缺的。经实验研究后发现，在每个人的心目中，重要人物的激励效果往往要高于一般人。通常情况下，在学生的心中，教师有着不可撼动的地位，所以教师必须根据学生的个性化特点，而对其采取相应的激励方法，并激发出学生的学习兴趣，进而促使学生实现全面发展。

（四）合作原则

合作型和竞争型在教学过程中以及学生之间是应该提倡的，主要是合作。合作与竞争不应是对立的，良性竞争与合作学习的关系也是相辅相成的。良性竞争会为学习提供动力，而过度竞争则会消耗学习资源的合理运用，合作则可以调节竞争所带来的弊病。建立适合学生的教学目标、教学内容、教学过程与教学评价取决于师生间的良好合作。在合作的基础上，充分发挥每个学生的个性特点，调动学生积极性，则教学效果会有很大的提高。

四、实验步骤设计

实验前，制定相关教学步骤、教学任务和教学方法。（如表 5-2 所示）

表5-2　多元体育教学步骤

学习阶段	第一阶段	第二阶段	第三阶段	第四阶段	第五阶段
教学任务	唤醒智能：通过各种有效的教学手段，激活学生各种智能能力	进入专项练习活动，进一步激发、训练提高学生的各种智能，帮助学生提高专业能力	发挥学生主观能动性，采用相关的教学策略，给学生主动思考学习的机会	技能的迁移阶段，通过灵活的教学手段，促进强势势能的正向迁移，提高弱势智能群体	提供多元化的多维评价，并对实验班与对照班进行多项考核测试
具体实施方法	通过多媒体播放体育节目和普及体育文化知识，激发学生对体育的爱好和兴趣	以分组练习、团队比赛、专项游戏、各种专项组合练习等，将身体运动智能的能力融入体育学习中，提高学生学习积极性	培养人际交往智能，培养团队精神，通过体育实践活动发展学生的各项智能，积极引导学生，进行学习改进	突出强势势能，结合正面联想、模仿、观察他人的同时展示学生的个性。在教学过程中，教师积极地引导学生，鼓励学生	突出自我认知智能，对教与学反省与总结，为学生提供多元化的评价体验

第一阶段：通过适当教学手段唤醒、激活学生的各种感觉。运用多媒体手段或专题分析，激发学生形成立体多层次感受。

第二阶段：进入练习活动，进一步培养、拓展学生的思维能力，以提高学生的实际能力。

第三阶段：用多元化理论为指导，适当选用某些教学策略，使学生积极参与，发挥其主观能动性。在实施多元教学的过程中，教师可以使用“多元智能测量自我问卷”进行调查，以方便掌握学生的掌握情况。

第四阶段：已学技能的迁移阶段。

第五阶段：提供多元化的评价工具盒进行评价，并对实验班和对照班进行身体素质及基本技术的测试。实验过程中先进行前测，并将前测标准作为考试标准。前测指标根据《国家体育锻炼标准》中的《学生体质健康标准》的考核内容确定，在考核基础上进行系统的对比研究。同时，为了更好地体现通过多元教学对学生的有利影响，我们还对学生的各个指标进行了一个前测。结果表明，两组学生在实验前各项指标均无显著性差异，这说明两组测试对象的基本素质是一致的。

第二节　多元教学理论在体育教学中的实践过程

一、多元智能理论在小学体育教学中的教学设计

依据各种智能特征，设计相应的教学内容，具体实施方法（如表 5-3 所示）。

表5-3　多元智能理论在小学体育教学中的教学设计

多元智能	教学设计	具体实施方法
语言智能	创造更多的语言表达环境，让学生学会说课及适应在大众中讲话；通过撰写学习心得，提高学生语言组织能力	在教学过程中提出问题，师生之间进行分析交流，锻炼学生的语言表达能力；撰写学习心得和布置理论作业，课后反思，分析问题
逻辑智能	采用提问策略，提出问题让学生思考解答；要求学生勇于陈述观点，学会分析问题	在理论考试中设置问题，要求学生通过自己的思考，综合专业知识，进行问题解答；综合运用专业理论知识分析技术要领
音乐智能	让音乐成为学习的一部分，学会享受音乐节奏；通过音乐进行学习，用音乐激发学生的创造力	准备活动采用伴随音乐的健身操，培养学生身体的协调性和节奏感；鼓励学生自选音乐创编不同风格的健身操
身体运动智能	鼓励学生身体锻炼，找到自己喜欢的体育项目，通过体育活动促进各个智能发展	在教学中以学生实践为主，增加练习的时间及次数；在教学过程中，通过效果展示和教学比赛，让学生展现自我，享受比赛的乐趣
空间智能	为学生创造一个适合练习的学习环境；采用多媒体教学、分解体育项目技术动作	教学过程中采用教学比赛等直观的教学方法，增强学生的观察能力；鼓励学生多看体育教学、比赛录像，从中吸取经验，寻找不足
自我认知智能	帮助学生认识自己，找到自己的智能强项，取长补短；树立正确的学习目标，激励教学，提高学习积极性	采用阶段性目标教学，鼓励学生自我树立学习目标，并逐步实现；让学生学会自我评价，发现优势，提高潜能，改正不足
人际智能	实现真正的合作学习；在与他人接触中学会成长；学会自己解决矛盾和冲突	在教学过程中，要促进学生之间的交流，通过团体项目培养团队精神，建立集体荣誉感；学会正确处理学生之间、学生和老师之间的关系；培养学生的协调组织能力

二、多元教学理论指导下的小学体育教学实施策略

（一）创新课堂教学方法

原有的体育教学大多是教师讲授完再指导学生做，完全是生硬地灌输教学大纲上所要求的教学内容，教学手段也是陈旧的“讲 — 练 — 讲 — 练”模式，没有全面考虑到学生的心理感受与身体接受程度。国家出台新的课程标准以后，注重学生的全面发展而不是单纯的体能发展，考虑到学生的身心感受和健康要求，我们应在体育课堂的内容安排、教学手段等方面做出相应的调整，努力改进教学方法，应对时代的变化所带来的人们需求的变化。首先，在体育课程的教学方法的使用上就应打破传统的教学观念，应用新的教学理念增加“翻转课堂”“分层教学”“小组讨论”“游戏”等新型教学手段，通过不同的教学方法刺激学生提高学习动力。其次，在体育课程教学内容的组织安排上不再是“讲解、演示、练习”的传统教学步骤，通过不同教学方法可以将三个步骤的顺序完全打乱或是以学生的“练习、演示”与教师的“评价、纠正”为主，从而提升学生的主体地位。最后，在体育课程教学目标的设置上，不再是以传授体育技能为主，而是更加关注学生的身心健康与社会适应能力，使学生更加全面健康地发展。通过对教学方法、教学内容与教学目标的丰富与多变，从而逐步改善原有的教学模式，在锻炼身心健康的前提下使学生对体育课程更加感兴趣。

1. 积极参与体育游戏

体育游戏是游戏在发展演变过程中衍生出的一部分，它将体力发展、智力发展和身心娱乐融为一体，既是游戏的一个分支，又与体育运动有着千丝万缕的联系。趣味性是体育游戏众多特性中最为显著的一个，因为体育游戏的参与是自主选择的结果，并不存在外界的干扰，所以更加能使参与者体会到自由、平等、愉悦心理的功效，可以将参与者的精神全部集中到对于体育游戏的体验中去，获得轻松的心境。体育游戏中的随机、偶然会让参与者产生浓厚兴趣与继续探索的欲望，满足了参与者心理、生理上的各种需求。所以，带有游戏的课堂会比较生动活泼。

例如在进行篮球教学的时候，篮球游戏作为体育游戏具体呈现在学生与教师的面前，比较常见的篮球游戏有“长江 — 黄河”“三角传球”“一分钟投篮”“花式上篮”“冻人”“二人争球”“活动篮筐”等。不同的游戏内容包含有不同的教学目的，游戏“长江 — 黄河”主要的锻炼是提高学生的瞬间反应能力和集中小学生的注意力，使其在听到不同的口令时进行追逐和逃脱；“三角传球”则是学生在掌握原地传球的基础上，在固定的跑动路线中完成传球并抵达正确的位置，从而提高学生的移动传球能力和跑动意识；“一分钟投篮”可以迅速提高学生投篮命中率和熟练投篮动作，增加投篮稳定性，掌握不同角度、不同距离下的投篮感觉；“花式上篮”在掌握基本的三步上篮的前提下，充分发挥学生的创新与开拓意识，在合理有效的情况下充分拓展思维创新出更多的姿势，在巩固三步上篮基本动

作的同时提高学生身体的协调性和稳定性；“冻人”主要锻炼学生的瞬间反应能力和躲闪能力，在限定的区域内完成对来球的躲闪；“二人争球”是两人一组一球，尽力争夺，最终得球方获胜，锻炼的是学生的上肢及核心力量，在竞争拼抢中完成锻炼目标；“活动篮筐”主要提高学生的判断和时机把握的能力，在球筐不规则运动的情况下，准确判断球筐的走向，做出相应的动作，完成投篮入筐。在教学活动的初期，应选择以提高基本技术能力为主要目标的篮球游戏，如“长江 — 黄河”“争球”等，在锻炼身体基本素质的同时提高相应技术能力；在教学活动开展一段时间后，可以进行一些进阶性的练习如“三角传球”“一分钟投篮”等，在熟练篮球技术动作的同时改变练习方式提高学习热情；在教学完成阶段，可以适当进行一些较有难度的手段如“花式上篮”“移动篮筐”等，意在提高相应篮球技术的同时加强学生的反应及创新能力。

当然每节课程中也可以划分不同的阶段，一些身体上的锻炼热身可以在准备活动中进行，可以代替以往的传统热身方式，将游戏的概念贯穿教学过程。一些包含于体育基本技术提高的游戏则要放入课程基本内容中去，在最后的拉伸完结阶段，运用一些小强度的游戏结束课程的内容并保证减少运动损伤。这些体育游戏在课堂上出现，能够使教学手段多变、教学讲解清晰、教学进度完成迅速，让学生在收获基本技能知识的同时，获得对体育课程的喜爱，使得学生能在课堂上始终保持一种热情和积极的态度，让学生对于体育课程的教学充满期待，从而提高学习效率，增加课程趣味性。

2. 学生主导课堂讲授

将课程的教学手段进行调整，将教师与学生的角色进行互换，让学生扮演教师的角色，让学生以小组为单位面对同学上一堂“公开课”，学生在公开课会充分模仿教师的态度，积极备课、主动查阅资料等，这样会使学生养成主动学习的习惯，促使其积极思考、激发学生的上课热情，并且对于知识技能的掌握更加牢固，同时能提出一些新观点和新思路，同样也能启发教师固定的思维模式，从而达到一举多得的目的。

也可以将翻转课堂引入课程中来。所谓翻转课堂，是指重新调整课堂内外的时间，将学习的决定权从教师转移给学生。在这种教学模式下，课堂内的学生能够更专注于主动的基本项目的学习，共同研究解决将面临的问题，从而获得更深层次的理解。教师不再占用课堂的时间来讲授信息，这些信息需要学生在课前完成自主学习，可以通过视频讲座、听播客，还能在网络上与别的同学讨论，学生能在任何时候去查阅需要的材料。教师也能有更多的时间与每个人交流。在课后，学生自主规划学习内容、学习节奏、风格和呈现知识的方式，教师则采用讲授法和协作法来满足学生的需要和促成他们的个性化学习，其目标是为了让学生通过实践获得更真实的学习。这种教学模式是为了让学习更加灵活、主动，让学生的参与度更强，真正实现以学生为主体的教学模式的养成。

3. 团队比赛实践

体育游戏属于体育活动的一种，是体育活动的一种体现形式，因此，体育游戏也同样具有一定的竞争性。不同于其他体育的运动形式，体育游戏由于具有很强的变通性，所以竞争获胜的因素可以多种多样，如体力、智力、运气、勇气、协作能力等，因此收获的结果也是不尽相同。体育游戏这种独特的竞争性，可以使任何人都能体会到成功的喜悦，所有参与者都有希望获得胜利，从而在更深的层次激发参与者的参与热情及潜力。

以篮球训练为例，篮球是一项集体运动，集体运动就一定存在竞争性。篮球游戏是篮球教学中的一种手段，同样也是对于体育游戏的一种呈现方式。学生对于篮球课程的期待更多的是源自对篮球比赛的热爱，学生渴望在学习篮球课程时能够有更多的时间进行篮球比赛。教师可以灵活、变通地将篮球比赛带入篮球课程的教授中去。体育的活动方式、路线、场地器材及规则并不是一成不变的，完全是根据参与者的实际情况做出不同程度的变化的，以满足参与者的需求为最终目的，这与竞技体育的严格规范动作、设定规则、达成固定目标形成了鲜明的对比。体育游戏中的规则不必过分精细，只需要几条最基本、最简单的规则范围，其余的根据参与者的游戏目的随时变动，这样能产生不同的游戏效果。例如在进行一场三对三篮球比赛时，可以根据不同性别、不同技术水平、不同年龄制定相应的比赛规则，在性别上来说，女同学可以允许“轻微”的二次运球情况出现，因为女同学相对来说在技术动作或是身体能力上较男同学要弱一些，对抗时存在很明显差距。为了增加全体学生的参与感与成功体验，可以允许轻微犯规现象的出现，从而增强女同学的比赛体验与篮球参与；针对不同技术水平又可以制订其他规则，像是对于技术相对较高的同学在比赛中运球不得超过一定数量就需要出手；在对阵实力较为弱小的同学时，既能体现出谦让，又能在规则的限定下提升自身能力。

体育游戏的这个特性与竞技体育形成了鲜明的对比，相较于竞技体育的目的性、规范性、国际性，体育游戏更加贴近实际生活，具有广泛的群众基础，便于组织开展。可以适当地增加比赛在体育中的出现频率，在比赛的同时进行现场讲解和引导，让学生身临其境地感受体育的魅力，在实践中发现问题、解决问题，让学生能够正确领会体育基本技术动作的运用方法。这样，在满足学生心理要求的同时，更加直观地呈现出体育的魅力，并且通过学生的亲身感受，让其更加明确地了解到体育的相关知识。

（二）多目标、多项目、多层次组织教学

学校体育教育的基本目标是：通过学校、家庭和社区整个过程促进学生在日常学习生活中进行体育活动，提高学生的体质和运动能力，使之能够精力旺盛地生活和学习；培养学生终身爱好体育、保持增进健康，并自主地进行体育活动的能力和态度。学校体育将沿着以下两条主线展开：一是终身体育教育，即在终身体育思想指导下重视培养学生终身爱好体育，并自主地进行体育活动的能力和态度；二是健康教育（包括身体健康和心理健康），针对学生体力和运动能力普遍下降的现实，把增强学生体质、提高学生

的运动能力和心理健康水平摆到学校体育的重要位置。

健康教育是终身体育的基础，终身体育又是为健康教育服务的。每个学生通过在校三年的体育教育所获得体育意识、兴趣、能力及从事的体育锻炼活动能够适应将来的职业和生活，使其在人生的各个阶段，各种不同情况下都能采用正确的方法手段保证自身的健康。

（三）多媒体辅助体育教学

多媒体技术的基本特点是在电脑的控制下，将文字、声音、图像、动画等多媒体信息综合在一起，利用数字化技术和人机交互处理能力，实现信息的沟通。信息高速公路和国际互联网的发展，使更多媒体技术如虎添翼。其实，多媒体的沟通方式是人类最基本的沟通方式，因为自人类诞生之日起，他们就已经开始在利用多媒体形式（如声音、语言、动作、表情等）的综合来表达情感、交流信息和学习新事物了。从这个意义上讲，现代多媒体技术的应用实在是人类思维方式和学习方法的延伸。

心理学研究表明，学生的认识活动、新的概念和知识技能的形成都是以感知开始的。如果有视觉、听觉、触觉等多种器官参加获得较为丰富的感性知识，就能取得更好的效果，这是符合人类认识规律的。鲜明生动的形象对于激发学生学习兴趣，引起学生注意，培养学生观察思维能力具有重要作用。体育课运用现代技术教学手段，可以让学生直接参与、感受体育，开阔视野。运用现代教学技术辅助体育课堂教学是从教材的实际出发，根据学生的认知规律、心理特征、生活实际，恰当地把传统教学手段和电化教学手段有机结合起来，服务于教学目标，以期达到最佳的教学效果的一门新的教学艺术。

1. 利用多媒体技术，拓展体育实践教学

传统体育教学以“讲解—示范—模拟练习”为主线的技能教学模式，学生技术动作的形成又是通过“听”“看”“体会”来感知动作过程，而且“看”是学生的主要信息来源。学生的学习是被动的、机械式的，其潜能得不到充分发挥。而教师示范也往往感到力不从心，讲解不能被学生形象化理解，学生学习效果（技术体验、动作美感等）受到直接影响。采用多媒体技术中图像和动画的移动、旋转、定格、慢速播放、闪烁、色彩变化等，并配以同步解说手段来表达教学内容，可帮助学生“看”清楚每一瞬间的技术动作细节，增强教学效果。以跳远的空中动作为例，学生通过图像和动画的同步解说、移动、旋转、定格、慢速播放，可生动直观地掌握跳远空中动作的要点，加深理解，更快、更全地建立起动作表象，突出对重点和难点动作的进一步了解和掌握。

2. 利用多媒体技术，拓展学生学习理论知识的空间

互联网打破了空间、时间和人的限制，使得通过网络获得大量的体育知识，如体育各单项运动的起源、发展到比赛的规则；从不同体育锻炼方法的应用到体育锻炼应注意的卫生和保健常识；从如何学习体育技能到青春期运动生理特点；从运动与健康的关系到终身体育与生命质量等，从而教师可以把学生的运动技术进行录像或拍摄图片与优秀运动员的

技术录像或图片进行对比分析，让学生边看边想，自我比较。这样既让学生快速掌握了动作，又培养了小学生的观察和分析能力。

科学、巧妙、合理的多媒体辅助课堂教学起到了事半功倍的效果，在体育教育领域它将发挥更大的潜能。

（四）积极开展课外体育活动，丰富“合格＋特长”的内涵，挖掘学生的体育潜能

在进行体育教学过程中，除了进行科学的课堂教学之外，我们应重视和搞好课外活动。课外体育活动是学校体育工作的组成部分，是完成学校目的和任务的重要组织形式。课外活动作为课堂教学的自然延伸和补充，有其独特的作用和功能。它可巩固和扩大体育课效果，使学生得到全面的锻炼。因此，必须把课堂教学与课外体育活动紧密结合起来。课外体育活动是多种多样的，我们应根据学生的实际情况和爱好，成立各种体育兴趣小组，提倡小型多样，在普及体育运动的基础上，对有运动特长的学生进行特殊训练。运动训练往往是枯燥的，而运动比赛却是吸引人的，而且比赛又可以激发学生的争胜心，促使学生自发地去训练，同时比赛还是训练过程中的调节剂。因此，我们可以经常举行一些班级内部、班级之间的教学比赛，比赛的组织、编排、执行等程序都可以由学生来负责。这样一来，既缓和了训练的乏味，又激发了学生锻炼的积极性，还锻炼了学生的组织管理能力，使他们在学校体育活动中起骨干作用。健全学校体育竞赛制度，坚持小型多样的体育比赛，丰富学生业余生活，只有这样，才能有效地增强学生体质，提高学生的素质，为将来终身体育的形成奠定基础。

第三节　多元教学理论对体育教学效果的影响

一、多元教学理论指导下体育教学的实验效果

（一）实验组与对照组实验前后体育基本技术测试结果与分析

在教学实验开始的前一星期，笔者对实验组和对照组学生的体育基础技术水平进行测试。通过测试结果进行检验，并分析得出：实验组和对照组学生在体育基础技术的达标和技评上均无显著性差异，这说明实验组和对照组学生在体育基础技术水平方面具有可比性。

在学习体育的课程中，有的学生几乎不懂体育基本规则和技术，也有已经学习了课程和具有一定技术基础的学生。两者存在不同的个体差异，教师在教学过程中必须注意学生个体技术水平的高低，全面掌握学生的个体情况，通过实验组运用多元教学法授课与对照组实施传统教学法对小学体育选项课进行一学期的教学。根据体育教学计划和教学目标，对对照组的 30 名学生按照以往教学方法进行传统教学。教师根据教学大纲布置本学期课

的教学内容，并按照相关教学内容进行体育技术动作的讲解示范，强调在学习过程中需要注意的问题。学生自由组合进行常规练习。对实验组采用多元教学法中的差异教学策略，教师根据学生的个体差异情况，在授课的各个阶段选择运用不同的教学法，使学生能更好地学习到体育技术。首先，安排学生之间相互配合进行基本动作的练习，技术好的学生帮助技术差的学生进行练习。在体育基本动作的练习过程中，学生不仅巩固了自身的技术动作，还学会了互帮互助，达到了共同学习的目标，使自己在体育学习过程中的心得体会与同伴共同分享。技术差的学生在同伴的帮助下逐步形成了动作技术定型，有效地提高了学生体育的技术能力。教师对学生及时纠正配合练习时出现的错误动作，在教学内容的安排上区别对待。根据学生的特点和需求有目的性地进行教学，并对学生的组合进行积极的评价。其次，在下一部分的学习中，学生根据自身情况进行选择性练习，技术差的学生还是以基本技术练习为主，技术好的学生可以进行相互组合练习，把体育的动作技巧和熟练度进行练习，逐步提高相互的技术水平。这样不仅可以调动学生的学习热情，而且在学生练习中教师根据出现的问题可以与学生进行探讨和交流，从而促进学生获得更好的练习效果。

在小学体育教学实验中，多元教学法中的差异教学原则淡化了体育教师的主导地位，教师与学生在学习的过程中成了真正的管理者、促进者和指导者之间的关系，形成了适合学生的学习方式与教师的教学方式，充分地体现了学生的主动性，使学生最终达到快乐学习的学习目标。在多元教学法中，差异教学阐明了以教师为主导和学生为主体的教育核心思想。在体育教学中及时掌握学生的个体活动和增加师生之间的互动，教师根据班级情况灵活地设置教学内容，把学生的兴趣放到教学的首位，积极引导学生主动学习，充分激发学生学习的主动性和积极性。从多方面而言，多元教学法中差异教学符合了这种科学而人性化的要求。

多元教学法在因材施教方面的优势相当明显。在具体实施过程中，尊重学生差异，照顾学生差异，从学生的个性差异出发，教师根据学生实际情况和教学目标，以学生兴趣为切入点，制定出多等级的学习目标，选择难度适当的教学内容，实施多种类的组织形式，采用多样化的教学手段，遵循多元教学法组合的教学原则，最终帮助每个学生在原有的程度上得到最大发展。

（二）实验组与对照组实验前后学生合作精神调查结果与分析

在合作学习中，学生的学习主要受两方面的影响：一是认知因素，包括感知、记忆、思维等，就是发展学生的智力等因素，培养学生的能力；二是受学生自身的情感、动机、人格以及意志等非认知因素的影响。笔者将对实验前后非认知因素进行比较分析。

实验前，实验班和对照班两班测试人数相等。经过实验之后，两班学生对于体育学习的兴趣、自信心、团队合作精神、交往能力等方面都有所提升，但是实验班的效果明显好于对照班。实验班学生的学习兴趣、自信心、团队合作精神以及交往能力，都比实施传统教学模式的班效果要好。

（三）实验组与对照组实验前后学生学习动机和学习兴趣调查结果与分析

体育课教学内容专业性、竞技性很强，但教学内容的游戏性不够，教学方法相对陈旧和单调。以往教学内容大都集中于基本技术，对于裁判操作规程、体育竞赛规则、体育游戏等内容涉及不够；教学方法大部分还是以运动技能传授法为主；教学中教师的主导地位突出，学生的主体性不明显，缺乏个性化与多样性；课程内容与学生生活、社会、培养终身体育意识相脱离，没有真正意义上的创新，减弱了学生学习体育的兴趣，难以吸收新理念下的课程内容导致学生学习技术的积极性不高。多元教学法根据教学中所遇到的问题，运用现代科学技术应用到体育教学的过程中，通过在体育教学中穿插多媒体进行教学，可以弥补传统体育教学的不全面性，能够有效激发学生的学习动机和学习兴趣，更能促进体育教学的全面发展，培养学生的体育意识，更快地进入学习中。根据小学体育选修课课程的特点，利用多媒体教学的方式，可以使学生更直观地了解学习体育技术动作要领，使学生在短暂的时间内掌握一些体育的基本技术和竞赛知识，熟悉、体验体育的比赛过程，激发学生的兴趣，为终身体育服务。通过多种教学方法的优化组合，使体育课不再单一枯燥，可以有目的、有兴趣地引导学生学习，使学生由被动学习变成主动学习，这样更有利于发展学生的自学和自练能力。

在实验教学开始的前一个星期，对实验组和对照组的学生进行体育选项课学习动机调查，并对调查统计结果进行检验，得出的结论为：实验组和对照组的学生在学习动机中锻炼身体、技术提高、学业完成和学习兴趣四个层面上均无显著性差异。这就说明实验组和对照组的学生在学习动机方面具有可比性。

实验后学生在学习动机各层面上，通过数据分析得出，实验组明显好于对照组。这样效果产生的主要原因是：实验组采用多元教学的方法，在设置教学目标、合理选用教学手段、营造课堂氛围和运用教学方法等方面充分考虑学生的共性与学生的个性差异，在教学前进行前测，全面了解了学生的个体情况，关注学生的个体差异，将学生的个体差异当作一种资源价值参考，满足全体学生需要的同时也满足个别学生的需求，充分调动学生学习的积极性，让每个学生在自己原来水平上获得最大的发展，获得更多成功的体验。学生在锻炼身体的层面上对锻炼身体观念有了新的认识，增强了锻炼身体的信心，从自身出发积极锻炼，技术水平也获得了相应的提高，同时也同样完成了学业任务。在进行多元教学分层和互补合作学习的教学策略下，师生之间的交往和学生之间的交往也进一步加深，关系也更加融洽。同时，学生在课上获得的成功越多，学生的自尊心也就相应获得了提高，也就会在思想观念上和内心形成对体育的喜爱，培养了自己对体育运动的兴趣。而对照组运用的传统教学法没有充分开发学生的潜能，没有最大限度地促进学生的发展，也没有完全照顾到全体学生。

在相关调查研究中可知，目前在体育学习过程中对于其考核和根本精神要求并不完全统一，成绩统计主要以实战技术为主。在平时的能力考核中主要采用的是学生技术能力作为主要评定标准，目标多，内容单一，忽视了对于学生本身素质能力和兴趣爱好的培养。任何技术能力的学习都需要一个长期、反复练习的过程，体育同样是一个需要经历长期练习的过程。因此，在这个过程中，如果想让学生达到一个全面和有较高成绩的层面，就必须建立一个完整的激励化的成功培养模式。教师更需要充分开发相关提升学生兴趣的方法，增强学生自身的兴趣和爱好，并引导体育在他们学生自身的积极影响因素，提升学生自身的学习欲望。只有在学生中产生较强的吸引力，才能更好地发展体育在学生群体的地位，激励更广泛的体育学习者参加。

体育学习重点在于培养学生的学习兴趣，如果想达到这一目的，就必须在增强教师自身能力的基础上，运用多种教学方法。如果只采用单一的教学模式，只能使学习者感受到枯燥和厌烦，对任何一项运动的学习都只会起到反作用。在课堂上引入竞赛活动，往往能收到良好的效果。根据社会调查，竞争作为增强人类积极性的重要激励方式，在体育中也可以获得良好的效果。

在教学过程中，尤其是初学者的学习，教师本身的技术动作对于学习者未来技术定型有重要的影响意义，在体育中更能充分地表现出来。正确而优美的技术动作不仅能增强学生对于体育的学习兴趣，也能使学习者得到良性的身体锻炼，避免对学习者造成运动损伤。在技术动作完善的基础上配合准确的指导性讲解，更是提升学生技能的有效方法。在体育的授课过程中，要具有准确性、逻辑性、连贯性和艺术性。教师要利用自身对于体育的准确理解和钻研，将体育重要的技术动作，用简单易懂的语言描述给学生，确保学生对于体育的准确理解。这样不仅有助于体育的学习，更能增强学生与教师之间的融洽关系，形成良性循环的学习过程。

教师在教学过程中也需要把握不同学生在学习过程中的不同心态，利用自身的特有条件加以准确调控，保证学生学习的积极性。只有在体育学习过程中重视每一位体验者的学习感受，才能使学习者感受到被尊重和学习认同，他们才能积极配合老师的教学方法。体育是一种能给学习者积极良性体验的运动技能，从而促进学习者其他学习项目的开展，教师在教学过程中需要利用特有的教学手段和教学行为来引导学生，使学生较快地投入这种学习过程，以提高自身学习兴趣，这是每一个教师的主要教学任务。在教学过程中，教师一定要积极准确地给学生正确的学习评价，不能有错误的引导行为，采用积极鼓励的方法，提高学生学习兴趣。

（四）实验组与对照组在实验后教学效果评价调查结果与分析

实验组通过运用多元教学法教授和对照组运用传统教学法教学，两组学生所要学习的教学内容均为体育基本技术，两组学生所要上课的时间都为同一天的相邻时间段以及上课地点也都相同。经过一学期的教学，教师顺利完成教学任务。在教学实验即将结束的前一星期向学生发放教学效果评价问卷，通过调查结果进行系统的统计分析。检验结果表明：实验组的多元教学法和对照组的传统教学法在体育教学中都获得了较好的教学效果。两种教学方式都顺利完成了教学任务，但是相互之间还是有差别的。实验组与对照组在教学手段、教学组织两个方面具有显著性差异，在教学方法、学习效果和课堂氛围方面具有非常显著性差异。

学校在进行课程改革时，评价体系尤为关键，其作为其中的重要组成部分，将会对基础教育的发展产生直接影响。在此过程中，其功能也随之而呈现出了相应的改变，由最初的选拔服务而逐渐倾向于激励、引导等功能，促使评价体系逐渐演变成提升个人能力以及促进学生全面发展的过程。与此同时，也能够有效激发出学生的多项潜能，让他们对学习有更加浓厚的兴趣。在传统的教学模式中，评价体系基本上是固定的，这样一来很多学生也就失去了兴趣，同时也不能够适应学生的个性化发展。然而，随着多元教学模式的出现，学生可以进行自主选择，并且也能够为学生的学习创造有利条件，这不仅可以适应学生的发展需求，同时也可为其提供具体的学习方向。实施多元教学评价，可以为学生创造展现个人魅力的平台；而学生在根据自己的意愿进行选择后，对所得到的评价结果也会更加满意。学生可以向大家展示自己的成绩与付出的辛苦，从而得到别人的赞美与鼓励，进而产生一定的激励效果。教师在为学生进行正向评价时，能够让学生树立自信心，对自己有进一步认可，这对学生的身心健康发展具有一定的积极影响。

二、多元教学法对体育教学的影响和发展

（一）教师的综合素养需要得到提升

体育教师教学创新能力的提高受多种因素的限制，同时，不同因素对体育教师教学创新有不同的影响力。因此，改善整体体育教师教学创新能力低的现状是一个十分复杂且需要较长时间的艰难过程。这需要社会各界、各阶层的广泛关注。首先，在管理层面上采取有效的措施，改善学校办学和管理的现状，为教师的工作提供支持和保障，减轻教师的工作压力和负担，为体育教师的教学创新提供良好的保障。其次，体育教师和学生应该积极互动，发挥自己的创新意识，培养创新精神，促进教师、学生、教育的同步发展。

1. 转变传统教育观念，树立“立德树人，健康第一”的新教育思想

要转变传统应试教育中“重文化，轻体育”的观念，同时社会要加强正确的舆论引导，创造良性的社会氛围，使全社会正视体育教师的社会地位，在“大健康”的体育背景下形成“立德树人，健康第一”的新教育思想。思想观念的转变对体育教师教学方法和教学手段具有重要影响，为提高体育教师教学创新的开展提供了有利的舆论新导向。

2. 营造良好的校园环境，为教学创新提供内外部强有力的保障

良好的环境是滋生新事物的“催化剂”，良好的校园环境有利于教师的教学创新。体育教师教学中要培育创新能力，良好适宜的环境必不可少。营造良好的校园环境主要包括以下两方面：

第一，具有良好的外部环境，主要包括优美的校园环境和体育基础设施的完备。优美的校园环境可以陶冶体育教师的情操，愉悦体育教师的心情，为教学的开展提供支持；完善的基础设施可以支持体育教学的开展，满足学生上课的基本需求，为教学开展提供良好的外部条件支持。

第二，积极向上的内部环境，主要包括领导对体育学科的重视、良好的校园文化风气、和睦的人际关系、学术交流活动等。领导对体育学科的重视在一定程度上可以激发体育教师教学积极性。良好的校园文化氛围是体育教师进行教学创新的先决条件，这就要求管理者创设民主、自由、科学严谨的文化环境。因为良好的文化氛围能够引导教师教学创新道路，陶冶教师的创新性情。和睦的人际关系可以提升体育教师工作满意度和加快体育教学工作完成的进度，使教师队伍更加和谐且工作高效。同时加强教师之间的学术交流有利于让创新的观念深入每一名体育教师心中，有利于营造良好的学术研究氛围。积极、良好的内部环境为体育教学创新提供内在保障。

3. 加强体育教师科研队伍建设，建立学术梯队

创新的发展离不开科学研究。体育科研需要有良好的学科储备，极强的逻辑思维能力，同时要求研究者具备实验、走访调查、良好文笔的能力。但当前体育教师的科研状况存在一些问题，如目标过时、研究浮躁粗糙、研究较为功利化等。特别是近几年体育类论文的质量逐年下降。除此之外，体育学科领军人物也缺失严重。

因此，加强体育教师科研队伍的建设是一大任务，应完善体育科研管理制度，建立健全创新机制。良好的体系和完备的制度一定程度上具有约束力和规范性。其一方面可以提醒管理者的职责和义务、内部的科研仪器设施、图文资料以及教学基础设施等要满足体育学科教师教学和进行实验研究的需求；另一方面可以让体育教师在进行创新时有行事的准则和要求，这极大地提升了体育教师的创新效率。体育教师能够继续接受教育，提升自身的知识储备，多进行学术和经验的交流，强有力的体育教师科研队伍的建立在极大程度上促进了体育教师在教学创新能力上的提升。

另外，还应建立学术梯队，发挥学术带头人的传帮带作用。因为体育教师教学能力的养成具有阶段性、长期性的特点，在教学创新和科研攻关的过程中，学术带头人或骨干教师必须发挥传帮带的作用，为体育教师科学研究和教学创新扫除障碍，加速体育教师群体创新能力的优化和提升。

4. 强化激励机制，激发体育教师教学创新的内在动力

待遇差、工作量大且得不到认可是造成体育教师工作成就感低下的原因。因此，要想提升体育教师工作成就感，就必须完善体育教师考评制度。长期以来，我国的人事制度一直与我国经济体系相适应，却存在弊端，这中间就有对考评的消极怠慢有关联，没有形成良好的竞争激励氛围，也无法激发体育教师锐意创新的斗志。

一方面是对体育教师进行精神激励，激发体育教师工作热情。通过运用工资、考评、奖金、参加活动、组织竞赛等方式综合评价体育教师的教学活动，合理安排体育课程，减少体育教师工作量，延长体育教师职业生涯。这主要是为了体育教师情感的发展，使其切实体验到教师工作的乐趣等较高层次的精神愉悦。因为适度的精神激励可以让体育教师的创新热情充分迸发。

另一方面，稳定的经济收入是体育教师得以生存的基础条件，是促使体育教师发展的重要物质保障。而且稳定的经济收入在一定程度上激发了体育教师工作的热忱，以往体育教师不被重视，薪酬待遇低，使得体育教师职业挫败感增强，进而造成体育教师情感衰竭，最终使其失去了工作积极性并导致在教学中应付了事，就更不用谈在教学方面进行创新了。因此，较为合理的措施就是要提高体育教师的收入水平，在物质基础上对他们予以肯定。

5. 教师不断提升自我素质，满足当下体育教学创新的新要求

体育教师创新能力的发展较多受制于自身知识和技能的限制。同时，大量的身体运动造成体育教师产生身体的不良影响；另外，惯性思维的不良影响在一定程度上造成了体育教师教学创新能力的缺失。因此，针对以上不足，应加强体育教师自身专业素质的再培养，满足当今社会对体育教师的新要求。

首先，体育教师应认真学习新的知识，掌握新的技术和技能。体育教师要实现教学创新的可持续发展，就必须在巩固已有专业知识、技能的基础上学习新的知识和技能，拓宽自己的知识面和技能面。因为当今社会知识更新换代的速度越来越快，学习新的知识和技术对于体育教师教学创新尤为重要。

其次，体育教师要敢于实践，提高和发展自己的实践创新能力。这主要体现在体育教学和体育科学研究两个方面。按照教学目标的要求，发挥教师实践创新的能动性，要善于思考，不断发展自己的思维能力，克服定式思维，形成独特的创新思维能力。善于在体育教学中发现问题，解决问题，并不断通过自身的知识、技能的巧妙结合，开创更加行之有效的教学方法，使教学活动的完成最具效率和效果；要善于发现体育课堂的问题，展开科学研究，凭借个人的学识和思维能力，解决问题并预测未来发展的结果或可能出现的现象。不论是教学过程或者科学研究，都是体育教师教学实践的具体化。因此，体育教师要勇于实践，在实践中发展自我创新能力。

（二）落实“健康第一”的学校体育指导思想，完善体育教学保障制度

现如今，在素质教育的指引下，教育部曾发文要求有条件的小学每周将体育课程增加至 3 节，但是在实践中一些地方的体育课不仅没有增加，反而依旧存在被语、数、外等主课挤占的现象。

良好的体魄是青少年实现祖国建设和为人民服务最基本的前提和保障，切实有效地落实“健康第一”的学校体育指导思想，真正提升教育教学管理者、班主任、体育教师、家长、学生对体育课程以及对健康重要性的认识，才能从根本上提升对体育课程重要性的认识，改变体育课被所谓的主课挤占的现象。因此，学校要从学生未来发展的需要出发，全面系统地培养未来社会需要的人才，建立相应的制度保障体育课程的实施，切实保障学校体育课程的开设，改变体育课程被挤占的现象。

体育课程仅是学校体育工作的环节之一，学校体育工作还包括课余体育训练、课余体育竞赛以及课外体育活动。建立制度保障体育教学顺利开展，保证课程不被挤占的同时也要通过学校的制度保障，切实有效地让课余体育训练、课余体育竞赛以及课外体育活动得到开展，既全面发展学生的体能，也可以发现和培养有特长的学生。

（三）开发校本课程内容，创新体育教学方法，激发学生体育学习兴趣

不可否认，传统的竞技运动项目现在依然是各类小学体育教学的主要内容。同时，一个不争的事实是我国当前各级各类学校都在加强体育校本课程开发的力度。例如北方的冰雪项目、南方的游泳项目、休闲运动项目等。

开发当地的校本课程既要结合当地气候、地理条件，也要结合当地场地实施条件。例如可以根据学校的地理特点并设定向运动等体育课程。另外，在现有可选择教学内容的基础上，结合学生的身心发展规律，以及当前阶段学生的技能水平，合理选择体育教学内容，提高学生对体育教学内容的学习兴趣。同时也可以逐步建立让学生自主选择学习内容、凸显学生在教学上的主体性的选课制度，从而更好地调动学生学习的积极性。

调研显示，学生对体育课程的教学方法手段认可程度不高。

对于此问题，体育教师要加强自身学习，深刻认识小学阶段学生的身心发展规律与特点、不同教学内容的特点、场地器材实施的现状，在结合上述因素的基础上合理选择教学方法与手段，让学生真正喜欢体育课程。关于学生学习动机方面，体育教师也要从教学方法手段的改进上下功夫，让学生在合理教学方法的指导下，在成功的体验中树立自信心。这样在以后失败时，学生就会有信心克服困难，坚持走向胜利。例如可以用绝大多数学生都能参加并且可以集中小学生注意力的游戏或者比赛培养学生学习的注意力，并提升其兴趣爱好；也可以采取启发式、引导式、疑问式来激发学生的学习动机。

（四）改革体育考试制度和评价方法，处理好体育与学生体能技能发展的关系

不可否认，应试教育现象在我国小学中普遍存在。这不仅是学校教育导致的，也是家长追求子女升学的目标导致的。尤其在体育考试制度实施以后，我国很多地方都出现了根据考试内容来选择体育教学内容的情况。这种情况导致体育教学将考试内容作为主要内容，不利于学生体育兴趣爱好的全面发展，同时也不利于客观、公正地反映学生真实的体能、技能水平。

因此，教育部门要重视“应试教育现象”，改变以体育考试为导向的考核现状，遵循全面素质教育的基本原则，尊重学生的个体差异，建立客观的体育课程考核评价制度。例如身高较高的学生适合篮球，而其在体操项目上则没有优势；体重较重的学生在长距离跑上没有优势，却可能在对抗性项目上具有优势等。

改革体育课程考核评价制度还要改变原有的终结性评价观念，注重学生学习过程的评价；要根据新课程标准要求，选取适合当地学校的评价体系：采用家长评价、学校评价、教师评价、同学互评等多元评价方式，对学生的运动参与、身体健康、心理健康、社会适应等多方面进行评价。

（五）采用合理的分组教学或教学分组，控制体育课程教学班人数，提升教育教学质量

当前，大部分学校在体育教学中更多地采用了以自然班为单位开展体育教学，且大多是男女合班。这就导致体育课程教学人数较多，影响体育教育教学质量。另外，在小学高年级阶段，学生生长发育加速，男女学生身体差异加大，合班上课不利于学生个性发展。

基于以上原因，应鼓励学校创造条件，积极探索“小班化”教学，优化教育资源；或在不增加教育成本的前提下，采取合班分组教学的形式。也就是采取两个自然班合班分成男女两个组，分别由两位教师组织教学。这样既不增加教育成本，也可以有效解决课程教学中的实际问题。

此外，鉴于当前仍为自然班教学为主，虽有部分学校采用选项教学，学生人数还是普遍较多，体育教师的教学组织管理难度大，且教学效果不好的事实。在教学中，可以采取分组教学的形式，通过培养体育骨干，在教学班内分成两个小组，由体育骨干组织复习，由体育教师组织新内容的学习，从而提高学生的练习密度，提高教育教学质量。

第六章　小学体育教师专业教学能力的提升

对一名体育教师而言，必须具备扎实的体育知识与出色的运动技能，这样才能更好地指导学生进行学习，实现体育教学的目标。体育教师综合素质中，教学能力是一项核心素质，必须加强这方面的建设与发展。小学体育教师专业教学能力主要包括基本的教学能力、教学设计能力、教学管理能力等几个方面，本章就重点做出阐述与分析，除此之外，建立一个和谐发展的小学体育教师专业教学能力体系是非常重要的，这一方面要引起高度重视。

第一节　小学体育教师教育教学能力提升

一、全面技能的提升

作为一名出色的小学体育教师，必须具备全面的技能，这样才能有效指导学生参加体育学习与锻炼。小学体育教师的全面技能的涵盖范围非常广泛，不仅包括与体育教学直接相关的能力，还包括与体育教学有关的其他方面的能力，如心理健康教育能力、组织与管理教学活动的能力、指导学生课外体育锻炼的能力、科研能力和创新能力等。作为一名体育教师，必须在平时的教学中注意以上能力的培养和提升。

那么，小学体育教师如何提升自己的全面技能呢？可以参考以下途径和手段来提升自己的全面技能和素质。

（一）参加相关的专业技术及理论培训

对一名小学体育教师而言，除了上好体育课之外，还要重视自身能力的培养与培训，可以在平时的教学之余通过参加各种专题讲座、专业技术及理论的培训和观摩课等来提高自身的全面技能。通过长期的培养与培训，体育教师能从中学习和掌握最新的教学手段与方法，能提高自身的技术水平和教学管理能力，这对于组织与管理教学活动，促进教学质量的提高都具有重要的意义。因此，参加专业技术及理论培训是促进小学体育教师全面技能提升的重要途径和手段。

（二）及时了解当前全国小学体育教育的新动态

在当前社会发展的背景下，学校教育理念也在不断更新和完善，学校体育教育的改革也对体育教师的教学能力提出了更高的要求。作为一名小学体育教师，不仅要注重自身能力的提升，还要密切关注国家教育新动态、全国小学体育教育的发展动向，这样才能做到心中有数，切实地知道应该着重提升自身哪方面的能力，从而上好体育课，促进小学生全面素质的发展。

（三）通过网络提高自身的能力

随着现代社会的不断发展，科学技术在社会各个领域都得到了广泛的利用，在当今的互联网背景下，小学体育教师也应该紧跟时代发展的形势充分利用网络教育来了解小学体育教育的新动态及教育理念，不断丰富与完善自身的知识结构体系，提高自身的综合素质。这对体育教学质量的提高具有非常大的帮助。

二、讲解设问能力的提升

讲解设问能力是体育教师应该具备的能力之一，这一能力与体育教师的逻辑思维、语言表达、知识储备等方面有着密切相关的关系。体育教师可以从以下几个方面来提高自己的讲解设问能力。

（一）充分了解讲解设问的要求和方法

通常情况下，体育教师的讲解设问技能主要包括讲解结构、语言运用、使用例证、重点强调、获得反馈五项要素，这几个要素缺一不可，在具体的运用过程中对体育教师都有一定的要求，体育教师要想进一步提升自己的讲解设问技能就要从以上几项要素进行。

（二）不断丰富讲解设问的内容

小学体育教师在平时的教学中，还要采取各种各样的手段和措施不断丰富讲解设问的内容，积累大量的素材，逐步提升自身这方面的能力。

首先，在平时的教学工作之余不断扩展与体育教学内容相关的专业知识，主要包括体育理论与体育实践两方面的知识。

其次，加强技术动作的习练，从中获得深刻的体验，并做出详细的总结。

最后，从各种途径了解体育运动发展动态，能在体育教学过程中为学生举出丰富的例证。

（三）提高语言表达能力

语言表达能力也是体育教师应具备的一项重要的能力，在平时的教学过程中，体育教师要从点滴做起，对自己的语言表达方式进行一定的记录并展开具体的分析，注意哪一方面有所欠缺，应该提高哪一方面的能力等，通过分析和总结逐步提升自己语言的条理性。体育教师的语言表达能力主要体现在教学总结、准备教案、课堂讲解等教学活动之中，可以从这几个方面重点突破和练习。

（四）加强语言的科学性和艺术性

在具体的体育教学中，小学体育教师要加强语言教学的科学性和艺术性，应注意以下几个方面：

1. 语言要亲切感人，具有诱导性

小学生正处于青春发育时期，可塑性较强，容易受到各方面事物的影响，因此体育教师要严格遵循小学生的身心发展特点与规律组织与开展教学活动。在讲解体育运动理论或技术的过程中，语言要亲切热情，对于那些运动基础较差，学习水平不高的学生更要多利用鼓励的语言去诱导学生去学习，帮助他们树立学习体育的自信心。

2. 语言要词准意切，具有科学性

在体育实践课中，体育教师进行教学时必须运用语言讲解法对技术概念及动作要领讲解清楚，这样才能使学生建立良好的动作表象，需要注意的是，体育教师讲解过程中所运用的语言要简洁准确，能使学生充分理解和掌握技术动作的习练要领。

3. 语言要活泼生动，具有形象性

体育教师在讲解一些技术动作或游戏要领及规则时，要学会运用生动活泼的语言去阐述，以激发学生学习的积极性，调动学生主动学习的情绪。这种形象生动的语言讲解，对于小学生学习体育的兴趣的激发是非常有效的，因此一定要引起重视。

（五）根据反馈信息及时调整自己的讲解行为

在体育教学过程中，体育教师除了要加强自身综合素质的培养和提高外，还要密切关注学生在学习中的具体表现，观察学生的表情、态度和行为，得出一定的反馈信息，然后根据这些反馈信息及时调整自己的教学方案，改善自己的教学行为，促进教学质量的提高。

三、生动示范能力的提升

作为一名小学体育教师，还要具备生动示范教学的能力，在教师的生动示范下，学生能激发学习的热情，促进教学质量的提高。

（一）明确示范的目的与任务

为实现既定的体育教学目标，体育教师首先要认真细致地研究体育教材，熟悉教学对象和授课内容，明确教学目的与任务，选择合适的教学手段与方法。由于小学生的体育课大多是实践课，因此大部分教学内容都离不开体育教师的教学示范，为实现良好的教学效果，体育教师的示范必须准确和合理。示范的目的在于帮助学生建立正确而清晰的动作表象，建立起正确的动作概念，从而为学习和掌握技术动作奠定良好的基础。

（二）示范的方位与距离

体育教师在示范技术动作的过程中，还要注意示范的方位和距离。示范的位置要考虑学生的视线，让所有学生都能看清自己的位置，在示范方位上，身体侧向行进的动作，可以采用镜面示范；身体正向行进的动作，可以采用侧向示范。这是体育教师所要清楚的。

（三）示范的时机与次数

随着教学过程的逐步深入，以及学生认识水平的不断提升，教师的示范动作也要随之发展，要根据学生的特点及具体实际把握住示范的时机，调整示范的次数。除此之外，体育教师还要重视示范的重点和难点，并及时纠正学生在学习技术动作中的各种错误。

（四）示范与教学任务相结合

在具体的体育教学过程中，教师采用哪种示范形式，主要依据技术动作的难度及特点而定，可以采用完整示范和分解示范相结合的方法进行示范教学。对于难度不大且不宜分解的技术动作可以采用完整示范的方法；而对于那些难度相对较大的技术动作，为了便于学生更好地学习和掌握，可以将完整的技术动作分为几个环节进行讲解。这样通常能获得理想的教学效果。

（五）示范与图片、影像等结合

在体育课上，有一些技术动作对小学生而言具有一定的难度，并且技术动作的速度非常快，学生很难在短时间内掌握，这时体育教师可以采用示范动作和图片、影像等配合起来的做法，往往会收到意想不到的效果。

（六）示范与讲解的有机结合

体育教师在上体育实践课时，必须示范与讲解相结合。这一点非常重要，如果在教学中，只做不讲，只让学生按照教师的动作进行模仿，就会严重束缚学生的思维活动，不利于取得理想的教学效果。因此，教师的讲解必须紧紧围绕示范动作，这样能加深学生对技术动作的理解，从而掌握和巩固技术动作。

四、保护与帮助能力的提升

在体育实践课中，受各种因素的影响，会存在一定的意外与风险，因此，一定要加强运动中的保护与帮助，可以说，保护与帮助也是体育教师应具备的一项能力。要想提升体育教师的保护与帮助能力，可以从以下几方面进行：

（一）掌握正确的保护与帮助的方法

不同的运动项目有不同的技术特点，但也有一定的规律性。作为一名合格的体育教师，要了解各类体育项目的特点及基本规律，熟悉每一个技术动作，了解技术动作的难点所在，知道应该在哪一环节对学生实施保护与帮助，对学生的保护与帮助要做到位置合适、部位正确、时机恰当、力量适度。

（二）要了解学生的特点，做到区别对待

由于每一名学生都是不同的，都有自身的个性差异，学生在练习技术的过程中也有自身的技术特点，作为一名体育教师要充分了解学生的这些特点，针对学生的不同特点区别对待。具体而言，体育教师需要了解学生的以下情况，以便于对其实施保护与帮助。

第一，熟悉学生的动作技术掌握情况。

第二，充分了解学生的身心发展特点及实际情况。

第三，了解学生当时的体力与思想状态。

（三）选择合适的教学方法和手段

体育教师在备课时要认真钻研和分析教材，根据学生的生理特点，选择合理的教学方法和手段。如对于技术性较强、有一定危险性的项目，教师应利用多媒体教学手段让学生事先了解和掌握动作的要领，了解动作的重点、难点及容易出现错误和危险的环节。这样能很好地预防意外的发生。对于容易出现伤害事故的教学内容，如投铅球、掷铁饼等项目，体育教师要指导学生加大间隔的距离，并统一口令投掷和捡器材，这样能极大地降低运动风险。

第二节　小学体育教师教学设计能力提升

一、体育教学目标的设计

（一）准确理解体育课程标准

一般来说，体育课程标准的内容主要包括课程性质、指导思想、基本理念、课程目标及实施细则等内容，这一课程标准与我们通常所说的教学大纲有着本质的区别。作为一名小学体育教师必须准确理解体育课程标准的实质制定体育教学目标。体育教师可以充分运用网络的形式研习最新的体育课程标准，深入理解专家对课程标准的解读，以为体育教学目标设计奠定良好的基础。

（二）钻研教材

教材是体育教学活动的重要载体，没有了教材教学活动就难以顺利进行，因此，体育教师一定要在平时注意钻研教材，了解教材的特点以及核心要素。重点分析教材的基本结构，然后选择与运用适合该教材的教学方法与策略，这样才能为学生的学习提供良好的帮助，促进教学质量的提高。

（三）研究学生

学生是体育教学活动的重要主体，一切教学活动都要围绕学生展开，因此要想组织与管理好教学活动，体育教师要对学生做出细致的研究与分析，研究学生可以从以下几方面进行：

第一，研究学生的身体发展情况。这样就能抓住学生身体素质发展的敏感期发展学生的身体素质，从而有利于体育教学活动的开展。

第二，研究学生对运动技能的接受能力。小学生模仿能力强，接受运动技能的能力有限，注意的时间较短；而中学生则喜欢挑战具有一定难度的运动项目，注意的时间较长。因此，体育教师应该围绕不同时期的学生的特点来安排体育教学的内容。

第三，研究学生的性别差异。男女学生在体育兴趣和爱好方面有着极为明显的差异。一般情况下，男生喜欢竞争性强、挑战性大的运动项目，女生则喜欢趣味性和娱乐性强的项目。体育教师要了解学生的这些差异并合理地安排教学活动。

（四）分析教学目标的要素

在体育教学中，体育教学目标主要包括行为主体、完成的课题、完成课题的条件和完成课题的结果等四个方面的要素。如果在教学目标中，特别是在运动技能目标中包含四要素，其教学结果就能让听评课者对一节课的好坏一目了然，这对学生的导学作用更强，也能使教师在课后做小结的目标更明确。因此，体育教师要想设计出合理的教学目标，就要事先充分分析这些目标要素，以做到心中有数。

（五）课后反思

课后反思也就是我们通常所说的课后小结。教学目标的反思主要是看教学目标的实现程度。一般来说，主要有三种情况：一是目标制定得太高；二是目标制定得过低；三是目标制定得合适。体育教师要根据这三种情况，做出深刻的反思。如果存在目标过高或过低的情况就要充分了解是哪个环节出了问题，并采取必要的措施和手段加以解决。

二、单元设计能力

（一）认真研究课标与教材，初步确定三维目标

为提升自己的单元教学设计能力，体育教师要认真研究课程标准与教材结构，确定合理的三维目标。可以从以下几方面进行：

第一，初步确定本学年和本学期、本单元的教学目标，并对教材进行初步的单元组合。

第二，研究教材中涉及知识，技能、方法和态度等方面的内容在整个基础教育阶段的

目标要求与本学年、本学期的目标要求之间的关系。

第三，研究教材的内涵、特点与价值，把握教材的技术结构、重点与难点。

第四，研究新教材与旧教材的不同，分析与本单元有关的内容在教科书中的安排。

第五，研究借助教材可以实现的三维目标，分析教材与课标的关系。

（二）认真研究学生，确定单元教学目标

体育教师研究学生，不仅要研究他们已有的知识技能基础，还应研究学生的经验、思维方法和态度。在此基础上，确定单元教学目标，包括了解本单元的主要教学任务、本单元的教学重点和难点、三维目标如何体现和整合。同时，体育教师还要考虑：设计的教学目标对不同层次的学生而言意味着什么，制定的单元教学目标会存在哪些问题等。

（三）确定与单元教学目标有关的教学内容与方法

在体育教学中，实现单元教学目标的方式有多种，体育教师应根据活动主题的需要选择合适的方式。比如在一个活动主题中可以采用几种不同的形式和方法；在课堂教学中所采取的具体做法能充分体现本次课的教学思路；考虑如何实现学习目标或教学目标的途径，解决“怎么学”和“怎么教”的问题；考虑教学媒体的选择和应用，根据不同的情况选择不同的教学媒体或教学资源等。

（四）确定评价学生的考核方法

要想对学生做出客观合理的评价，就要制定合理的考核学生学习成绩的方法。在明确终结性评价之后，体育教师能够将其更加清晰地转化为形成性评价的内容，并进一步明确单元的教学目标。要想学生在最后的教学评价中获得好的成绩，就必须在教学过程中进行形成性评价。教师在教学过程中要对教和学的行为做出评价，在进行行为评价时要以目标为标准进行评价，评价可以提供关于教学效果的反馈信息。

三、体育课堂设计能力

课堂设计是教学设计的重要内容之一，作为一名小学体育教师一定要具备良好的课堂设计能力。

（一）紧跟体育课程改革

课堂设计必须以一定的基本理论为指导，包括教育心理学、学习论和教学论等。体育教学的基本理论中最重要的理论之一是体育课程标准。体育教师要认真分析体育课程标准，紧跟体育课程改革的步伐。为了正确地把握体育教学的本质，紧跟体育课程改革的前沿，体育教师可以通过自学和参加全国体育教学观摩展示活动的方式，不断地提高自己对体育教学改革一线出现的现象的分辨能力，多读一些体育教学改革的研究成果，这些对于体育教师的课堂设计能力的提高都是非常有帮助的。

因此，课堂设计必须以体育课程标准的基本理念为出发点，不断吸收体育课程改革的新成果，设计符合人才培养的体育教学方案。

（二）研究优秀体育课堂教学

为提高自己的体育课堂设计能力，体育教师还可以利用研究优秀体育课堂教学录像的方式，选择自己擅长的内容，以一节课为单位进行教学设计。按照要求设计好后，在不同的群体中开展说课研讨，再根据研讨者提出的意见或者建议对设计方案进行修改。然后，教师根据修改的设计方案进行实践，邀请同行专家或研讨人员对该课的设计进行点评，然后再做修正，这样能极大地提升自己的课堂教学设计能力。

（三）进行课后教学反思

受体育教学中各种因素的影响，教学效果与预测效果不一定相吻合。因此，进行课后教学反思是有必要的，这也是提升体育教师课堂设计能力的一个重要环节。反思的内容主要包括：一是反思该课堂设计是否贯彻了新课程理念，是否突出了学生的主体地位；二是反思该课的教法与学法是否有效，是否有利于实现教学目标；三是反思教学目标的实现程度。

第三节　小学体育教师教学课堂管理能力提升

一、体育课堂教学管理的类型

总的来看，体育课堂教学管理主要有以下几种类型。体育教师要根据具体的教学实际选择符合学生特点及教学实际的管理类型，其目的都是为了获得理想的教学管理效果。

（一）专断型

专断型的教学管理类型在以往的学校体育教学中普遍存在着。在这一管理类型之下，体育教师对学生提出了非常严格的要求，学生必须按教师的要求执行课堂常规。教师往往以命令的方式要求学生完成一些学习任务，学生不得不服从命令，教师认为学生若不听从命令就是无视教师的权威，对于这类学生往往会采取一些方式进行惩罚。在整个课堂教学中，教师将个人意愿和个人权威放在首位，而对学生的个性化需求及其主体性并不在意。课堂教学氛围紧张、压抑、沉闷，学生不敢发表自己的意见和想法，虽然对教师言听计从，但并不是真正愿意在这样的氛围中学习。长此以往，必然会压抑学生的个性，不利于学生的全面发展。因此，在新的教育背景下，这一教学管理的类型已难以适应学校体育教育的要求，需要改进和完善。

（二）放任型

放任型的管理方式在以往的体育教学中甚至在如今一些学校中也是存在的，这一教学管理方式具有很大的不足，在这一管理方式下，体育教师往往缺乏责任心和管理意识，体育教师只负责传授学生知识与技能，其主要教学目的是完成教学任务，至于学生能否完成教学要求、实现教学效果，体育教师对此并不关心，体育教师对学生学习的态度基本上是“放任自流”，这严重影响着教学质量的提高，阻碍着学生的全面发展。

体育课堂教学管理的主要目的在于营造良好的教学氛围，实现预期的教学效果。在体育课堂教学中，体育教师要想方设法地使学生在良好的课堂环境下学习知识与技能，从而提升学习的效率，最终取得理想的学习效果。但放任型管理方式之下，体育教师往往忽略了课堂管理的重要性及自身在课堂管理方面应有的责任。教师对学生放任不管，似乎对学生的个性发展有益，实则对学生的学习与成长无益，教师不负责任的态度导致体育课堂教学无法满足学生的实际需求，无法调动学生的学习热情，即使学习自觉的学生如果长时间不管理，也会变得懒散，而本身自觉性就差的学生更是无视课堂纪律，会做出一些不尊重体育教师、破坏课堂纪律、影响其他学生的不良行为。总之，放任型课堂管理方式不利于体育课堂教学的顺利进行，最终必然影响课堂教学效果，而且也会影响学生的身心健康发展。因此可见，放任型的体育教学管理方式存在着很大的弊端，不值得推广。

（三）民主型

在民主型的体育教学管理方式下，体育教师以学生的实际需要为中心，围绕学生的整体特征及个性化需求而展开教学，这一形式的教学能充分激发学生的学习积极性，强化学生的学习动机，满足学生的体育学习需求。因此民主型的体育教学管理方式得到了大部分专家及教师的肯定，在学校体育教学中得到了广泛的利用。

民主型课堂之下的教学管理方式与其他管理类型相比比较灵活，在这一灵活的管理方式下，学生能保持较高的学习兴趣，维持良好的学习状态，这对学生学习质量的提高是非常有利的。随着课堂教学需求的提高和教学因素的变化，体育教师也能及时完成课堂环境的重建，从而满足新的需求，适应新的变化，这是民主型管理方式与前两种管理方式相比而言最显著的优势与特征。

总之，在民主型的体育教学管理方式下，学生的地位受到了极大的尊重，学生能积极主动地参与教学活动，能营造一个和谐融洽的课堂教学氛围，从而促进教学效率的提高，有利于实现体育教学的目标。

（四）理智型

理智型体育教学管理也是体育教学中一个比较常见的管理方式，在这一管理方式之下，体育教师有清晰的教学思路、明确的教学目标，并依据教学目标而有序安排每个教学环节，精心处理每个教学细节，以求最终顺利实现课堂教学目标。此外，体育教师也能够以课堂教学目标和所教的内容为依据而对一些教学方法合理进行选用，并给学生留出自主学习与思考的时间，让学生自主选择适合自己的学习方式，从而提升学习效率，实现学习效果。

体育教学实践是以身体为主的课程，通常是在室外进行的，因此整个教学过程会受到各种内外因素的影响。而对理智型的教师而言，他们往往能够凭借自己丰富的教学经验灵活安排课堂教学工作，并灵活管理学生，学生在课堂上表现出来的学习态度、学习行为等对教师来说都是有价值的反馈，教师可依据这些反馈信息而灵活进行管理，从而端正学生的态度，促使学生自觉主动地参与到体育教学之中。运动理智型管理方式的体育教师通常都具有较高的文化水平，他们能够很好地理解这一管理方式，并将其充分贯彻于体育课堂教学活动之中。

但需要注意的是，在理智型课堂教学管理方式下，整个课堂教学活动比较沉闷，缺乏活力，学生学习的热情不高，学习效率得不到良好的保证。因此要谨慎选择。

（五）情感型

每一名教师都是不同的，都有自己的个性特点，一部分教师具有鲜明的个性，在教学中会经常流露出自己丰富的情感，这一教学管理就属于情感型的管理方式。这一管理方式的特点主要是体育教师从学生的情感需要出发来管理课堂教学活动，课堂管理的整个过程中都透露着教师对学生的“爱”。体育教师以得体而亲切的语言进行课堂教学，并鼓励学生发挥自己的优势，对于进步明显的学生，教师总是不吝夸奖。教师对学生的情感需要给予一定的关注与重视，并能根据学生的情绪调动课堂气氛，使学生在体育课堂上能够获得愉快的心理体验。体育课堂上难免会有破坏课堂纪律的学生，提倡情感型管理的体育教师不会一味指责这些学生，而是会以恰当的方式来指正，引导他们规范自己的课堂行为，这对维护和谐的师生关系具有重要的作用和意义，如果运用得当，这一教学管理方式也能取得良好的教学效果。

（六）兴趣型

兴趣型教学管理也是一种重要的管理方式，利用这一管理方式的体育教师往往教学艺术高超，教学风格突出，具备高超的教学技巧，在这一方式之下，学生能散发出积极的学习热情，能自觉主动地参与教学活动，从而提升学习的效率。

在兴趣型的教学管理方式下，体育教师要具备多种多样的教学能力，在课堂教学中语言要生动形象、教态要从容优雅、示范优美娴熟、节奏把控良好，能够以有趣的方式给学生呈现所要教授的内容，使学生在富有美感的课堂中集中注意力听讲、看示范，使学生保持高昂的学习热情，在这样愉悦的教学氛围下，学生能受到极大的感染，整个教学活动都显得异常轻松活泼，有利于教学效率的提高。

二、体育课堂教学管理的内容

体育课堂教学管理的内容非常多，作为一名合格的体育教师要了解、熟悉并掌握这些内容，以为教学管理工作的顺利开展奠定良好的基础。

（一）课堂教学目的与任务管理

体育教学活动的开展首先要明确一定的目的和任务，围绕目的与任务展开教学活动，因此制定科学合理的教学目的与任务就显得非常重要。教学目的与任务管理就成为体育课堂教学管理的重要内容。只有确定合理的教学目的与任务，体育教师才能有的放矢，少走弯路。

在体育教学中，任何活动的进行都要依据一定的课堂教学目的与任务进行。同时，学生也要明确学习的任务和目的，从而采取有针对性的学习方法，去努力完成学习任务，实现学习目的。

大量的实践与事实表明，体育课堂教学效果与教学目的与任务的合理与否有着直接的关系，如果教学目的与任务科学和合理，体育教学活动就能得以顺利开展，如果教学目的与任务缺乏科学性和合理性，那么体育教师在教学过程中很难把握重点、突出重点，教师不知为什么而教，学生不知为什么而学，整个课堂教学显得盲目、随意，而且氛围也比较压抑、枯燥，最终影响教师教授的热情与学生学习的积极性，导致教学效果不佳。因此，体育教师一定要结合具体的教学实际确定科学、合理的教学目的与任务，以此为依据组织与开展课堂教学活动。

（二）课堂容量及难度管理

课堂容量与教学难度是体育教师在教学活动中所应重视的一方面，目前来看，我国大部分学校的体育实践课虽然容量小，但存在一定的难度，超出学生的身心承受能力，而且安排男生与女生一起上体育课，没有考虑他们的身心发展差异，一些男生容易掌握的内容，女生学习起来却有一定的难度，这在一定程度上影响女生学习的积极性，打击她们的自信心，不利于课堂教学目标的实现。

除此之外，虽然一些体育实践课容量比较大，但难度却较低，学生学习起来没有挑战性，难以引起学习的兴趣，这些内容的学习很难提高学生的体育技能水平。由此可见，体育课堂教学容量与难度如果安排不合理，都不利于提高课堂教学效果，体育教师必须加强这方面的管理，根据教学实际情况和学生运动水平确定合理的课堂容量与教学难度。

（三）课堂时间分配管理

一堂完整的体育实践课主要包括准备部分、核心部分和整理部分三个部分的内容，这三个部分的安排要有所侧重，这样才能增强体育课堂教学的时效性，使体育课堂教学的节奏感更鲜明，有利于学生学习和掌握重点内容。因此，教学时间要合理安排，另外，在每个部分的教学中又包含一些具体的教学活动和任务，对于各项活动与环节所用的时间也要合理安排与分配，以保证突出教学的重点与难点，保证学生学习与掌握体育知识与技能。

在具体的体育教学中，体育教师要合理地分配好课堂时间，但需要注意的是，体育教师不能因为没有分配好时间就随意减少计划要传授的教学内容，或课后拖延时间匆匆完成任务，这都是不负责任的表现。加强对体育课堂时间分配与安排的管理体现了有效教学的观念，能够将有限的课堂时间充分利用起来，提高教学效率，实现教学目标。

（四）课堂教法管理

为实现体育教学的目标，选择合适的教学手段与方法也是非常重要的，因此教学方法管理也是体育课堂教学管理的重要内容。体育课堂教学方法的管理至关重要，体育教师在这方面的管理中能够深刻体会到“教学有法、教无定法、重在得法、贵在活用”的含义，并能积极探索与学习新的教学方法，加强对传统教学方法的改革与创新。对体育教法与手段进行革新与管理，首先要树立新的教学理念，在先进理念的指导下创造新的教学方法，以提升体育教学的高度，彻底改变传统体育教学中将少数几种教学方法不分场合、一用到底的局面。体育教师在课堂上合理运用教学方法有助于实现省时低耗、优质高效的教学效果。

除此之外，为了强化体育教学方法的管理，探索更加先进的体育教学方法，学校相关部门应组织体育教研组定期开展研讨会，制订体育教学方法创新与发展的方案或计划，构建一个科学合理的体育教学方法体系。这对体育教学质量的提高具有重要的意义。

（五）课堂教学效果管理

课堂教学效果管理也是课堂教学管理的一项重要内容。评价一节体育课是否成功，不能只看表面，而是要看最终的教学效果，体育课的教学效果最直观地反映在学生的考试成绩中，尤其是技能考核成绩中。在体育课堂教学中，教师的教学活动与学生的学习活动都是为实现教学目标和提高教学效果而服务的，因此，体育教师必须在教学内容安排、教学方法选用、教学模式构建、教学评价实施中不断改进与优化，从学生的具体实际出发，帮助学生切实掌握体育知识与技能，促进学生的全面发展。总之，课堂教学效果管理是教学管理的重要组成部分，体育教师在组织与管理教学活动的过程中一定要将其作为一项重要的内容。

三、体育课堂教学管理的原则

（一）学生主体性原则

在学校体育教学中，学生是重要的主体，一切教学活动的开展都要以学生为中心，围绕学生进行，教师在其中起到重要的指导和引领作用。在具体的体育教学过程中，体育教师要想方设法地引导学生积极主动地参与体育学习，提高学习的兴趣，这样才能保证体育教学活动的顺利开展。这就是体育素养教学管理中学生主体性原则的运用。

学生主体性原则要求体育教师在具体的教学管理中要树立以学生为宗旨的教育观，积极引导学生学习，为学生提供各种帮助和服务。设计的教学内容与方法要符合学生的个性特点与运动水平。教师还要引导学生积极主动地去学习，提高学生自我解决问题的能力。要将主体性精神充分贯穿于学生的课堂教学管理之中。

综上所述，学生主体性原则主要体现出以下内涵：

第一，学生是教学活动的主体，教师起引领和指导作用。教师的“教”要围绕学生的“学”进行，要始终将学生的学习放在第一位。

第二，在体育课堂教学中，教师的示范讲解等要精简，学生活动要占其中大部分的时间。

第三，教师要善于启发学生，培养和提高学生的创新意识与能力。

（二）身心全面发展原则

在体育课堂教学管理中，为实现良好的管理效果，必须注重学生的身心全面发展，要以此为基本原则组织与管理学生的学习。在这一原则之下，要求课堂教学不仅要包括运动技术的传授，还要培养学生的体能、心理品质和适应社会的能力，要将这几个方面结合起来进行。除此之外，还要充分挖掘各运动项目的心理价值和社会价值，充分发挥各项目的功能与价值，促进学生的全面发展。如田径中长跑运动以及游泳等能有效锻炼学生的心肺耐力，磨炼其意志品质；足球、篮球等集体项目还能培养学生的团队精神，这些都是体育教师在教学管理中应重点关注的。

（三）兴趣先导原则

兴趣在学生的学习中扮演着十分重要的角色，只有产生了良好的兴趣，学生才能积极主动地投入到学习之中。因此在体育课堂教学管理中，体育教师要把握学生学习的这一特点，严格遵循兴趣先导的基本原则组织与管理教学活动。首先，体育教师要事先做好充分的调查，充分了解学生的体育兴趣，然后根据学生不同的兴趣来安排教学活动。其次，体育教师所制订的教学计划或方案也要建立在学生兴趣的基础之上，教师在教学中要善于因势利导，强化学生的兴趣与学习行为，从而提高教学质量和效果。

（四）因人而异、因材施教原则

由于每一名学生都是不同的，都有自身的具体实际情况，因此在体育课堂教学管理中，体育教师要遵循因人而异、因材施教的基本原则，对学生进行区别性的对待，这种区别性的对待并不是不公平的教学，而是依据学生的特点和具体实际对其进行指导，这样有利于促进学生的发展。在具体的教学管理中，体育教师要依据学生的兴趣爱好、体育基础、健康状况等找出共同点和不同点，对其因材施教。体育教师确定的教学目标和要求，以及制订的教学方案或计划等都要依据学生的具体实际进行，要切合实际，这样才有利于取得理想的教学管理效果，促进学生的全面发展。

第四节 基于体育学科核心素养的体育教师专业化发展机制

一、概念机制

在确定构建体育教师专业化发展机制的关键要素之后，我们可以按照各要素之间的内在逻辑联系设计基于体育学科核心素养的体育教师专业化发展概念机制。

根据符号互动理论对教学过程中互动交流机制的建议，本书所探讨的概念机制是建立在体育学科核心素养建构的基础之上，是个人意识到自己作为体育教师所应担负的教学责任、教学义务以及应秉持的教学理念和必备的教学基础。通过个体探索与运用主体性建构策略，构建专业学习共同体，在专家引领和同伴互助的条件下，开展专业反思。专业反思阶段可采用专业实践评估、专业培训跟进、专业知识技能的交流与分享、专业评价与反馈等形式，然后经历行动学习 — 专业实践 — 经验总结的环节，指导专业行动循环，构建符合体育学科核心素养要求的理论与实践学习层次，改善个体的专业学习行为方式，生成与创新适合体育学科核心素养体系的专业化策略，促进个体的专业化发展进程。

在体育学科核心素养建构的基础之上，是个人意识到自己作为体育教师所应担负的教学责任、教学义务以及应秉持的教学理念和必备的教学基础。通过个体探索与运用主体性建构策略，构建专业学习共同体，在专家引领和同伴互助的条件下，开展专业反思。专业反思阶段可采用专业实践评估、专业培训跟进、专业知识技能的交流与分享、专业评价与反馈等形式，然后经历行动学习 — 专业实践 — 经验总结的环节，指导专业行动循环，构建符合体育学科核心素养要求的理论与实践学习层次，改善个体的专业学习行为方式，生成与创新适合体育学科核心素养体系的专业化策略，促进个体的专业化发展进程。

二、实体机制

实体机制是对概念机制各构成要素之间关系的进一步解释，要将各要素物化为适合于体育学科核心素养具体操作的方式方法，既要考虑到体育教师进行体育学科核心素养研修的要求，又要处理好各项外部干预条件的影响。

（一）教师工作坊提出和发现问题

教师工作坊是近年来非常流行的用于开展教师集体研修的教研组织形式，它有利于教师们就某一教学专题进行系统深入的研讨和交流，从而达成具有共识性的问题解决方案，它也非常适合教师集中研修体育学科核心素养的有关问题①。教师工作坊是基于体育学科核心素养的体育教师专业发展实体机制的流程起点，也是体育教师专业学习共同体的实体组织形式，体育教师们可以围绕同一体育学科核心素养研修专题，从不同视角展开专题分析并深入研讨，按照自己的专业特长分配研讨任务，并将工作坊解决不了的疑难问题进行梳理，提交给相应专家。

（二）专家引领与专业学习

根据教师工作坊提交的体育学科核心素养研修问题，我们可以有针对性地选择学校体育领域的专家，专家就某一体育学科核心素养的具体问题指导教师们进行剖析和探究，并提供问题解决的思路，还可以就问题所代表的运动技能的教法与学法的原理给予学员方法论上的引导。同时要根据体育学科核心素养的性质与特点，运用专业的思维方式学习分析各种教学现象的能力，指导体育教师学会从事培养学生体育学科核心素养形成的方式与方法，积极构建适合个体的教学思想与理念，选择符合自己实际情况的专业学习策略与手段，为体育学科核心素养培育中的教师个人专业反思做准备。

（三）专业研修与专业反思

专业研修要求体育教师要善于发现和提炼教学问题，结合个人教学实践，形成教学案例，通过行动、实践、研修、总结等可循环环节，运用同课异构的方式，开展听评课和展示课等教学活动，寻找个体与他人或群体间的专业实践差距，有利于体育教师结合体育学科核心素养的要求有效开展专业反思，形成研修总结，指导教学实践活动。体育教师专业反思是集回忆、思考、评价于一体的活动，是对已经发生的教学内容、教学手段、教学方法、教学组织等教学活动的反馈，其主要为了思考、反省、探索体育教学过程中存在的问题，并加以修正②。在体育学科核心素养的培育过程中，体育教师可以反思个体教学实践的内容和成果，寻找不足，也可以反思专业学习共同体中同伴的教学过程，深入分析蕴含在其中的教育教学规律与问题，尝试找出解决问题的途径与办法，并在体育学科核心素养的实践中予以验证和核准。在开展体育学科核心素养为主题的专业研修过程中，要通过专业反思日志、随笔和备忘录等及时记录反思环节，形成解构和重构体育学科核心素养体系的反思材料，使其成为专业学习共同体中进行交流分享和寻求同伴互助的依据。

（四）交流分享与同伴互助

交流分享是实体机制中最自由的环节，也是不同观点进行碰撞和交流的重要时刻，同时也是符号互动理论应用于体育教师专业发展过程中的重心。在这一环节中，教师们根据自己研修和反思的材料，自由地发表各类观点和评论，分享个人研修和反思的成果，相互

① 何兰芝，韩宏莉．教师专业发展与成长规划［M］．北京：北京师范大学出版社，2017：191-194，199.

② 董国永，王健，翟寅飞，等．我国中小学初任体育教师的专业发展现状［J］．体育学刊，2015，22（4）：76-82.

促进、共同提高。在出现个体不能解决的体育学科核心素养培育问题时，需要借助同伴互助的途径。实践证明，同伴互助是体育教师专业发展的一条高效途径①。由于每所学校的体育教师人数有限，必要时需要开展校际合作，形成校际的相互支持、互助合作、相互促进的新型体育教师交流文化。交流分享与同伴互助立足于学校体育教学实践，它的价值诉求在于最终解决体育学科核心素养的培育问题，它倡导体育教师间的交流与互动，以促进教师共同进步为最终目的。交流分享与同伴互助的形式可以多种多样，如参与教学研讨、集体研修、观摩课评析、集体备课、教研沙龙等，这些方式不仅可以加速体育教师专业成长进程，也可以加强体育教师之间的合作意识，营造良好的人际关系氛围，也将有利于体育教师开展体育学科核心素养行动研究时教学资源的互用与互补。

（五）开展行动研究

“行动研究”是教育工作人员通过研究教学实际情境，得出相应研究成果，并将研究成果用在和研究情境相近或相同的背景中去验证，从而得出结论的教育研究方法，非常强调参与和合作的研究方式。体育教师可以针对体育学科核心素养培育过程中的专业发展焦点问题开展行动研究，在专家的引领和同伴的帮助下，面对自己的专业发展实践提出问题，确定行动研究目标，制订详细的研究计划与方案并付诸实施，从而得出解决体育学科核心素养相应问题的最佳方法与路径，并反馈到自己的专业发展过程中去。它可以帮助体育教师审查自己的专业发展方向并做及时的调整与改进，将研究行为融入自己的专业发展背景中去。行动研究使体育教师成为驾驭自己专业发展的研究者和实践者，并能有效地促进自己专业知识增长和专业素质提升，借助体育学科核心素养的实践与研究经历，形成专业经验和专业能力。

（六）经验形成与能力提升

体育教师的专业知识和技能水平与学生体育学科核心素养的培育质量密切相关，娴熟的运动技能、恰当的教学安排、良好的身体素质和科学的教学环节都会对体育学科核心素养的培育成功与否产生重要作用，但这些要素同时受体育教师在专业发展过程中总结与形成的个体专业经验的影响。专业经验的形成与专业能力提升相辅相成，将专业发展经验转换成专业能力是提高教师体育学科核心素养培育能力的重要路径，开展以体育教师的教学理论知识储备和技术技能提高为核心的集体研修，制定合理的研修内容，使体育教师提高专业发展对比意识并进行自我加压，升华个体专业精神与职业信仰，不断提升自己的专业诉求，同时在提升专业诉求的过程中形成与总结新的专业经验，为教师工作坊研究体育学科核心素养提供新的研究素材，实现真正意义上的专业成长与进步。

① 舒宗礼，王华倬．面向“卓越体育教师”培养的体育教育专业课程体系的重塑与优化 [J]. 武汉体育学院学报，2017，51（4）：75-81.

（七）专业自信、专业精神与外部预设、内部干预对实体模型的调节作用

树立专业自信、提倡专业精神是教师有效培育学生体育学科核心素养的重要内驱力，外部预设和内部干预是体育教师专业发展机制发挥作用的主要手段，它们对教师培育学生体育学科核心素养的过程具有重要的调节作用。在教育行业组织中，体育教师拥有非常明晰的职业特征和行业标准，较之社会其他行业的从业者而言，体育教师较容易获得专业自信。问题是，在学科核心素养培育与研究领域，体育教师与其他学科教师相比，不具备任何专业发展方面的优势，其具体身份与话语实践身份不一致，这种身份目前还不能超越现行的教育制度和考试制度与体育教师话语实践体系不匹配的现状。当体育教师面对学科核心素养要求的特定专业要求与归属时，其对自身专业身份的认知会有差异，他们获得的身份标签也会不同，合理的身份认知会为体育教师认知与理解学科核心素养提供良好的专业自信，体育教师在实现专业发展的同时，需要体现自己的专业特质。专业精神表现为体育教师对其所从事的专业具有认同感，这种认同包括对自我、专业价值和专业组织的认同，也包括对体育教师专业身份的理解和认知。专业精神具有内隐的特征和多种外在表现形式，它通过体育教师的教学能力、教学风格、教学方式、教学智慧等形式影响教师对体育学科核心素养的操控能力，需要体育教师在教学实践中去感悟、理解、探索和反思，帮助体育教师更好地驾驭体育学科核心素养在学校育人愿景中的作用。

在体育教师的专业发展过程中，来自体育学科核心素养的确定、内容的选择、方法的运用、评价的开展等外部预设条件，对体育教师的角色调整、专业身份归属等方面提出了挑战，传统的体育课堂教学方式已不能满足体育学科核心素养体系构建的要求。体育教师是体育学科核心素养培育质量的保证者，也是体育学科核心素养体系实现不断创新改革的执行者，更是自己专业发展的主导者。因此，体育教师需要通过更新专业认知、强化专业发展动机、拓宽专业发展视野、激发专业发展兴趣、树立专业发展意愿等个体内部干预途径，彰显专业发展精神的力量，通过主体性建构长远的专业发展愿景，来寻求个体专业发展在体育学科核心素养体系构建中的独特感受与判断。

体育教师专业自信、专业精神所表达的是对个人专业身份的一种认同，需要通过专家引领、专业学习、课例研修、专业反思、交流分享、同伴互助等环节去概括和阐释，最终使体育教师的专业信念与态度、个人特点与专业性质实现匹配，个体价值观与体育学科核心素养表达的价值观达成一致。外部预设、内部干预属于主体性操作层面，面对来自专业发展外部环境的诸多预设问题，体育教师既要有充足的认识和准备，又要具备个体内部进行干预的能力，通过行动研究、专业经验形成、专业能力提升等手段进行归类和整理，提交到教师工作坊，形成符合体育学科核心素养培育实际的专业解决策略。

三、基于体育学科核心素养的体育教师专业化发展机制的实践策略

（一）建立教学共同体，开展体育教师专业合作研修

在体育学科核心素养体系的构建过程中，为了更好地适应体育课程改革，体育教师要尽快融入课程改革中去，找到自己与新课程要求的专业差距，对自己的角色进行重新审视与定位，以便在体育学科核心素养体系的构建中更好地发挥自己的作用。当然，在体育学科核心素养体系构建初始，专家们关于体育学科核心素养的各类思想与观点，充斥着体育教师能够理解和把控的教学意识空间，他们对体育学科核心素养体系的主体意识有可能湮没于专家的权威之中，久而久之，体育教师只能依赖于教材或自己的专业教学经验。

体育学科核心素养是课程改革的产物，其本身并不能解决任何教学问题，解决问题要靠人——体育教师，但是体育教师如果不能主动提高自身对于课程改革的认知水平，即使再完美、再完善的体育学科核心素养体系被研制出来，其实施效果也继续会是不尽如人意。如何唤醒体育教师对体育学科核心素养认知意识，使他们主动参与到体育学科核心素养的专业研制、推广、研修、评价过程中来，这就需要打破既定的体育课程改革与体育教师专业发展之间的关系，在开展合作研修的基础上建立由体育课程专家、体育教研员、体育教师、学生、家长等共同组成的教学共同体，共同解决体育学科核心素养体系实施过程中遇到的一系列问题。体育学科核心素养强调体育课程的基础性、实践性、健身性、综合性的特点，要求体育教师能从“体育品德与修养、运动兴趣与能力、健康行为与习惯、运动品质与意志”4个方面组织教学活动。在教学共同体中，体育课程专家不再强势推行自己对体育学科核心素养的完整解读，体育教师也不再以某种既定的意志作为教学蓝本，他们彼此之间使用商讨的手段来实现体育学科核心素养培育过程各个环节之间的平衡，体育学科核心素养研究与教学活动开展之间存在的矛盾与差异将会逐渐消除。

在教学共同体中，体育教师通过与团队成员开展合作研修，能充分发挥自己处理对体育学科核心素养认知时的能动性、自主性和创新性。能动性是体育教师对体育学科核心素养进行主动认知和自觉反省的行为表现，反映了体育教师自觉认知体育学科核心素养的专业追求与理想信念。自主性是体育教师能根据教学实际自主分解体育学科核心素养的内容，它是体育教师展现职业自尊、内在课程意识转化为外在教学行为的基础，其中包含体育教师对体育学科核心素养的个性理解与认知，体现了体育教师研修体育学科核心素养的态度和意志。创新性是体育教师实现自我教学追求的一种表达，它是体育教师依据自己对体育学科核心素养的认知水平，创造性地选择教学内容与资源，能完美地协调学生、教学内容、场地、器材、教法之间的结构与关系，形成个人的教学风格和教学艺术，彰显个人独有的教学魅力。

（二）增强专业敏锐性，促进体育教师专业教学反思

影响教师对体育学科核心素养认知水平的因素：一是教师的学术水平和专业水平；二

是课程标准本身的质量。每一门学科都有自己专属的学科范围和特性，体育学科表现得尤为突出，它主要以增进学生健康、增强学生体质为目的，使学生通过体育学习掌握一定的运动技能，养成终身体育锻炼的习惯，对学生来说其实质是一门养成教育类课程。体育课程的教学过程具有空间开放性、内容多样性、评价方式多元性等特性。对外行人来说，看似蹦蹦跳跳非常简单，但对专业体育教师来说，上好一堂体育课并不轻松，每堂体育课都上好则更为困难。因为体育教师的专业结构中不仅要求包括体育类知识、技能，而且通识类的教育教学类理论和实践知识也必须掌握。体育学科核心素养反映在体育教学活动开展的总体要求和规范中，对其正确认知是体育教师教学理论素养与专业敏锐性的综合体，其实质是一种专业意识。体育教师不仅要认识到体育学科核心素养内关于体育知识与技能方面的要求与深层含义，也要理解各种教育类知识是如何穿插和编排在体育学科核心素养体系中的，通过整合其顺序，内化为自己敏锐的专业结构知识，进而更好地强化对自己体育教学实践的反思，不断提高自己的教学水平。

（三）划分教学层次，强化体育教师专业意识与行为

对于体育学科核心素养的培育，老师们之间将会存在很大差异，应该有两个原因：一是学校领导缺乏体育学科领导意识；二是教师认知体育学科核心素养的能力不同。如果学校领导没有认真研习过体育学科核心素养理念与构建过程，那么就不能给体育教师提供宏观的学科与专业发展方面的领导，更谈不上对学校体育教学层次划分的合理指导。另外，在我国现有体育教师群体中，专兼职、转岗体育教师并存，并且分布很不均衡，农村平均1个学校只有0.8个体育教师。在这种情况下，对教师的教学层次就不能做同一水平的划分，兼职、转岗教师和受过专业教育的专职体育教师在体育学科核心素养认识和理解上还是有一定差异的。因此，可以根据体育学科核心素养认识能力和组织水平的不同，将体育教师的教学层次划分为“会教、教会、教好”3个层次。对兼职、转岗体育教师而言，要努力学习体育学科核心素养的基本理论知识与技能，要达到会教的层次；对新入职的专业体育教师而言，要综合运用自己所学的教育教学类知识和体育专业知识，合理建构体育学科核心素养操控计划与方案，努力使自己一上岗就能达到“教会”的层次；对骨干专业体育教师而言，要将自己储备的各类教学知识和教学经验融会贯通，创新性地组织与开展体育学科核心素养培育活动，保持“教好”的层次。当然，这3个层次也不是固定不变的，体育教师们可能通过自己的努力向更高层次进发，也有可能由于自己的懒惰而使体育学科核心素养的培育层次下滑。

在体育学科核心素养的培育内容中，传统项目与新型项目交织；课外体育知识与课内教学知识交叉；各类运动技术和多样化的锻炼方式交互。这就要求体育教师的专业结构也要随之更新，专业发展方式也必须跟进，只有不断优化对于体育学科核心素养研究与实施的外部环境，提升与强化自己的教学层次，加强运用和研究体育学科核心素养的意志力，培养基于体育学科核心素养的责任感和决心、信心，才能使自己不断走向自我专业实现的

境界，踏入成熟的专业发展路径。

（四）使用信息化技术，优化体育教师专业能力结构

近年来，信息化技术已成为开展体育教学与教研活动的重要方式。通过信息技术对自己教学行为影像材料的分析，体育教师们可以清楚地意识到自己的教学活动是否达到了体育学科核心素养的预设，教学过程中的哪些教学行为符合体育学科核心素养的培育要求？哪些教学行为实现了体育学科核心素养的培育预期？哪些教学行为背离了体育学科核心素养的培育规定等。当然，信息技术可以反映和体育教师一起成长起来的教学习惯，自己在分析的过程中也可能难以发现和知觉，这样就需要借助教学共同体来共同分析与建议，对教学过程中出现的问题进行分类，从源头上对各种教学情况进行分析，提出改进意见。

例如，教学视音频的录制与整理已成为体育教师必备的信息化教学技术之一。对录制者来说，其录制的结果对于体育教师做体育学科核心素养会议资料会具有重要的影响。因此，录制者在录像前要熟悉所录制课程的相关教学资料，要结合体育学科核心素养的特点以及培育组织形式、手段和相应教学方法，与体育教师就录制环节的某一重点达成一致意见。另外，录制者也要熟悉学生的特点，提前和学生交流与接触，最终和体育教师共同设计录制方案。在录制过程中，一定要明确录制的目的是将一节体育课所呈现的情景清晰完整地记录下来，应为体育教师及教学共同体分析课堂教学效果与质量服务。录制的教学影像材料应该能清晰地反映体育学科核心素养的某一培育意图，在学生的活动场景、活动能力及教师的动作示范细节与特征等方面，突出学生的学习情绪和表现。在对录制结果进行分析时，应与体育学科核心素养的要求进行比对，判断自己的教学行为是否实现了体育学科核心素养的预期，检验自己是否将体育学科核心素养的原则要求落实到了教学细则的实施上，使体育教师养成按照体育学科核心素养实施教学的习惯，进而优化教师体育学科核心素养培育能力的形成结构。

第七章　基于核心素养的小学体育学科的定位与发展

素养是一个人所拥有的知识、水平和正确的待人处事态度。体育教师作为体育课堂教学的组织者、知识和技能的传播者，首先应该明确体育与健康学科核心素养的概念，清晰培养体育核心素养的方法途径，才能更好地在体育教学中解决学生核心素养的培养问题。

第一节　小学体育学科核心素养内涵的界定

体育学科核心素养与学生的全面发展紧密联系，它源于体育教学过程，反映的是一定社会发展对人才培养的需求。体育学科核心素养伴随着体育课程改革而全面展开，是促进学生自我实现的重要途径。体育学科核心素养紧紧围绕体育学科的独有特性，其内涵反映的是体育学科在跨年龄、跨学段中所体现出的核心育人价值。追溯体育学科核心素养的来源，可以为准确界定体育学科核心素养的内涵提供必要的理论基础与实践指导。按照学科结构理论的“过程 — 结构”要求，体育学科核心素养内涵的界定处于学科结构初始构建阶段，回答“体育学科培养学生”的问题。通过梳理与分析我国传统体育文化中丰富的体育思想，借鉴国外先进经验，分析体育课程改革与学生全面发展的需求等，可以有效定位体育学科核心素养的内涵及其特征。

一、界定体育学科核心素养内涵的依据

（一）从我国传统体育文化中发掘

在儒家思想的影响下，健全人格的培养作为各式教育的目的与宗旨不断被强调和放大。

“礼、乐、射、御、书、数”的分科教育中，反映的是“仁、义、礼、智、信”的综合教育思想。儒家思想不仅强调“立志笃学”“文质彬彬”；更在乎“重义轻利”“舍生取义”，要求培育出的人才在内部修养与外在表现上实现完美的统一与结合，即“理想人格”。体现在对中国传统体育文化的影响中，便形成了注重修身与立德、物质与精神、身形与心智相结合的传统体育文化精髓，为体育学科核心素养内涵的界定提供了传统文化层次上的支持。

（二）注重道德修养，修身与立德并行

中国的传统体育文化，强调个人的人格精神与自身的道德素养、内在气质要紧密统一，与自然、社会现实高度和谐，注重整体的教育效果和完整的直观感受。中国传统体育文化中的伦理道德教育，蕴含在“立志”“主敬”“存养”“省察”“立行”的人才教育与培养过程中，其目的就在于促进“明人伦”“存天理”“灭人欲”等道德修养的升华。中国传统体育的修身方法以“养”为主，注重修身与立德并行，强调通过意念来实现身体内部的修炼，提出“言忠信”“行笃敬”“惩忿窒欲”“迁善改过”的身体修行旨要，使用“知行合一”“知行并进”“静处体悟”“事上磨炼”“审察克治”“贯于改过”的修身立德方法，把道德修养放在“射、御”学科教育的首位，提倡通过道德教育净化学生心灵，彰显身体内在与外显相统一的特征。

中国传统体育文化蕴含的道德修养有自己特有的内涵、修习方法与实践手段。整体来看，传统体育文化可以分为物质层面与精神层面两个层次。物质层面追求的是身体的变化与机能的改善，动作的习得与技能的发展。精神层面关注的是身体运动所包含的独特理想追求与思想凝练。寓道德修养于身体实践之中，通过身体实践来达到育人的目的，是中国传统体育修身与立德高度统一的具体表现。反观我国体育学科的发展历程，从真正意义上的体育学科产生之时，其蕴含的修身与立德相统一的思想便深深地融入了体育教育理念之中，体育学科中渗透的德育要求，传承着中国传统体育文化思想的精髓，“立体先立德”，体现的是体育学科的育人情怀和价值追求。

中华人民共和国成立以来，在历次的体育课程标准（或大纲）的颁行过程中，关于道德修养方面的内容总是被强调的重点。“立志、居敬、存养、省察、力行”的道德修养要求及意志磨炼方法，向来是有志于修身立身的学生必须掌握的仪轨与要求。因此，在培养学生体育学科核心素养的过程中，不仅要让学生学习与掌握传统体育文化中蕴含的道德伦理规范，更重要的是要促进学生在体育学习中能够践行既定的传统体育道德要求。对体育学科核心素养内涵的界定而言，中国传统体育文化中衍生的道德礼仪与修身习惯具有重要的借鉴价值与实践启示。良好的道德行为与习惯，体现的是体育学科特有的规范与素养，更为重要的是，体育学科核心素养中应该蕴含中国博大精深的传统体育道德标准，良好的修身与立德观念的形成，是体育学科核心素养中道德要求形成的起点与抓手。

（三）注重兼容并蓄，精神与物质同构

千百年来，中国古人流传下来的“仁义、礼敬、智勇、诚信、忠孝、和谐、大同、恬静”等价值观念，已经深深地融入了中国的社会思潮之中，传统的价值观念，其实质体现的是中国教育的核心追求。与中国传统价值观念相关的是，中国人追求的至高精神境界超越了传统的功利与道德层面，是一种“至善”的、与自然相参的状态，其隐含的核心价值观便是“探寻生命意义，不断自我精进，追求至善”的过程。在这种思想的影响下，中国

的传统体育文化并没有背负过多的宗教意识，其发展历程并没有偏离辩证唯物、求真求实的轨道。进而衍生出了精神追求与身体实践兼容并蓄为特征的独特体育文化。物质上追求修身养性，精神上追求修德养心，它们共同根植于中国博大精深的民族传统文化里，体现在对学校体育学科的影响中。可以概括为两个方面：一是追求人的生命与自然之间的统一，达到“天人合一”的理想状态；二是追求身体与意识之间的协调，以养神为主，实现“形具神备”的完美体验。这种注重人与自然、身体与意识之间兼容并蓄的价值观，可以成为体育学科核心素养中传承民族体育文化的优良载体。

体育学科核心素养所依据的价值观，也是非常注重体育学科本身所依存的伦理价值，求真求善，使学生身体运动与社会意识、心理发展同步与协调。从物质层次来看，兼容并蓄的要求和特点，使得体育学科核心素养中包容了千百年来中华民族传统体育文化的精髓，促进了体育学科核心素养结构中文化层次的提升。在体育教学场域中，教师面对的所有受众开展的课堂教学虽然是公平的，但体育教学的实施过程中发生的课堂教学现象必然难以体现均等一致的原则，这是由体育学科系统内部所包含的竞争性所决定的。因此，在确定体育学科核心素养内涵时，也要正确识别传统体育文化中的缺陷与不足，创设体育精神层面与物质层面同构的条件，培养学生必备的体育意识。

（四）注重身体观念，身形与心智合一

身体观念体现着中国传统体育文化的独特性，以中国传统文化为背景，形成的养生、养形、导引、五禽戏、气功与武术等，是中国传统文化中注重身体观念的重要表征。体育是一种特殊的身体活动，它以改造人的身体为目的，身体观念反映的是人们在身体形象、经验和技能等方面展现出的对身体的认识与看法。中国的传统体育文化对当今学校体育学科课程、教学改革具有重要影响。要谈符合中国学校体育现实的体育学科核心素养，不能不谈中国传统身体观念的影响。注重身体的观念，便是注重生命价值取向的表现。外在的身形与内在的心智，引领了中国传统体育的发展之路，也为中国学校体育课程与教学理论的发展提供了传统文化依据。

中国传统的身体观念，注重对自然生命状态的超越，以追求人体的自然健康状态为宗旨。这与现今体育学科核心素养的终极取向不谋而合，用对身形的磨炼与静养，去充实身体自然状态，延续健康的生命，注重身体观念，为体育学科核心素养内涵的界定给出了指向，即体育学科核心素养的内涵不能脱离既定的身体观去谈，在和谐身心观相统一的基础上，促进身形与心智合一，是体育学科核心素养的内涵回归到身体所包含的意蕴之中。

二、从我国体育课程改革的实际需求中总结

（一）体育学科核心素养蕴含在体育课程改革理念中

新一轮的体育课程改革，将“健康第一”“激发学生运动兴趣”“以学生为中心”等作为改革的基本理念。“健康第一”是制定体育课程目标的首要基础，新一轮的体育课程改革将学生的健康问题提升到了首要位置，提高学生的健康水平导向，贯彻在国家颁布的和学校体育有关的各类文件中。“健康第一”的课改理念，目的是保证每一个学生都要在体育课程与教学中受益，它定位于学校体育培养人的全程，但又突出了重点，与体育学科核心素养的终极追求非常一致。“健康第一”以增进学生的身体健康为目的，以身体运动为手段，使学生在体验体育运动带来的美好感受之时，同时也增强了对生命的审美感悟。“健康第一”以学生对生命本质的理解为起点，追求在体育学习与运动过程中凸显人体的本质力量，尊重和维护学生的健康尊严与生命价值，体现的是以学生为本的教育观念和导向，它包含了体育认识、道德、能力、情感、意志、价值等内在的体育素养的培育。体育学科核心素养作为体育学科培养人的活动的集中体现，关注着学生健康成长、生命质量与全面发展的全程，迎合了学校体育崇尚的教育理想与追求。学生的体育运动兴趣也是体育课程改革关注的焦点，愉悦的运动体验、快乐的运动经历是保障学生从事终身体育活动的基础。体育课程改革理念中，要求学校和教师为学生创设和谐、平等与宽松的体育教学氛围，增进学生从事体育学习的热情。学生的体育运动兴趣不仅是关乎体育课程改革成败的焦点，而且也是体育学科核心素养内涵确定能否拥有坚实根基的着力点。以学生为中心的目的就是要保障每个学生都能在体育课程学习中受益，这也是新一轮体育课程改革的主要理念之一。在体育教学中，每个学生的体育运动需求、运动能力、身体条件等方面都存在很大差异，体育教师需要按照教学的实际情况，制订出富有弹性的体育课程教学方案，组织教学方法和内容，确保每个学生在既定的体育课程学习中都能获取自己的体育学习需求和目标。体育学科核心素养正是贯穿在“以学生为中心”的课改理念中，才能如实地反映体育学科在促进学生全面发展中的价值和意义。

（二）体育学科核心素养体现在体育课程标准、方案中

体育课程标准对体育课程的性质、目标、内容、实施、评价及建议等做出了指导与规定，伴随着课程改革进程的不断深入，体育课程标准从宏观的层面对体育学科课程的制定做出了规范。体育课程方案总体上对体育学科课程的目标内容体系、实施建议等方面做出了说明和定位。根据国际与国内的课程改革经验，学科核心素养可以为课程标准的确立提供一定的借鉴与参考，为课程方案的设计、修订和完善等提供指导。2011 年新修订的《体育与健康课程标准》强调由目标来统领课程内容，注重学生本位、能力本位的要求，突出了体育学科独特的育人价值，追求体育课程价值朝向创新与适应方向发展，要求各个学段的学生要以学科核心素养的标准来安排课程内容。因此，有学者建议制定国家层面的体育

课程内容选择标准，且应从教育目标、体育核心素养两个方面进行考虑。

我国将“立德树人”设定为教育的根本任务，因此，“立德树人”的理念也贯穿在我国各学段体育学科课程标准、方案的制定过程中，它也是学校体育教学应追求的总体目标。按照“立德树人”的标准和要求，体育课程标准与方案中与学生运动品德、运动能力、健康行为等有关联的知识点，都可以视为体育学科在“立德树人”总要求中的独特学科贡献与着力点。体育学科核心素养来自众多学校体育教学内容的聚焦点，具有很强的共性，突破了学段、课程类别和标准要求的限制。体育学科核心素养本身就体现在体育课程标准和方案之中，只是表达的路径和方式因介质不同而有所差异。在体育课程标准与方案的制定过程中，以促进学生的全面发展为中心，组织和选取适合于体育课程目标、学校体育条件、体育教师教学现状、学生体育经验与兴趣、运动项目的种类与特点、体育课堂结构等因素，实现学生、教师与体育学科主体之间的协同，平衡三者之间的关系，可以为体育学科核心素养的内涵界定提供丰富的素材。

（三）体育学科核心素养反映出体育课程改革顶层设计的需求

顶层设计体现的是国家对于体育学科建设与发展的意志。我国体育课程改革顶层设计的需求，是基于参考我国与国外体育课程改革成败经验的基础上提出的。总结历史、反观现实、设计未来，都需要必要的参照系，体育课程改革的顶层设计正是在我国特定的教育体制下，在审视传统体育教学的基础上，进行探索与创新尝试的样板和方向。在体育课程改革的顶层设计中，体育学科核心素养的概念并没有完全提出来，但没提到并不代表其不存在，我们依据的许多西方体育课程改革理论与实践，在进行本土化的过程中其实质就是一种验证行为，顶层设计融合了我们自己的体育课程文化，并用它去阐释体育到底会培养什么样的人、如何培养人的问题。新一轮的体育课程改革已经经历了 10 多年的检验，来自顶层设计的变化也不断融入体育课程改革的进程中。在此期间，我们反观来自政府、研究机构等单位的文件、报告，或是推敲发布在各类传播媒介中的研究成果，都可以看出体育学科核心素养始终贯穿在体育课程改革的主线之中，与体育课程改革所预设的目标、领域有机融合在一起。因此，体育课程改革的顶层设计也需要及时更新，不能保持一成不变的状态，通过对体育学科核心素养内涵的清晰界定，对体育课程改革过程中出现的新问题、新理论及时反思与改进，对存在的失误进行认真的检视与修正，使体育课程改革的顶层设计更具合理性，可以保障体育学科核心素养内涵界定的客观性与针对性。

（四）从促进学生全面发展的理念与实践中归纳

2011 年修订版的《体育与健康课程标准》中，延续了 2001 年提出的“以学生发展为中心，重视学生的主体地位”的要求，进而奠定了“促进学生全面发展”的课程改革理念[①]。随着课程改革的不断深入，体育学科对于促进学生全面发展的独特价值已经得到教育界的肯

① 汪瑞林．从主题教学走向核心素养培育［N］．中国教育报，2015-05-26.

定。“以学生为中心，促进学生全面健康发展”的体育课程改革理念，对于培养学生主动探究和善于进行体育学习的能力意义重大。在体育学科教学实践中，学生不仅需要学习体育理论基础知识，掌握一定的体育运动技能，而且需要通过体育学习，形成相应的解决问题与实践创新能力，并能通过自己的学习主动性，不断地完善这些能力，进而促进个人的全面和谐发展。

学科结构理论在涉及学科结构问题时，将其划分为学科内容、学科方法、学生、情景和其他内容 5 个方面。其中学生是非常重要的因素，在促进学生全面发展的实践中，需要关注到学生在身心条件与运动能力方面存在的差异，以及由年龄、性别不同造成的生理机能方面的差异性。在学校各学科教学活动中，体育学科有其自身的特殊性，也同时存在一定的难度和危险性。在体育教学中既要贯彻“促进学生全面发展”的理念，也需要照顾不同个体间存在的差异，让每一个学生都能获得理想的身体发展结果，以发挥体育学科教学活动的最大效应。体育学科核心素养的内涵需要考虑到这些特殊性，既要保证体育学科特性不被弱化，也要兼顾到其核心与本质的内容能适合每一个期待和应该得到发展的学生，从学生的体育需要出发，从学生的体育学习现状入手，根据体育学科课程改革的要求，积极引导与鼓励学生主动从事体育学习。

体育学科核心素养内涵的界定要树立以学生发展为根本的指向，促进学生在体育学科教学中的主体地位，这也是体育课程改革顺利开展的基础。体育学科需要把学生的体育知识与技能获得、身心水平发展与提升、社会适应能力增进等方面的培育，与学校其他学科教学紧密结合起来，为培养“全面发展的人”搭建广阔的平台，真正确立学生的主体地位。在体育学科核心素养内涵的界定过程中，应该使学生全面发展与课程改革目标有机地结合起来，实现二者之间的相互统一。在此过程中，体育知识与技能是基础与载体，运动主线可以为目标的实现提供动力与手段，二者保持密切的联系。遵从学生身心发展的客观规律，使每个学生都能通过体育学习而受益，体验到从事体育学习所带来的快乐与成功，满足个体发展的不同需求，这也正是体育学科核心素养内涵界定的主要关注点之一。

三、体育学科核心素养的内涵

体育学科核心素养的提出，是课程改革进程中对体育学科开展人才培养质量标准的一种综合期望，目的是让体育学科配合学校其他学科，促进学生更好地适应“生存、生活与发展”的 21 世纪人才培育要求。

（一）体育学科核心素养内涵关涉到的 3 个基本概念

1. 体育课程改革进程中关注的“学科”问题

体育学科在课程改革进程中到底扮演了什么样的角色，国家、社会、学校、家庭、个人对于体育学科的态度与看法到底发生了什么样的变化，体育课程改革进程中的“学科”指向到底是什么，等等。这些问题汇集之后，其焦点指向了课程改革进程中体育的“学科”

问题。这里探讨的体育学科，并非从体育整体系统来理解体育的学科概念及其分类设置问题，而是从课程改革的视域入手，将体育作为与“语文、数学、英语、政治、物理、化学、音乐、美术”等学科领域所设置的共同育人主线来看待。在学校教育中，体育学科承担着培养学生养成终身体育锻炼能力的重任，体育学科在学校教育中的独特育人作用是其他学科所不能替代的。体育课程改革关注的“学科”问题，既要说明体育学科在学校学科体系中的地位和特征，也要聚焦于体育学科内部，从课程、教材、教法等方面进行改革与完善，为体育课程优化和发展提供动力支撑。体育学科核心素养是体育学科发展的热点议题，它是体育学科自身优势资源经过有效组织之后，呈现出来的优势育人价值的集中体现。体育课程改革进程中，既要关注体育学科课程体系的优化问题，也要关注体育学科核心素养的落地问题，更要关注如何使体育学科核心素养的发展更好地融合到促进学生全面发展过程之中。

2. 体育课程改革进程中关于“核心”的理解问题

在体育课程改革进程中，对于“核心”的理解，并不是要把“核心素养”肢解后进行探讨，而是通过对体育学科经历过的“双基层”“问题解决层”和“学科思维层”，达到对“核心”的推理和抽象。

体育学科核心素养的提出，旨在解决复杂的体育学科的育人问题，在此过程中，关于体育学科能力的本身而言，指向学生需要解决多少体育学习的问题，掌握多少体育能力，掌握到何种程度，等等。对于能力的突出，表明了体育学科的育人倾向。聚焦于“学科能力”本位的体育学科核心素养，其“核心”的意义在于由“知识本位”向“能力本位”的全面转向，这是克服学科知识本位的一把利器。核心素养之“核心”，还体现在体育学科育人方法的改进上，倡导核心，意味着体育学科的育人方法有了焦点，可以更深入地融进学生的学习生活经验中。核心素养之中的核心，其本质指向的是学生体育学习能力的提升，筛除与体育学习焦点无关的因素，开发优质的体育课程，形成适合学生现状的体育学习方法，最终促进学生体育学习能力的有效提升。

3. 体育课程改革进程中关于“素养”的理解问题

体育学科核心素养中的“素养”，其本身指向的是学生在体育学习过程中必备的素质与修养，它建立在学生先天的禀赋之上，在家庭教养、学校教育和周围环境的熏陶之下，形成的一种后天素养，是学生在体质、品德、体育知识与能力方面的先天条件和后天学习、锻炼结合形成的综合素质。因此，在体育课程改革进程中，“素养”至少应该具备以下特征。第一，禀质性，体育学科中所指的素养，既有先天遗传的影响，也有后天锻炼与习得的制约，因此，禀质性是指学生在先天遗传的身心条件的基础上，通过后天的体育教养与培育，形成的体育综合素质。第二，整体性，体育学科中素养的形成离不开三个条件的支撑，一是来自身体与生理方面的支撑，这是基础；二是来自心理方面的支撑，这是条件；三是来自社会方面的支撑，这是环境。三者相互影响、相互制约，在必要的条件下还有可能相互渗透和转化，但彼此之间的关系不可割裂与分离，它们共同构成体育学科核心素养的整体性特征。第三，潜在性，这一性质是指在体育学科的学习中，学生蕴含的个人潜质，是学生在体育学习过程中表现出的个人潜在素质、能力与天赋。学生的潜在体育学习能力，虽然因人而异，但是每个学生都具备，开发学生潜在体育学习能力的过程，是体育学科育人过程的具体展现。总之，体育学科中的“素养”，指向的是学生在体育学习过程中的“养”，是凸显学生在体育学习过程中所展现的人性、能力与品格的主要途径之一。

（二）理解体育学科核心素养内涵应该把握的内在特征

体育学科核心素养建立在学生个体的身心素质基础之上，是在学生发展的不同阶段、不同体育学习领域、不同体育学习情境中必要的关键要求，以满足学生终身体育学习的需求为主要取向。体育学科核心素养是体育学科培养学生国民素质的重要途径，在理解其内涵时，需要把握其内在的几个特征。

1. 共性与个性

体育学科核心素养的共性，建立在学生体育学习中共有素养的基础之上，是每一名学生获得身心发展与社会要求所必需的、不可或缺的关键素养，具有普适性和关键性。体育学科核心素养中的普适性，即共性，它与学生发展过程中所需的其他学科素养一起配合，为促进学生全面发展提供学科基础和保障。体育学科核心素养的个性，即关键性，是体育学科促进学生个性发展的独特体现，它具有一定的排他性和自我性，可以弥补体育学科核心素养在发展学生共性时存在的缺陷与不足。

2. 主导性和全面性

体育学科核心素养的内涵相当丰富，它是基于体育基础素养、体育学科素养和体育核心素养所形成的整体素养系统。体育学科核心素养重视学生适应未来学习生活和终身体育所必需的一系列关键素养，从本质上来说，吸取的是体育学科基本素养的精华与核心，在体育教育教学体系与体育课程改革中起到主导作用，具有一定的支配地位。因此，主导性应是体育学科核心素养的一大特征。体育学科核心素养不仅适用于体育学科的特定情景、特定学生群体、特定环境，而且适用于学生从事体育学习的所有情境，是所有学生都应该获得的素养，具有全面性。

3. 关联性与发展性

组成体育学科核心素养的内部各要素之间有高度的关联性，它们之间相互依存、作用与协同。体育学科核心素养的各要素在学生的体育学习与终身体育过程中，相互之间不断协调和促进，取长补短，有机组合，共同促进学生身心全面发展，为其他学科素养的发展和提升奠定基础。同时，学生的体育学科核心素养具有一定的发展性，其主要理由是学生体育学科核心素养在其发展过程中，具备一定的阶段性和连续性，它们共同构筑了体育学科课程的发展脉络和体系。另外，学生体育学科核心素养的形成并非一朝一夕就能完成，它具有终身性，虽然形成于学校体育学习过程中，但却成熟与完善于终身体育活动中。

4. 适教性与适学性

体育学科核心素养的形成建立在学生先天的身心基础之上，并且综合后天的体育学习而形成，可以通过直接的体育教学活动而获取与发展。体育学科核心素养的培育，是适合于体育教学场域的特点的，也是可教的。同时学生可以通过体育教学活动，有目的、有意识地获取体育学科核心素养各要素所综合起来的体育知识与能力，因此，具有适学性和可学性。对学校体育教学而言，通过各个教育阶段的体育课程与教学设计的实施，按照既定方案和要求对学生的体育学科核心素养进行培育，在实践中摸索和体验，使学生在体育学习中达到自我实现、超越和升华。

第二节 小学生体育学科核心素养引领与培育

一、能力化与学生体育学科核心素养形成的关系

结合体育课程改革对体育学科核心素养开展研究，其目的就是在体育课程改革理念的指导下，寻找与提炼能够促进学生身心全面发展的关键体育要素，再将这些要素进行实践预设与处理，形成学生实实在在能够掌握和运用的“体育能力”。在“能力本位”的视域下，体育品德与修养是学生体育学科核心素养形成的前提；运动兴趣与能力是学生体育学科核心素养形成的根本；健康行为与习惯是学生体育学科核心素养形成的延伸；运动品质与意志是学生体育学科核心素养形成的保障。

（一）体育品德与修养是学生体育学科核心素养能力化的坚实基础

新一轮的体育课程改革要求以学生为本组织学校体育教学，突出了学生在体育教学工作中的中心位置，良好的品德与修养在体育学科的育人过程中显得异常重要。在体育学科教学过程中，促进学生的情感体验，将学生的品德教育与体育育人的特性结合起来，与社会需求和学生自身发展的需求有效地结合起来，挖掘体育学科在身体素质方面的培养价值，将其与学校的人文教育价值融合在一起，有利于体育学科核心素养理念贯穿于学生体育教育过程的始终，为学生身心全面发展提供不竭的思想动力。

体育品德与修养作为培育学生体育学科核心素养的基础能力，彰显的是德育工作历来是学校学科教学中的重中之重，表明了体育学科在学校德育工作中占有的基础性和重要性的地位，展现了体育学科在学校德育过程中所蕴含的实效性和关键性。体育品德与修养的基础性是在深掘体育学科育人特性的基础上提出的，旨在培养学生的思想道德素养、健全的人格素养和健康的心理素养等。

体育品德与修养注重学生在体育学习过程中的主体性和主动性，强调开发学生的品德修养潜能，并且尊重学生之间的个体差异，为将学生培养成为品德优良、举止文明、体格健康、人格健全的理想个体而奉献学科力量。学生具备相应的品德与修养能力之后，将会积极地参与到校内外各类体育活动之中，使体育学科教学更加生动。体育品德与修养将会有力配合学校体育学科教学、心理健康教育、学生社会适应性教育等，发挥体育学科的独特育人价值，不断提升学生的体育学科核心素养水平，进而促进学生健康全面发展。

（二）运动兴趣与能力是学生体育学科核心素养能力化的根本指向

经历了 10 多年的课改历程，体育学科改革与发展的基本要求并没有发生质的变化，促进学生学习与掌握体育运动的基本知识、技能和基本方法，是确保体育学科“实践性”“基础性”“综合性”“健身性”的前提。运动兴趣与能力作为体育学科核心素养体系构建的根本所在，关键在于面向全体学生，保障学生在体育学习过程中的主体地位，使学生将通过体育学科习得的体育技术技能、运动方法技巧、健身学练方式等能够科学合理地应用到自己发展体能的过程中，使这些要素能够有助于学生提升自己的运动兴趣与能力。

在体育学科的教学过程中，运动技能、锻炼方法决定了学生对学习内容的兴趣倾向，进而可以影响学生应有体育能力的掌握。运动兴趣与能力决定了学生体育学习的效果和成绩，从学生的个性学习特征入手，依据兴趣优先原则构建学生体育学习的图式，可以有助于学生体育学习能力的提升和优化，增加体育学习效率，使学生的体育学习结果更加系统化、规范化和具体化。运动兴趣与运动能力的有机结合，使体育学科核心素养的结构更加趋于稳定和完整。

（三）健康行为与习惯是学生体育学科核心素养能力化的广度延伸

完整的健康行为与习惯作为培养学生体育学科核心素养的延伸能力，是依据国家各年度颁布的《国家学生体质健康标准》和《国家学生体质测评制度》的要求而确定的。完整的健康行为与习惯，是促进学生体育学科核心素养形成的重要激励与促进方式，它借助学生体育健康测试与评价的平台，增进学生的健康水平，发展学生的身体素质与能力，使学生更加积极地参与到体育锻炼中去，进而培养学生良好的体育锻炼习惯与行为。将体育学科中学习到的健康知识与技能合理地转换为完整的健康行为与习惯，其间需要突破一系列制约因素。完整的健康行为与习惯，既涵盖了必要的运动营养知识，也包括了全面的学校体育安全隐患及其规避常识。必要的营养知识与习惯可以保障青少年学生在参与体育学习活动时的体能需求，同时专业与全面的运动营养可以补充不同运动习惯青少年身体发展的营养素种类，使通过体育学科教学干预学生体质健康的预期成为可能。完整的健康行为与习惯，可以规避体育课堂教学中的安全隐患，使安全问题不再成为束缚体育教师开展体育教学活动的障碍，并且可以提升学生对体育伤害事故的防范意识，促进了学生体育学科核心素养形成过程中敏感且棘手问题的解决。

完整的健康行为与习惯对新课程标准提出的“心理健康与社会适应”目标的落实也有促进作用。通过体育学科教学，促进学生的身心健康发展，使学生能够维持身心的平衡状态，让学生能够具有必备的心理自控能力和健全的个性认知水平，能将在体育学习中养成的良好健康行为与习惯有效地融入个人的教育和生活实践活动中去，形成良好的个性能力和特征。促进学生将体质健康、认知健康、人际健康、道德健康融为一体，养成与之相应的完整行为习惯，使体育学科核心素养的广度进一步拓展，内涵更加丰富。

（四）运动品质与意志是学生体育学科核心素养能力化的稳定保障

体育学科核心素养是基于国家“立德树人”人才培养根本指向提出的。运动品质与意志作为学生在体育学科学习过程中必备的能力，是学生体育学科核心素养形成的稳定保障。体育学科的内容本身具备丰富的挑战性，要将其掌握并且娴熟运用，需要坚定的意志和信心，面对学习挑战的同时，需要不断塑造自己和教育自己。

体育学科的学习本身是物质力量与精神力量的结合体，学生在学习过程中通过自己的身体实力，配以坚强的意志品质，动员身体的力量、速度、柔韧、耐力、灵敏等基本身体素质，形成体育项目学习过程中必要的技术、战术等，同时养成勇敢坚毅、果断顽强、克制理性、积极自信的运动意志，在发展身体素质和优化运动技能的同时，形成优质的运动意志品质。

二、课改深化背景下学生体育学科核心素养能力化的引领方式

新课程改革倡导的对学生体育学习能力的培养，是对传统体育学科教学方式的完善和突破，能力化是对体育教学方式中存留的生搬硬套和经验主义的巨大挑战。学生体育学科核心素养的能力化，是学生自我体育学习需要与实际学习过程交织中产生的，具备一定的内驱性，按照这种内驱性的形成特征，可以促进学生身体练习体验的积极化转向，使其更加有效地转变为体育学习需求，这种学习需求同时需要必要的引领策略，从校本研制、信息构建、精准教学、分层测评等角度入手，探讨学生体育学科核心素养能力化的引领策略，使体育学科核心素养能够真正承担起体育学科的指航针、助推器和导向仪的角色。

（一）校本研制：引领学生体育学科核心素养能力化的不竭动力

坚持校本研制是新课程改革对学校体育学科提出的基础性要求，校本研制同时也是体育课程坚持创新的最好解释。体育学科核心素养不仅要在体育课程改革中有所体现，而且在结构框架、内容选择等方面要体现学校特色。不同的地域、学校、教师和学生，围绕他们编织的校本体育课程也形态各异，但经过科学合理的校本研制过程，这些内容都可以通过不同的途径，最终实现预期的体育学科核心素养培育目标。

体育学科自身具备严密的学科知识与技能体系，内容具有一定的逻辑性和延展性，体现着国家和社会对人才培养的特殊要求，它建立在反映一定社会意志和学生需求的基础之上，具有普适性的特点。但每个地域、每所学校和每个学生的实际状况往往和体育学科的

普适性要求有所出入。因此，通过教研的形式，研制符合区域特征和要求的校本课程，以满足不同学生的体育学习兴趣、能力和经验类型，可以弥补体育学科在追求整体性的同时对个体发展的忽视，进而突出学生的主体作用，使体育教师和学生在特定的教学环境中，都能找到自己对体育学科教学内容的独特理解。通过教师和学生的再加工，充分发挥校本研制的中介作用，使体育知识与技能能够不断转化为适合自己的体育学科能力。校本研制作为体育学科核心素养形成的不竭动力，使体育学科核心素养的能力化过程变得更加坚实。

（二）信息构建：引领学生体育学科核心素养能力化的永续助力

现代信息技术对体育学科教学的发展注入了无限的可能与活力，学生体育学科核心素养的引领，同样离不开信息技术的支持。在体育学科教学中，合理地进行信息构建，使用信息技术的优势，使现代信息技术更好地为体育学科发展服务，这是体育课程深化改革的方向和着力点之一。随着体育学科教学中融入了越来越多的信息技术要素，新兴的课程展现方式应运而生，诸如体育微课、iPad 互动课、微信导入课等课程组织形式，在许多学校已经和传统体育授课方式有效结合起来，并且总结出了相应的成果发表在教研类刊物上。信息数字化的教学同时改进了教师的教学方式和学生的学习方式，使学生体育学科核心素养的形成有更加形象的例证与载体，帮助学生突破学习的难点和重点。

信息构建的目的，是为学生体育学科核心素养能力化的过程提供永续的助力，这也是符号互动理论为体育学科核心素养体系诸多符号集合体提供实践途径的要求之一。按照目前信息教育技术与体育学科教学密切结合的现状来看，合理的信息构建，可以将完整的体育教学资源优美直观地呈现在学生面前，同时可以弥补由于体育教师在课程知识讲解和技能展示环节存在的短板，使课程重心更恰当地移向学生，彰显学生在体育学习中的主体地位。信息构建可以为学生体育学科核心素养的能力化搭建更加合理的辅助平台，通过信息构建的体育课程，能够使学生将学习内容同时在校内和校外互补使用，课内有助于提高学生的学习效率，在校外则有助于学生对照练习，增强学习的主动性，建立正确的动作表象。教师则可以通过信息构建平台（例如通过微信、微云、QQ 群等信息手段，使学生及时下载教师电子讲义与视频材料），更加细致地了解学生的学情，确定具有针对性的教学起点和策略，使体育学科核心素养体系中的构成要素更精准地反映出学生的学习需求。

（三）有效教学：引领学生体育学科核心素养能力化的活力

在课程改革深化进行的背景下，最佳课堂、高效课堂、优质课堂的提法比比皆是，其目标均是使体育学科教学有效、深入地开展，使体育学科的育人价值得到最大化的发挥。有效的体育教学，同时也是引领学生体育学科核心素养的活力。按照体育课程改革过程中对理想体育教学的预设，体育学科教学可以分为有效、低效和无效 3 个层次。有效的体育教学，是培育学生体育学科核心素养的主要保障。在有效体育教学中，教师教得轻松，学生学得愉快，所教授的知识与技能丰厚有效，课堂信息量大，预期目标实现程度高。低效的体育课堂在体育教学中也是普遍存在的，它有一定的效果，但不明显，学生学得吃力，教师教得费力，教学效果不够明显，它对学生体育学科核心素养的形成作用不够显著，在某些环节甚至表现为阻力。无效体育教学则表现为教学目标和内容、过程基本没有联系，教学组织混乱，主题不够明确，整个课堂表现为师生均无所事事，课堂教学质量低下，它是学生体育学科核心素养形成的主要障碍。学生体育学科核心素养的养成呼吁大量有效教学的支撑，有效教学通过师生在体育教学过程中的相互有效合作，完成既定教学目标，使学生在体育品德与修养、运动兴趣与能力、健康行为与习惯、运动品质与意志等方面均有所收获，为学生体育学科核心素养的引领注入活力，使体育学科教学凸显出更加完整的科学性、合理性、针对性和实效性。

（四）分层测评：引领学生体育学科核心素养能力化的恒久发展

实现对体育课堂教学的有效测评，是《义务教育体育与健康课程标准（2011 版）》提出的体育教学主要评价方式。有效测评建立在师生自评和互评的基础之上。良好而有效的评价方式，可以为克服学生体育学科核心素养形成过程中遇到的问题提供合理化的解决路径。分层测评是有效体育教学评价的新兴评价类型，它注重从不同层次、不同角度对学生的体育学习、教师的体育教学进行评价，倡导评价标准、方法、过程更加符合体育教学的实际要求。从体育学科核心素养的 4 个主要构成领域来看，在对其有效评价的选择上，分层测评无疑是最适合体育学科核心素养培育效果检验的评价方式。由于学生在年龄、身体素质、运动能力和运动习惯等方面均存在差异，分层测评时便可完整地考虑到上述差异将会造成的教学过程多样化的问题，进而实现因材施教的教学预期。

体育学科核心素养是每个学生通过体育学习都应该具备的素质与修养，但由于学生之间的个体差别，每个学生形成体育学科核心素养的周期、重心和过程均不一致。对于体育学科核心素养培育现状的检验和测评，应该尊重学生的个体差异和体育学科教学过程多样化的特点。在日常体育教学中，教师既要吃透教材，优化自己的课程设计，也要通过穿插教学，不断提高自己的教学效率，更要借助分层教学的形式，寻求因材施教的合理方式。使体育学科核心素养的培育目标更加精准，培养过程更加精密，培养手段更加精心，培养结果更加精致，促进分层测评为学生体育学科核心素养的能力化提供更加恒久的动力。

三、课改深化背景下学生体育学科核心素养能力化的培育策略

2011 年，教育部颁布了《全日制义务教育体育与健康课程标准（修订稿）》（以下简称《修订稿》），标志着我国体育课程改革迈入了一个新的时期和高度[①]。《修订稿》提出要转变体育学科在课程功能、结构、内容、实施、评价、管理等方面的常规性与滞后性，强调形成学生积极主动的体育学习态度，使学生在获取体育学科基本知识与基本技能的同时，

① 杨小帆 . 从“分离”到“寓居”——基础教育体育课程与教学研究路径转移 [J]. 体育学刊，2016，23（6）：87-92.

形成正确的体育价值观，体育学科课程与教学要关注学生的体育学习兴趣与经验，精选有利于学生终身体育学习的基础知识与技能，倡导学生主动参与到体育学习活动中去，养成获取体育与健康知识、分析和解决体育与健康问题、开展合作与交流的能力与素养。

基于《修订稿》的要求，体育学科的育人目标也发生了变化，将培养具有健康体魄、能服务于祖国建设、适应时代发展需求、具有旺盛生命力和身心健康的下一代作为体育学科的育人目标与指导思想，贯穿于体育课程改革的始终，对学生的体育学习策略与方式也做出了解读与安排，其中蕴含着对体育学科核心素养能力化过程的多方面要求。

（一）遵循课程改革整体规划，展示体育学科教学目标的实现力

研究学科教学与课程改革的最终任务，就是要简化学科教学内容，使之尽可能地不受不必要因素的影响，将其中最有价值的成分选摘出来进行研究①。在研究体育学科核心素养的过程中，需要遵循体育课程改革的整体规划，对体育学科教学目标的设计，需要依据学段、学年、学期、单元、课时等层级，详细分解教学目标并逐步逐级落实，以实现最终目标为追求，进而展现出体育学科教学目标的实现力。按照符号互动理论的实践指向，在体育学科教学目标的设计过程中，体育学科核心素养的构成要素需要转化为学生的体育能力、情感态度、价值观和相应的社会行为，提升学生的体育学科成绩，是展示体育学科教学目标实现力的途径之一。通过有效的教学手段，可以激发出学生自觉进行体育学习的持久动力，证明体育学科核心素养可以像自然界的有机物一样，通过分解可以释放出大于自身的能量，并且可以还原和渐进。体育学科教学目标的实现需要学生的反复练习和实践，体育学科核心素养中融入的练习和实践要求，需要依据核心素养体系中价值层面的表述，推进学生在体育学科中的“关键品格与能力”的培养进程。

按照课程改革的要求，通过整体规划体育学科教学目标，可以解决体育学科核心素养培育过程中的现实路径与虚拟路径的对立关系，虚拟为现实服务，是解决这种关系的重点思路。核心素养对体育学科教学目标而言，可以视为一种虚拟的指向性表达，这种学科教学的导向需要通过实际的体育教学来实现。例如在体育学科教学中，学生体能训练是进行体育学习的基础，但训练的次序应该依据教学目标事先形成较为明确的安排，先练什么、再练什么，着眼于学生体育学科核心素养发展的序列和需要。体育教学目标的实现力，可以依据体育学科自身序列和学科内部的关系，与学生体育学习生活密切联系起来，使体育学科核心素养的培育与体育学科目标设计之间存在固定的张力。

（二）优化课程改革层级次序，提升体育学科教学内容的运行力

如果说体育学科教学目标是展现体育学科核心素养的主要形式，那么就可以这样理解，目标性的要求只是对学生体育学习行为的一种结果的预期，它在转化为具体行为时必须依

① 于可红．体育与健康课程学习评价指标体系研究［M］．杭州：浙江大学出版社，2013：155-171.

赖一定的介质，介质的选择和抽取在某种程度上将会影响体育学科教学目标的有效实现，进而影响体育学科核心素养的培育进程。在体育课程与教学领域，这种介质一般被认为是体育学科教学内容，由于体育学科涉及的教学介质异常繁复，因此在选择与体育学科教学目标相匹配的的介质时显得更为复杂。通过优化课程改革的层级次序，协调处理国家课程、地方课程、学校课程三级课程次序之间的内部关系，洞悉它们在体育学科内容选择范围中的结构组成，可以提升体育学科教学内容的运行力，使体育学科核心素养涉及的学科知识和技能体系更加具体，对于“选择什么样的内容？如何选择这些内容？选择这些内容将要干什么？如何干？”等问题的回答和解决，可以内化为学生体育学科核心素养培育过程中的经验图式。依据学生现有的体育学习经验和特点，优化体育学科教学内容的组织次序，判断学生在体育学习过程中的差异和问题，可以进一步优化体育课程改革的层级次序，使体育学科教学内容的运行过程实现更有效的“纠偏”和“立正”，从根本上提升体育学科教学内容在学生体育学科核心素养培育过程中的运行力。

（三）修复课程改革薄弱区域，完善体育学科教学整体的组织力

在体育课程改革进程中，体育学科教学作为一个整体，有着清晰的学科主线，其组织需要按照“有目的、有规划、有意义、有条理”的原则开展。从我国学科课程改革的实际状况来看，体育课程改革仍存在一定的薄弱区域，在体育学科教学的整体组织方面表现得尤为明显，体育学科教学的基础素养部分本应该是呈递进层次，但实际状况仍然是延续着大量的低效重复，而且对学生的要求为在短时间内需要掌握和理解。对于这些模糊、短期内不能够及时显现效果的体育学科教学整体组织形式，需要下大气力进行改造和修复。

按照体育学科核心素养的框架和体系，在体育学科教学内容整体组织形式的选择上，需要对具体教学内容做出意义层面的解读，指导和引领学生体育学科核心素养体系的构建与训练，同时加强学生对体育学科教学内容整体的理解与内化。体育学科核心素养的培育需要围绕体育学科教学整体的组织而展开，依赖于体育学科教学知识与技能的特性、能力训练及其序列组织。学生体育学科教学知识的积累、技能的掌握、学科能力的提升都需要在有效的组织与管理下逐层推进，渗透在学科学习经验的积累和学科能力的练习过程中，使体育学科核心素养不断拓宽和延展学生的体育学习能力，并且实现递进和循环。通过这些有效的组织方式，可以解决体育学科教学整体运行过程中的系列问题，使一些简化重复、次序不清、序列不明的体育学科组织形式得到彻底更新和改善，修复体育学科教学整体在体育课改进程中的薄弱环节，实现体育学科核心素养与体育学科教学整体有机结合的预期和目的。

（四）凸显课程改革中心环节，彰显体育学科教学过程的生命力

课程改革的中心环节集中在体育学科教学内容转化为学生的体育能力上，这是整个体

育教学过程中最具生命力的环节[①]。体育学科教学内容转化得如何？是否达到与实现了课程改革的预期目标？为学生的发展做出了哪些服务？这些问题同样是体育学科核心素养研究关注的重点问题，对于这些问题的解决过程，需要配以合理精准的评价机制。体育学科教学过程直接影响到学生的体育学习方式、效果和未来继续学习的可能。体育学科核心素养则是在体现体育学科教学评价需要的基础上，为学生的身心发展图式和特点提供框架和指导，使学生在体育学科知识与技能方面的沉淀更加稳固和显著，使学生在复杂的体育学习环境中形成更加合理和有效的体育学习能力与素养。

体育学科教学评价的质量可以凸显体育课程改革的中心，在以体育学科知识技能为基础的前提下，依据体育学科核心素养的体系和框架来约束与规范体育学科教学活动，使其能更准确和系统地扩充学生的体育学习经验，提升学生的体育学习能力与水平。安排适合学生体育学科核心素养形成的学科教学活动，优化体育学科教学过程的整体思路，使体育教学过程能够提供给学生量足质优的学习信息、学习方法和学习方案，引领学生在体育学习过程中形成思考、理解、评判和反思的能力。体育学科核心素养指向于全面发展的学生，体育学科教学过程本身充满无限的生命力，其育人手段和方式决定了育人的效果，需要在一个个鲜活生命个体的身心发展中去检验育人的指向。在这一过程中，需要及时发现问题、反馈问题和解决问题，并且根据育人过程的实际状况，去调整和修正现有的体育学科教学目标、内容、实施和评价的全程，尊重学生在体育学科教学中的个体生命力，只有这样，才能实现体育学科核心素养与社会需求、学生的个人发展相协调和统一，才能达成体育学科的育人价值与学生个体生命力的有机融合。

第三节　小学体育学科核心素养重心的完善与发展

从体育课程改革发展的深层次来看，最终要解决的问题会涵盖整个体育学科课程领域，涉及体育课程与教学的各个方面。对体育学科核心素养而言，它是建立在体育学科课程所涵盖的范围之内的。课程化是体育学科核心素养落地化处理的重要方式，依据符号互动理论，可以解释体育学科核心素养在教师与学生的教学互动中实现课程化的形式及程序，为体育学科核心素养的建构过程提供理论支持与解读。核心素养已经逐渐演变为教育领域的时代主题，学校教育的价值旨趣开始指向于学科核心素养的构建与培育，从 21 世纪伊始的新一轮学科课程改革顺应了学科核心素养推崇的教育行为，通过课程化的形式转化学科核心素养的研究成果深受学校教育工作者和研究者共同赞赏。课程化是将教育研究理论、经验、行为等成果形式，通过融合到学科课程中去的手段，达到育人的目的，它是学校教

① 于素梅．学生体育学科核心素养培育的基本思路与多元途径 [J]. 体育学刊，2017，24（5）：16-19.

育研究领域经常采用的一种成果转化方式。体育学科核心素养实现课程化的过程，其实际是促进适合学生体育核心能力的教育模式的生成，使其通过学科体育课程与教学的手段，达到促进学生在体育品德与修养、运动兴趣与能力、健康行为与习惯、运动品质与意志等方面的发展。体育学科核心素养的课程化，同时需要理顺现有学校体育学科教学的逻辑与顺序，使其与现行体育教学实践模式有效接轨，实现学生 - 体育课程 - 教师之间的有效联结，进而促进学校体育学科课程与教学的改革，使其更好地为学生体育学科核心素养的培育服务。

一、课程改革进程中体育学科核心素养课程化的现状分析

（一）体育学科核心素养与学校体育课程体系紧密结合

体育学科核心素养旨在促进学校体育课程改革有效地推进，处理好二者之间的关系，可以更恰当地将体育学科核心素养与体育课程改革的要求结合起来，进而促进体育学科核心素养课程化的进程，有利于体育学科核心素养在学校体育学科育人体系中的价值发挥，通过总结国内外有关体育学科核心素养的论述，可以发现体育学科核心素养与学校体育课程体系互相结合，体育学科核心素养的课程化也可以在这一交互关系中有效实现。

（二）体育学科核心素养融入学校体育课程结构之中

将体育学科核心素养融入学校体育课程结构之中，是许多国家在处理体育学科核心素养时的常用策略。在课程改革的长效机制中，体育学科核心素养融入课程标准和课程内容中，而国家层面的课程标准往往对学生体育学科核心素养的形成有明确的规定。

（三）体育课程标准折射出对体育学科核心素养的要求

一些国家并未制定单独的体育学科核心素养体系，在其国家或者地方层面的体育课程标准中也没有对体育学科核心素养进行描述的内容，但在其体育课程标准和相应的课程文件中，却折射出了关于如何培养学生体育学科核心素养的课程建议，在相应的课程设置方案中也集中体现了体育学科核心素养课程化的指导要求。

（四）体育学科核心素养与体育学科课程体系相互影响

体育学科核心素养与体育学科课程体系之间的独立，是相对于二者之间的结构形式与标准要求来说的。例如对体育学科核心素养体系而言，各个国家对其研制的框架基本上都要细分维度，每个维度下面还可能有子维度，这些子维度都有相应的说明，明确指出特定学段的学生应该对应哪种特定的水平，遵循哪些引导性目标等。而体育课程体系更倾向于阶段性目标及整体性目标的统　和分类达成，其中仍然包括核心课程内容与学生体育核心素养结合的可能。同时，体育学科课程体系主要以提升学生的体育学业能力为中心来组建相应的内容质量标准，而非以体育学科内容为取向构建质量标准，它关心的是通过预设的

目标与手段，使学生达到与掌握基本的体育学习能力，作为学生学段学习结束后的评测指导，保障学生在从事体育学科学习之后，能够获得相应的体育核心素养与能力，这与体育学科核心素养的研制初衷不谋而合。由此可见，虽然在形式上体育学科核心素养与体育学科课程体系有可能独立存在，但隐含于二者内部的相互联系和影响往往更加突出。

二、课程改革进程中体育学科核心素养课程化的机制设计

体育课程改革要取得突破性进展，需要来自核心素养研究领域成果的支持，更需要设计有利于体育学科核心素养课程化的机制，使体育核心素养理念融合在本土化的体育学科课程体系的完善过程之中。新一轮的体育课程改革，将教学内容与素材的选择权利下发至各个学校和教师，这对体育学科育人方面的灵活性来说，无疑是一个巨大的进步。由“目标来统领课程内容”，目的在于让体育教师根据具体的体育教学条件，选择适当的内容用于培养学生[①]。回顾学生体育学科核心素养的培育情况，由于各级各类学校的体育教学现状并不一致，各具特色，体育教师也可以按照体育学科核心素养的目标来架构体育课程与教学内容，在详细了解学生的基础上，为不同水平、条件的学生制订适宜的体育学科核心素养发展方案，使教学更加具有针对性。体育课程改革的现实性需要打通顶层设计与落地实践的环节，体育学科核心素养也需要经历这样的通道去不断搜集与整理适合自己的现实素材。体育课程改革面对的是形态各异的现实体育教学环境，而体育学科核心素养面对的则是千千万万个性不一的学生，从中寻找共性，需要建立在课程改革所指向的现实基础上，只有这样，体育学科核心素养的结构才会更加完整，其课程化更加具有针对性。课程改革作为体育教育资源的优化与配置活动，其本身是在不断进行价值更新、选择、判断及其实践的过程。

作为引领课程改革风向标之一的体育学科核心素养课程化取向，仅依靠借鉴与依赖国外理论与实践模式来指导我国体育学科核心素养的课程化研究，是不足以支撑我国的研究需要的。因此依据体育课程改革的理念和实际状况，进行相应的理论阐释和机制构建，将会有利于体育学科核心素养本土化培育策略的探索。运用符号互动理论，通过情境生成、复合需要、规划研制、活动设计、反思评价 5 个环节，设计出体育学科核心素养的课程化机制，可为体育学科核心素养的落地化处理提供科学合理的实践路径。

（一）情境生成

体育学科核心素养课程化需要在特定的情境下进行，这种情境是综合多种教学环境和环节后生成的，它是体育学科核心素养课程化所依赖的大环境。按照符号互动理论，体育学科核心素养课程化进程中，只能以“符号化”的形式体现在课程中，需要借助体育教师、学生、教学环境之间的不断调适与沟通才能实现和达成。从体育学科核心素养课程化的特

① 杨烨 . 基于体育生活方式的学校体育课程评价标准 [J]. 上海体育学院学报，2014,38(2):74-77.179.

点来看，情境生成的时间、内容及其真实性，都是促使体育学科核心素养课程化的前提和基础。时间包括来自某一时代的限制和具体时间段的影响，某一时代反映的是特定时代对于体育学科课程的价值判断、内部需要、外部要求等方面的特征，具体时间段的影响是指体育教师和学生在特定时间段内共同解决体育学科核心素养课程化问题的限定，如果没有按时解决，则问题就失去了教学意义。内容是指在体育课程改革理念的影响下，体育教学活动中的主客体通过独自或者协作的方式解决问题，实现对体育教学内容的同构、寻求和探索。真实性是学生在体育学科核心素养课程化进程中遭遇到的各类困境及其需求，真实性反映的是培育学生体育学科核心素养时的各类内外部情境限制。

就情境生成的本身而言，满足学生体育学习需要的情境才是有效的情境，它包括三个方面的要求，一是要生成符合学生特定年龄阶段的教学情境；二是现有的体育课程要与学生的未来体育学习和终身体育有关，是符合学生发展的社会情境；三是生成的各类情境要能实现、可模拟、可实践和可重构，永久保持其真实性。这三类情境的生成，意味着体育教师可以结合学生的个体情况和兴趣特点，把握体育学科核心素养的课程化节奏，灵活多变地采用各类体育教学方法，对适合学生兴趣和体育学科核心素养培育要求的课程内容进行课程化处理，对运动项目进行教材化改造，并使之情趣化，满足学生的体育学习兴趣和需要。避免学生体育学习中的消极情绪和减少无效教学环节，使学生在趣味性的体育学习情境中掌握预设的动作技术与技能、健康知识与行为，激发学生学练体育学习内容的积极性。

（二）复合需要

反映在体育学科核心素养课程化进程中的复合需要，是学生在体育学习活动中必须面对但又能够解决的一系列需要，它是体育学科核心素养课程化凭借的内部驱动力。复合需要有以下特点：第一，复合需要的价值和意义的实现程度，对于体育学科核心素养课程化的基础能够起到推进或者延缓的作用；第二，复合需要涉及的体育课程改革因素范围广、影响深、内容多、关系纷繁交错；第三，复合需要一般会受到学生、教师在主客观认识方面的限制。复合需要对培育学生体育学科核心素养而言，是其内部所依据的手段或驱力，它需要体育教师为满足学生在体育学习中的复合需求，认真为学生创设体验成功体育学习的机会和途径，为学生搭建自我展示的平台，使学生把在体育学科学习中积累的成功体验和经历能够有效地迁移到其他学科的学习活动中，增强其积极参与体育学习与锻炼的信心和决心，从而通过复合需要实现促进学生体能和体质双提高的预期目标。

复合需要立足于学生生命发展的立场，充分考虑到了学生身心发展的需要和身体运动规律之间的关系，将学生的运动需求与教师的指导和有效的体育学科教学活动有机地结合起来，使学生在反复和渐进式的身体练习之中，获得符合体育教学规律与预期的身体体验，不断更新身体运动需要，使其成为促进自己参与体育学习的原始动力。因此，结合体育学科核心素养的培育特征与要求，使学生的复合需要与体育学科课程目标的设置相配套，将学生的体育学习需要融入体育学科核心素养课程化的过程中，可以有效地将学生身体运动需求转化为体育学习动力。

（三）规划研制

体育学科核心素养课程化的质量如何，需要必要的规划研制做保障。因为体育学科教学要达到高质量的状态，需要通过规划的指导以促进学生高效完成既定的学习任务，进而期待高质量的学习结果。从体育学科核心素养课程化的程序来看，可以从三个向度四个关注点来进行规划研制。三个向度是：第一，要认识到体育学科是发展学生身心素养的教育活动，需要通过借助运动技能的学习促进学生熟练掌握必要的身体运动技能；第二，体育学科课程教学主要通过身体教育来达到育人的目的，将培养学生的人格品质、修养能力、社会适应等融合在身体运动技能的学习过程中；第三，体育学科课程目标注重以身体教育为基本单位，其目标的实现过程具有一定的功利性。

四个关注点解释了对体育学科核心素养课程化进程进行规划研制的要点，一是要关注技术的学习，因为这是培养学生体育学习意识和能力的中心任务，整个规划研制过程不能偏离这一任务。二是强化体能训练，体育学科核心素养课程化的过程本身是伴随着学生发展体能的需求开展的，通过有限的技能学习时间来促进学生体能的有效发展，这本身就是一个矛盾，因此需要在强化的方法、手段和形式上做好规划。三是重视兴趣培养，在体育学科核心素养课程化的过程中激发学生的体育学习兴趣，这就需要在研制规划时能够对教材教法进行创新，根据学生感兴趣的形式来组织体育教学活动。四是促进常规建设，常规建设是按照常态的课程标准要求来安排体育学科核心素养的实施进程，融日常性、趣味性和教育性为一体，使体育学科核心素养课程化在“润物细无声”中进行。

（四）活动设计

活动设计是体育学科核心素养课程化的载体，同时也是体育学科课程改革体系的重要组成部分。由于活动设计面对的主体是学生，而学生具备在体育学习活动中表现出的创造性、能动性的特征，学生通过这种特征在体育学习活动中获得的素养才能称之为核心素养。活动设计需要厘清体育学科教学中的技术、技能及运用之间的关系，探讨贯通技术技能及其运用组合之间的通道，创设多样化的教学情境，依托教学设计，把握教学中的重点和难点。同时，好的活动设计保证了体育学科核心素养课程化的质量，有利于教师创设灵动的体育课堂，促进师生、生生的有效参与，使学生、教师在体育课堂中实现充分的交流与合作、互助与支持。活动设计的主题与过程还可以结合体育课程改革的实际，以解决存在的问题为主，更新体育学科核心素养课程化的途径与方法，针对其环节提出新的方法体系，引导学生学会积极思考、发现并解决体育学习中存在的问题，培养学生在体育学习中的创新意识和探究精神。合理的活动设计，有明晰的设计主线，生动的流程安排，使预设的体育教学内容依次递进，其重心在于联系学生的体育生活来呼应体育学科核心素养课程化的聚焦点。

（五）反思评价

反思评价一般是体育学科核心素养课程化的最后一个环节，它影响着学生对体育学习活动整体过程及其结果的辨识、对自身体育学习目标的认可及实践。可以为后期的体育学科核心素养意识与水平的提升提供借鉴和参考。反思主要是学生对自己身体练习体验的反思，对体育学习全程的思考。评价则是学生对自己体育学习心理感受状态的现实反映，包括学习情绪状态的评价、身体练习强度的评价、运动认知状态的评价、动作技术完成状态的评价等。选择相应的评价标准及指标，生成全面的评价反馈意见，可以为学生对体育学习的反思水平进行深入的判断。学生的反思评价，需要建立在刻苦钻研评价内容、完整的练习动作技术及掌握必要的学习规范的基础上，寻找自己的学习问题，尝试找出自己的学习阈限及其突破方法，使反思评价处于“精细化”水平。教师同时也要对体育学科核心素养的课程化结果进行反思评价，以学生在体育学科教学中的学习效果为重要观测点，反思如何使自己的教学技术转化为学生的技术技能，反思自己的体育知识如何指导学生体育学科核心素养的形成，进而对体育课程改革的环节提出自己的评价和判断，使体育学科核心素养课程化与实际教学过程接轨。

三、课程改革进程中体育学科核心素养课程化的研制程序

体育学科核心素养基于体育课程与教学改革的基础，尝试以新的视角阐释体育学科的育人取向。体育学科与其他学科相比，有自己的独特性，在学校教育领域展现着自身独特的育人价值。那么在学科教育领域，体育学科所占的位置如何呢？普遍的看法是，体育作为学校教育领域的一门学科，它所承载的育人价值是非生产性的，对学生未来的影响力要小于其他学科。因此，在学科教育影响的桶状结构中，处于桶底的位置，其学科地位并没有受到应有的强调和推崇。在我国，由于党和政府一贯重视青少年学生体质健康，因此，对体育学科给予了政策上的倾斜和法规上的保障，使体育学科成为贯穿学前教育、初等教育、中等教育、高等教育的学科，体育学科的学科地位受到了政策方面的保障。

体育学科核心素养课程化的程序研制要求体育教师在具备积极的体育态度与习惯、基本的体育知识与理论、系统的体育技能与技术的基础上，运用符号互动理论，从学生－课程－教师三者交互作用的过程中发现问题，以课程主题作为载体，紧紧呼应学生体育学科核心素养结构的形成特点，开展课程教学程序研制活动，一般可分为四个环节。第一环节为体育教师个人研制，需要依据体育学科核心素养的培育目标，对开展教学程序研制活动所需要的体育课程知识进行整合。以既定的教学研制主题来说，需要体育教师个人研制出恰当的教学流程图，选择能起到支撑作用的教学内容，根据教学研制目标，统整和组合有关身体姿势和动作轨迹、动作速度、动作时间、动作力量、动作节奏等和动作要素有关的课程知识，为集体教学研制做准备。第二环节为教学研制小组成员集体研制阶段，该环节

需要通过集体的力量完善教学研制主题的内容知识，强化成员选择与运用学科核心知识的能力。第三环节为改进与修正研制，为了检验与实施第二环节中集体形成的教学设计方案，教学设计组需要对施教对象概况及学生体育学习特征进行了解，确保教学设计方案的针对性，另外还需要增补体育教学情境创设方面的学科知识，保证教学设计方案能在有效的教学情境中开展与实施，并且要及时总结经验。第四环节为针对性的有效研制，通过教学设计组的观课、研课和磨课，评价课程教学研制效果，结合教学实际再次对教学研制方案提出针对性的修改意见，形成新的具有指导意义的课程教学研制程序设计方案，作为整个区域体育教师培养学生学科核心素养所需的共享资源。

（一）体育教师个人研制环节

在第一环节中，体育教师的“个人研制”要以其教学经验为基础，整合自己关于“前滚翻成蹲撑”方面的知识与技能，制定出说课稿，先在组内进行说课，从动作要素、教学目标、技术内容、教学策略等方面展现《前滚翻成蹲撑》的教学意图，引发教学程序研制组内的专业研讨和反思，并形成文本。由于有固定的教学程序主题，又有具体的课例和教师的教学设计做支撑，教学研制组很快就可以形成关于教学程序主题的专业化思维，并且经过“研讨与学习”，很自然地就可以过渡到第二环节。第一环节与第二环节之间可以通过“讨论与学习”的教学研制方式进行沟通，最终形成研学方案和形成反思文本。“研讨与学习”既需要体育教师具备一定的课程知识作为基础和前提，还需要教师对于学科核心知识有一定的储备量，并且具备选择与运用这些知识的教学设计能力。设计形成的研学方案既要有时间的具体安排，也需要有教学难度的递进说明，通过集体对教学设计主题的反思，形成初步的反思文本，用于指导学生体育学科核心素养形成的进程。

（二）成员集体研制环节

第二环节主要表现为教学研制组的“集体研制”，需要动用教学研制组成员对于课程教学设计内容知识的积累，如在导入阶段，要知晓“前滚翻由蹲撑开始，团身滚动，方向向前”；在发展阶段，依然要懂得“蹲撑开始，经脑后能够向前滚动，团身紧，滚动圆，当背部着地时，迅速收腹屈膝，上体紧跟大腿团身抱腿成蹲立”；在总结阶段，还需要知道“膝关节夹纸做出前滚翻，能够延直线做出前滚翻”。这些都是培养学生“前滚翻成蹲撑”技术的固定基础知识，需要研究组成员掌握和理解，但在这一运动技术的具体教学策略方面，则可以灵活选取。第二与第三环节之间以“授课与观课”作为联结点，重点强化教学设计组成员对把握授课内容、开展课堂观察、进行教学互动、创设教学情境等方面的知识，研制出完整的授课方案，进一步修改与完善反思文本。第二环节结束以后，通过教学设计组成员相互之间的授课与观课，完善授课方案和反思文本，就可以对教学程序进行改进与修正。

（三）改进与修正研制环节

第三环节主要动用的是体育教师了解学生及创设教学情境方面的知识，要把握第一阶段学生的身心特征，以教材和学情为基点，通过合理教学情境的创设，使“前滚鄱成蹲撑”中的死板动作符号，变为学生能掌握的活生生的动作技术。这一阶段需要开展大量的同课异构和同课同构活动，再经过“磨课和研课”，验证反思文本，研制出研讨报告，便可过渡到第四环节。第三与第四环节以“研课与磨课”作为联参点，通过教学设计组成员观课结后的“研课和磨课”，设计研讨报告，内容主要包括研课的成果、磨课的收获等，对已经形成的反思文本进行验证，重点寻找其不足。

（四）针对性的有效设计环节

第四环节关注的是对体育学科核心素养课程化针对性的有效设计，动用的是体育教师的学科评价知识，结合动作要素在《前滚翻》教学中对各种示例反思的结果，评价前三个环节对该课例教学的功能和作用，形成新的有效的课程教学研制程序与设计方案，再通过总结与提升，将结果提交至第一环节，作为第一环节的素材。第四环节和第一环节的联结点为“总结与提升”，通过总结第四环节的有效经验，对验证后的反思文本存有的问题进行归纳梳理，提出解决策略，整理形成最终的反思文本，进而设计出完整的教学设计程序，目的在于提升体育学科核心素养课程化的普适性和指导力，为第一环节提供素材和思路。

需要注意的是，体育学科核心素养课程化的教学研制程序的 4 个环节并非孤立和封闭的，也不只限于 4 次教学设计、4 次文本反思和 3 次授课，可以根据实际需要扩展到多次，也可以按照教学研制的进程缩减至 2 ～ 3 次，每一次教学研制循环并没有时间方面的具体限制，少则 1 ～ 2 周，也可以 1 ～ 2 月，多则一学期甚至一学年，最终目的是促使教学研制成果要对体育学科核心素养的课程化过程产生指导和启发作用。

第八章　基于核心素养的小学体育课堂教学提升策略

核心素养是学生在特定的教育阶段，形成的一种能够把握自身的终身发展和适应社会需求的能力。随着素质教育的重视程度的提升，教育界也开始重视从小培养学生的体育锻炼的意识和能力，因此越来越重视体育课程的教学。在体育课堂中融入核心素养的培养，能够更好地开展体育工作，提高学生的身体素质，促进学生全面发展。当前的教育已经进入了核心素养的时代，教育工作者需要全面地考虑到学生的实际情况，充分、合理地改进教学模式来开展教学工作。

第一节　基于核心素养的小学体育健康课堂教学质量提升策略

一、教学质量、体育课堂教学质量的概念与内涵

由于不同研究者所持教育理念不同，有关教学质量的观点也不尽相同。捷克教育家夸美纽斯提倡“以教师为中心”理念，德国教育家赫尔巴特提出“课堂、教师、教材”为中心的理念，这两种教学理念都聚焦教师的教学，强调教师的权威，在教学质量方面强调学生对知识和技能的掌握情况；美国著名教育家杜威提出“学生、经验、活动”新三中心理念，充分肯定学生在整个教学活动中的能动作用，注重对学生主观能动性的培养和潜能的挖掘。综观相关成果，从教学的整体性认知来看，教学质量是指教学水平高低和教学效果的优劣，教学质量的高低要通过培养对象的质量来检验。

关于体育课堂教学质量，于素梅认为是体育教学效果的综合体现，主要由学生学习效果中的各目标要素构成，指向的是教学结果，而非过程。可以从学生的体质健康、运动心理品质、基本运动能力和运动技术等方面衡量体育教学质量高低。其内涵是以“健康第一”为指导思想，面向全体学生，促进人的全面发展，让所有学生快乐、健康成长。

二、体育课堂教学质量现状及存在的不足

我国新一轮课程改革以来，体育与健康课程重视培养学生学科核心素养的理念；教师

教学观念发生了较大转变，注重对学生自主学习意识的培养；倡导多样化的教学方式；教学内容设计更加注重与学生的身心特点和生活经验相联系；改变了长期以来只重视对运动技能、体能的评价，只采用结果性评价、定量评价的方法，逐步实施多样化的学习评价方式；学生的体育学习态度和行为发生了积极变化，越来越多的学生喜爱体育课和积极参与课外体育锻炼，学生的体质健康水平也呈现出整体向好趋势。但是，按照体育与健康学科核心素养培育要求，反思当下基础教育体育课堂教学不难发现，在教学理念、教学目标、教学内容、教学方法和教学评价等方面还存在诸多不足，迫切需要进一步改进和完善。

（一）教学观念相对迟滞

现阶段，教育的传统价值观和教学观仍处于主导地位，重视促进学科发展的价值，忽视了学生个体的内心情感体验和价值选择，学生的非智力因素发展和作用受到制约。秉承的教育观念是“以教师为中心”，重教轻学现象较为突出，使学生被动地接受教师的讲解和示范，极易产生单调枯燥、厌烦的情绪。由于忽略学生的感受和体验，导致学习过程乏味且实效性欠缺，也必然妨碍体育学科核心素养目标的达成。

另外，还有相当一部分教师对教学过程中“以人为本”的观念理解有偏差，认为体育课只要让学生轻松自由、休闲快乐即可，这种思想极易导致学生产生体育课可有可无的错误认知，再加上“放羊式”体育教学形式，严重影响体育教学质量。

（二）教学目标空泛、组织教法传统单一

体育教学目标对体育课堂教学活动具有导向、调控、测评等功能。但现行体育课堂教学中多数技能目标都存在目标表述笼统、不够明确具体，不利操作，更难以评价目标达成情况等问题。如果教学目标设立不切实际，难以促进核心素养的准确培育。体育学科核心素养要求教学目标清晰且具可操作性，既要具体明确，又能可测可评。因此，体育教学目标空泛、缺乏可操作性问题需要得到及时解决，并从重单一的技能或体能目标向重全面的体育学科核心素养培育目标方向发展。

人本主义理论强调，学生是教学中的主体，一切以学生为中心开展教学活动。但是，目前还有相当多教师注重的是教法，忽视学法，教学成为教师对学生单向灌输的简单过程，讲解、示范一统到底，学生被动模仿集体练习模式，“一刀切”“一言堂”的教学形式没有太大的改变，忽视教学对象的主观能动性，使学生对于体育方面的知识、技术一知半解，不能真正体会和领悟体育运动的乐趣。

（三）教学内容不适应发展实际

体育教学内容选择与安排是体育课堂教学不可忽视的问题，教学中发现教材缺乏更新、教学内容重复，理论和实际相关性不强等，都不利于学生个性化的发展。还有教学内容过于技术化、单一化、难度偏大等方面问题。教师在进行教学内容的安排时，只是要求学生

学会教材中的运动健康知识、运动技能，忽视学生能力的培养，学生在体育课中只能学习到体育技能，导致学生体育兴趣丧失，有些甚至连基本技能也没有掌握，没有教会学生组织活动、解决问题、设计科学健身计划的能力，不利于学生学科核心素养的发展。

（四）教学评价较为片面随意

体育教学质量评价是判断学生体育技术技能水平、知识掌握情况的重要方式之一。体育课教学质量评价存在着两种倾向：一是仍然采用过去的评价体系与方法，只是在评价的某些方面贴上了新课程的标签；二是形式化和随意性现象较为突出。可以看出目前我国的体育教学质量评价落后、片面随意，影响教学评价的客观性和公平性，新课标提倡发展性评价，强调鼓励学生为主的评价行为，但从调研显示，评价的形式主要还是以教师评价为主，学生自主评价有名无实，评价形式不够全面，评价体系不完善，没有体育核心素养能力的评价，并且大多没有考虑学生的实际需要，难以促进学生体育学科核心素养的培育。

三、制约体育课堂教学质量提高的原因分析

体育教学是一个多因素组成的复杂系统，体育课堂教学质量的高低与教学活动中的多种因素密不可分。

（一）教师教育思想观念方面的影响

中国学生核心素养体系的建立，为新时代我国人才培养提出了明确的目标和方向，体育学科核心素养也强调青少年学生健康成长需要达到的规格要求。纵观我国青少年学生教育发展经历，先后为“体质中心”“三基”“素质教育”“三维健康”“体育学科核心素养”，逐渐变革和发展完善。因此，要求体育教师转变观念重新学习，并要舍弃之前惯用的教学方式，运用一些新的教学方法，这会使教师产生不适应。不仅如此，强调坚持“以学生为本”的教育思想，要求教师在教学中以学生为中心，有些教师会误认为是教学主导地位的下降，会失去教育教学改革的积极性。

（二）教师教学方法应用对教学质量的影响

体育与健康课程标准要求体育教师要熟悉和善于利用多种教学方法，提高体育教学效果。传统的教学方法经过多年的实践，确实在教学效果上有着比较大的优势，但是在教学活动中长期运用单一的教学方法，会使学生失去兴趣。喜欢体育课和体育锻炼的学生也表示，新颖的教学方法增强课程内容新鲜感，能激发学生运动兴趣。体育学科核心素养要求教师在课堂教学中从以教师为主体转向为以学生为主体，需要教师在课堂中采取多种教学方法，如探究教学法、自主教学法、合作教学法等以培养学生创新能力为主的方法。教师使用旧教学方法轻车熟路，这无疑对已经习惯了传统教学法的教师又是一大挑战，从而加剧了教师的畏难情绪，影响教学质量。

（三）教师教学能力和知识结构欠缺所产生的影响

体育教师的教学能力、责任心和专业素养对体育教育教学质量起着关键作用。现实中，有相当部分体育教师的教学能力欠缺、综合素质不高，难以跟上现代体育教学发展需求，这在很大程度上影响了体育课堂教学的改革发展。目前，部分体育教师的教学知识结构也不合理，教学水平一般，由于教师不能拥有丰富的教学知识，也就不能帮助学生去探究问题、开阔视野，难以达到高质量的课堂教学效果。由于缺乏学科性教学知识和应用性教学知识，从而不能帮助学生踏入学科前沿的大门，不能让学生去领会教学的全过程，教师也不能游刃有余地进行课堂教学。使得学生的个性无法得到有效的发展，这在一定程度上降低了学生学习的自主性，使得学生的体育运动能力难以提高，体育创新活动难以顺利进行。

（四）体育教学评价因素影响

合理的体育教学质量评价体系对体育教学工作具有正确的导向和激励作用。客观公正的体育教学质量评价有利于提高课堂教学质量。体育教学评价是对教师体育教学效果、学生体育学习进步幅度进行检验评估的重要举措。传统体育教学中，体育考试标准统一化，考核内容一刀切，考核方式机械化，忽视学生个体的差异性和特殊性，教学与考评环节脱节，反馈不及时，没有针对性进行改进，教学质量难以提高。

四、提高体育与健康课堂教学质量的措施

（一）转变教育思想观念，树立学科核心素养观

转变教育观念，需要体育教师牢固确立“以学生为中心”的课堂教学形式，并将其贯穿课程教学全过程。坚持以体育学科核心素养为导向，要求教师具有强烈的育人意识，以促进学生身心健康发展为目标。核心素养内涵要求培养学生关键能力和必备品格，体育教师理应认真履职、高度负责，严格按照学科核心素养的要求，围绕发展学生体育学科核心素养积极探索并勇于实践，把体育品德、运动能力、健康行为有效融入课堂教学中。

（二）创造性应用教学方法手段，提高学生体育学习兴趣

我国著名教育家陶行知先生认为，“先生的责任不在教，而在教学，而在教学生学”“教的法子必须根据学的法子，怎么学就怎么教”。陶先生的教育思想和方法，对体育教学改革同样具有十分重要的借鉴意义。体育教师在教学中根据学生的特点来选择相应的教法加以指导，增强教学实效性。只要有助于学生积极进行体育与健康学习，能促进学生达成课程目标并形成学科核心素养，都是好的教学方法。教学方法中诸如讲解法、示范法等传统教学方法在长期的教学实践活动中已经充分显示其重要性。为避免实际教学中长期运用单一的教学方法影响学生体育学习的积极性，需要教师重视对创新型教学方法的探索，根据现代社会发展趋势，创造性地使用传统教学方法和现代新型教学方法，既关注学生的学习兴趣，又有助于教学效果的最佳化。

随着现代信息技术的飞速发展，多媒体、智能手机、运动手表、心率监测仪等信息技术手段已逐步融入体育与健康课程教学，提高了体育教学与锻炼的实效性和科学性。高质量的体育课堂，也需要适宜的运动强度和密度，其中运动强度可以利用先进的心率监测仪，准确掌控学生运动过程中的心率变化数据，并根据实际进行运动强度的调整，增强学生体育运动的有效性和科学性。另外，学生在日常锻炼中，也可以利用运动手表、智能手机等具体量化锻炼过程中的强度和能量指标，激发了学生的运动兴趣，提高了体育锻炼的实效性。

（三）优化体育教学内容，促进体育教学生活化

体育学科核心素养内涵为体育教学内容的安排指明了方向。于素梅提出应合理进行体育教学内容的组织和选择，注重教学内容的基础性与社会生活的关联性，体现体育与健康课程教学内容的知识性、趣味性、实用性。因此，在小学体育教学内容的确立上既要考虑学生发展所需的必要性、在各学段的规定性，还要注重学习过程与结果评价的对应性，尽可能消除多而全及低级重复问题。从而有助于学生掌握运动技能和健康促进的本领，更有效地培育学生的体育学科核心素养。

体育是非生产性的，是不直接产生劳动价值，也不直接创造物质财富的。但体育可作为传授劳动技能的辅助手段，其本质是属于生活的。旧体育生活化教学要求我们淡化体育课堂教学内容的过度竞技化、技术化，避免应试教育带来的沉重压力，健全学生人格教育，同时，加强体育生活化教学符合学生的身心发展规律，有利于丰富学生的生活经验和技巧，增强学生的情感体验、审美体验，形成健康的体育生活方式，提高健康促进能力。

（四）丰富教学知识结构，提高教育教学水平

丰富的教育教学知识是课堂教学质量的重要保障。因此，一位优秀的体育与健康课程教师，不仅具有丰富的理论知识，更应该具有坚实的实践经验。现代人才对知识的要求是宽广、先进的知识系统，这就要求教师掌握体育学科的基本知识与原理，及时了解本学科的发展动向和前沿知识，不断更新自己的知识储备。只有教师具备宽泛的学科专业知识，才能在现代体育课堂教学中做到运筹帷幄、游刃有余，才能帮助学生获得宽广的知识结构。通过体育教学，让学生基本达到“五会”，即“会说、会做、会用、会学、会做人 5 个层面立体的会”。“五会”有利于学生的全面发展，有助于学生掌握体育学科核心素养知识，提升运动和健康水平。

（五）注重多样化教学评价，增强体育学习积极性

体育教学评价按照评价主体可分为教师评价和学生评价。在现代课堂教学评价中，我们应该告别过去那种“两种选一，非此即彼”的不合理的体育课堂评价观倾向，积极开展多样化的体育教学评价。为了适应学生主体性的发展，当前中小学校可以通过完善传统的教学评价标准，改进教学评价方式，注重多样化。不仅要完善诊断性教学评价、形成性及总结性教学评价，还要不断丰富学生参与教学评价的方式。在体育教学活动中，学生享有

学习和体验学校体育提供的课程、教学和管理服务的权利，通过积极的运动参与，提供学习效果的质量依据，要正确分析学生的特殊差异性。

课堂教学是人才培养的基本途径，是落实核心素养培育的重要渠道，因此要高度重视课堂教学质量的研究。随着以核心素养为目标的课程改革的深入推进，体育与健康课程教学质量整体水平不断提高，呈现良性发展态势，但与新时代学校体育改革发展要求还有差距，尤其是中小学体育与健康课堂教学质量并不理想，还存在教育教学观念滞后、教学目标模糊、教学内容重复、教学方法枯燥、教学评价单一等问题。因此，从体育教学系统中相互作用的各个要素出发，对影响课堂教学质量的原因进行深入分析，并基于学科核心素养视角提出改进措施，进而形成高效、优质的体育与健康课堂。

第二节　基于核心素养的小学体育学科课堂兴趣提升策略

浓厚的学习兴趣长期以来都是体育课堂教学效果的有效保证，但学生学习兴趣的激发同样也是困扰体育教师课堂教学的难题。多年来，随着体育课程改革的深入推进，如何提升学生体育课堂学习兴趣的相关研究也在不断进行，如何提高学生的体育课堂兴趣一直在路上，近年来学生体育学科核心素养的发布则为现阶段如何提升学生学习兴趣指明了方向。

一、学生体育学科核心素养的概念阐述

学生体育学科素养又称为体育与健康素养，包括体育精神、运动实践、健康促进 3 个维度，进而又细化为体育情感与体育品格、运动能力与运动习惯、健康知识与健康行为 6 个要素。这是在综合经济合作与发展组织素养等式、中国学生发展核心素养框架及欧盟核心素养参考框架等研究结果的基础上进行的科学界定，是未来一个时期我国体育课堂教学的重要指导性纲领。

二、体育学科核心素养培育背景下激发学生课堂兴趣的意义

新课标中明确提出，要“引导学生体验运动乐趣”，指明了体育课程教学过程小学生“快乐”学习的重要性。而快乐的体育课堂不只是学生体育学科核心素养中运动实践素养提升的有效基础，更是体育精神和健康促进素养达成的有效保障。虽然“激发学生兴趣”的要求从未离开体育教师的教学设计和课堂探索，但实际上，长期以来体育课堂真正意义上激发出来的“快乐”并不多见，许多“快乐”仅仅是为快乐而快乐，快乐的原因与课堂教学内容、学生核心素养的达成并无直接关联，许多课堂也走进了简单的泛化式快乐误区，表象快乐下迷失的是体育课堂应有之快乐和学生应有之成长快乐。而要体验到这种“自我快乐 + 学习快乐”的真正快乐，离不开体育教师作为课堂主导对学生学习兴趣的准确激发。

这既是一堂合格快乐体育课的前提，也是提升学生核心素养的最有效催化剂。

三、基于体育学科核心素养的体育课堂兴趣提升策略

（一）教学设计体现学生学习主动性

激发学生兴趣让学生乐在其中是体育核心素养之体育精神素养培育的前提。从学生的“学”而言，学生的学习方式、学习效果与学习兴趣呈正相关，这种连环方式的根源在于学生的“学习方式”。传统被动式的、应对式的学习很难激发学生的兴趣，学生也很难在学习过程中产生兴奋之感，更无法产生和培育高于体育兴趣的体育情趣。事实上，学生只有对体育学习有情趣时，学生才有可能在学习过程中表现积极，甚至是克服一切困难投入学习之中，达到不断超越自我的目的。这其中“学生学习的主动性”便成为产生积极因素的要素和核心，而在体育课堂教学中体现学生的学习主动性也是近年来新课程改革的不懈追求。因此，有效激发学生学习兴趣的前提，便在于教师在教学设计环节采用新颖、适宜、恰到好处的教学方式，体现学生学习的灵活性、可控性，提高学生的学习主动性，激发学生的学习兴趣。

（二）充分发挥运动项目的有趣元素

体育课程是以身体练习为主要手段的教学，身体练习离不开运动项目，体育学科核心素养也都是基于运动项目而达成的。因此，除了体育教师能力、课堂教学设计、学生学情对学生学习兴趣影响的因素以外，运动项目是能够激发学生学习兴趣的最重要因素之一。发挥运动项目的有趣元素，首先就是要从项目本身寻找兴趣点，探寻学生对这一运动项目产生兴趣的原因是什么。体育运动项目源于体育游戏，所以体育运动项目自身便存在让学生产生兴趣的要素。例如篮球运动的兴趣元素在于运球过人和投篮，足球运动的兴趣元素在于运球突破和射门。学生参加篮球运动学习就应该给予学生体验投篮的机会，足球也是如此，要通过模拟实战比赛的参与，让学生体验到运动项目固有的乐趣，以此激发学生学习此项运动的兴趣。学生为了获得更好的体验，便会自发主动学习，掌握进一步的运动技能，以此提高课堂效果，这一过程便是运动参与素养的自然达成。另外，学生在学习过程中对运动项目产生的情感、为了达成更高目标而克服自身困难展开学习等都是培育体育精神素养的良好体现，健康促进素养也培育在其中。

（三）准确把握学生产生兴趣的内因

一堂体育课，让学生产生兴趣不难，难的是让学生产生持久的兴趣，而持久兴趣只能源于触动学生的心灵，触动学生心灵也是体育学科核心素养之体育精神维度中体育情感要素的关键环节。学生心灵一旦被触动，便会自然而然地产生兴趣，形成外显的积极主动。要触动学生心灵，就要把握住学生产生兴趣的内心，一是源于对学习成功的体验，二是源于对学习时间和空间的自主把控。要让学生体验到学习的成功和时空的自由，就必须把握

好两个“度”，一个是练习内容的“难易度”，学生的基础能力不同，所以这里的难易是相对的，较容易或较难的动作都不能让学生获得成功感，因此要在教学目标的制定上体现差异性，设置让学生通过努力方能达成，且可以达成的教学目标；另一个是学习时空的“自由度”，课堂要“留白”，给学生留有自主学习的时间以及教材上的拓展空间，让学生的学习主动性有发挥的余地。

（四）有效落实多维度评价激发学习动力

体育课的教学评价多集中在对学生体育学习的评价上，对学生体育学习的评价不仅是对学习结果的检验，而是要通过评价来激励学生更加积极、更加认真地对待学习，激发学生学习动力和学习兴趣。单一的评价知识和技能掌握情况，会影响有进步但并未达到及格标准或理想成绩学生的热情，体现不出学生进步幅度评价。并且，传统的评价忽视了体育学科核心素养中体育精神维度的评价，未能体现良好体育情感和体育品格形成过程。因此，应从学生的体育学科核心素养培养角度出发，开展多维度评价，既要体现学生学习结果的评价，也要体现学习过程评价；既要体现学生学习中的情感态度等体育精神评价又要兼顾学生对评价结果的正确认识，包含健康知识和健康行为评价。总之，要在思想上、行动上、结果上做到系统创设，而创设的原则便是基于体育学科核心素养，只有这样才能从整体上激发学生的学习兴趣，提高学习主动性和持续性。

体育课堂学生学习兴趣的提升策略是体育课程长期以来的不懈探索，在体育学科核心素养指导下，体育课堂学生兴趣的激发是一个动态、长期、完整的过程，教学设计的体现、运动项目自身资源的挖掘、学生内因的触动和多维评价的构建都不能偏离体育科学核心素养的3个维度6个要素，这也是现阶段充分落实“立德树人”思想的重要体现。

第三节　基于核心素养的小学体育游戏教学有效性提升策略

一、核心素养视角下提升小学体育游戏教学的重要性

（一）提升小学生的课堂参与度

在实际的体育课堂上展开体育游戏教学是指将游戏活动与体育运动相结合，在满足体育教学的基础上，保证了课堂教学的趣味性。在课堂教学中体育游戏使课堂上充满趣味性，使学生在愉悦的学习氛围中学习体育。体育课堂比较枯燥无味，任课教师可以利用体育游戏展开教学，带动整节课堂气氛，班级的全部学生可以主动地参与到课堂中，使学生对体

育课堂的学习产生兴趣。

（二）实现小学体育教学目标

现代教学不断变革，小学的体育教学开始逐渐重视小学生的核心素养的培养。体育教学这种新兴教学方式在课堂教学中占据一定的重要位置。体育任课教师在实际的课堂中展开体育游戏时，以教学目标为出发点开展游戏，学生可以在游戏中充分掌握理解体育教学内容，因此体育游戏的衍生，能够促进小学体育教学目标的实现。

二、在核心素养视角下提升小学体育游戏教学的有效性策略

（一）以方法为基础，提升学生的创新素养

在游戏中展开体育教学，游戏需要和教学相关联，否则会使课堂教学变得非常无趣，教学不能融入游戏，游戏脱离教学，会偏离体育游戏教学方式衍生的初衷。以踩影子的游戏为例，体育教师可以将学生两人分为一组，在固定的区域内开始游戏，一名同学奔跑躲闪，另一名同学则去踩该名同学的影子，踩中后相互调换角色。当游戏展开第二轮时，体育教师应该引导学生游戏中融入思考，使课堂游戏变得更具方向性，学生在思考后学会在体育游戏中先发制人地赢得游戏。同时学生在边玩边动脑的过程中，会产生很多的新的游戏方法，潜移默化中提升其自身的创新素养能力。由此可见，学生素养的形成需要依靠对游戏活动的参与度，同时也是一种思想的引导，需要小学体育教师具备一定的引导能力。

（二）以兴趣为根本，提升小学生的人文素养

小学体育任课教师在展开游戏教学时，应该先引起学生对体育学习的兴趣，才能够提高学生的听课效果。体育游戏是一种在欢快的环境中展开竞争的教学方式，有助于提升小学生对体育学习的主观能动性。体育教师选择趣味性强的教学方式，会使学生的注意力始终集中在课堂上，这与小学生的心理年龄发展有关。体育游戏教学形式较为丰富，可以将体育中的运动转变为游戏内容，因此学生对于体育游戏有很好的适应性。趣味性十足的体育活动，能够有效地提升小学生的人文素养，小学生积极响应，同时会有“想做游戏”的人文主动性。体育游戏这种教学方式能够把“玩”与“学”高效结合，使学生可以很好地融入体育游戏中，提升自身的人文素养。

（三）以实践为重，提升小学生的科学素养

体育与教学有效结合是体育最核心的素养。在实际的体育教学中展开体育游戏，可以让小学生对抽象的体育知识产生兴趣，并最终能够理解参透其中的知识，因此在实际的教学中体育教师应该让学生多动手实践，使学生能够对所学知识加深印象。以很多女同学都不喜欢的“篮球与乒乓球”的教学为例，体育任课教师可以利用多种游戏方式组织学生进行“找好朋友做游戏”的活动。将友情渗透进游戏教学中，会使学生喜欢上体育游戏。此

时，体育教师选择适当的时机向学生讲解篮球和乒乓球的基本活动意义，帮助小学生在游戏中牢牢记住两种活动的重要性。由此可以看出，抽象性的体育知识需要在教学中重视学生在“动”中牢牢掌握体育知识，在游戏中提升学生的科学素养。

（四）以评价为指导，提升小学生的责任素养

体育游戏有很多种，其活动内容各不相同，导致各自的教学成果也不尽相同，小学体育任课教师应该充分发掘出体育游戏的内涵，以便对小学生做思想道德教育工作。体育教师在应用体育游戏展开教学时，应该以评价为指导，真正提升小学生的责任素养。以接力游戏为例，学生在做游戏时难免会出现摔倒的状况，体育教师应该及时给予评价，“你是最棒的，站起来，你的团队在终点等着你”等话语能够培养学生的团队责任意识。教师还可以对学生游戏前的有效分工给予评价，“你们的分工很正确，融彼之长，补己之短”。对于游戏失利的学生，教师应该及时给予鼓励，“游戏没有常胜将军，只要我们团队有责任有担当，我们就是胜利的”。任课教师应该多与学生之间交流评价，培养学生的体育学习兴趣。

新课改背景下，当代的小学体育教师需要及时更新自身的教学理念，注重培养小学生的体育素养，为学生的素养形成创造机会，积极促进学生的全面发展。特别是在核心素养视角下，小学对于体育学科教学成果要求已然越来越高，因此需要体育教师应用体育游戏展开教学，以满足当代社会对小学体育教学的要求。

第四节　小学体育教学中小学生体育核心素养的提升策略

一、体育核心素养的内容及其在小学体育教学中的意义

（一）体育核心素养的具体内容

体育核心素养的培养是当前推动体育课程创新，完善素质教育改革的必然要求。良好的体育核心素养主要包括充足的体育知识、专业的体育技能，在体育活动过程中帮助学生养成良好的运动习惯，逐渐培养个人健康的运动习惯。在小学阶段，学生的运动能力比较弱，健康行为有待规范化管理、体育品质也有待提升等。其中体育运动能力不仅仅包括学生身体的基本素养，还包括学生在实际运用中积攒的经验和技能等；健康行为具体是指：学生能够在主动学习能力的影响下参与体育锻炼，像课间小学生可以自发地进行跳绳比赛、短跑比赛等。而体育品质主要是指：学生在运动过程中形成的相应的体育精神和体育道德等。比方说，团结精神、创新精神和一些坚定的意志力等。以上这些因素对于小学体育教师强化学生的运动精神具有重要帮助作用。

（二）小学体育教学中核心素养培养的重要意义

在当前社会经济不断发展的背景下，有关教育部门对于学生核心素养的提升也愈加的重视。很多小学在积极开展体育核心素养的过程中，对学生综合素养的提升尤为关注。体育核心素养培养工作始终是小学教育的“短板”。虽然大部分学校都相应开设了体育课程，并按照规范设定体育课程学时，但是在授课过程中由于各方面因素的影响，导致学生身体各项机能的提升不足，即便是得到了良好的体育教学，但是在学生的情感意识和思想方面也没有得到正确的引导。因此，小学体育教师在实际授课中就要有意识的对学生进行核心素养的培养。良好的体育核心素养往往能够推动学生的健康成长，让学生通过愉悦的体育活动培养自身健康积极的生活态度。体育教师在开展培养学生体育核心素养工作中占据重要位置，教师要根据学生的实际状况制订教学方案，这样不但能够优化教学方式，而且能够提升体育教学效率。

二、小学体育教学中小学生体育核心素养的提升策略

（一）培养小学生规则意识，提升学生的创新精神

良好的规则是开展体育运动最为基础的条件。为此，小学体育教师在进行小学体育核心素养培养的过程中，就要以规则意识为核心，体育活动的设计也要更好地融入规则意识。在现阶段的发展下，我国很多小学生都相应地缺乏规则意识，家长在日常生活中对于孩子过于溺爱，对于孩子的无理要求过分满足，这对小学生规则意识的培养十分不利。因此，在实际课堂教学中，教师要提升学生各项活动的参与度，提升学生的活动积极性。此外，还要明确小学体育的教学大纲，做好内容的筹备，保障学生在活动过程中，不仅能健壮体魄，还能逐渐培养个人的能力与精神。例如在接力跑中，不能抢跑，每个人跑的距离要确定，整组都完成接力才算都完成。在此过程中，学生在对不理解的问题提出异议时，教师要及时帮助学生解决问题，并对相关规则进行重复性的讲解，保证体育运动是在规则约束的状况下进行；后续学生出现违背规则意识的行为，教师要运用相关的奖罚机制对学生提出要求，通过奖励机制与惩罚机制的明确，使学生进一步认识到规则意识的重要性和权威性等。

（二）多样化体育项目的设计，激发学生的学习兴趣

在课堂教学过程中，教师要结合不同年级学生的特点开展阶段性教学。与此同时，教师还要对学生的性格变化具有敏锐的感知，结合学生的性格特点进行体育项目的设计。这样才能满足学生多样化的学习需求，并在各项体育项目创新的基础上，激发学生的潜力，培养潜质。

多样化教学内容的设计以及教学手段的应用，对于学生体育核心素养的培养具有积极意义。创新永远是现代化教育发展的动力所在。在学生核心素养目标的指导下，小学体育教师就要更加关注情境式教学方式在课堂中的实际应用，为体育活动创设不同的趣味性情

境，并较好地融入对抗演练，或是通过翻转课堂练习的模式推动小学体育课堂的多样化设计。而多样化教学方式的应用也在一定程度上提升了学生学习的自主性和积极性。

例如在带领学生进行障碍跑的时候，教师就可以营造一个具体的情境，可以是在十分危急的情况下拯救我们的小伙伴。教师可以在不同跑道上相应地设置障碍，并要求学生扮演不同的角色。这样的情境创设过程中，小学生的积极性得到了及时的调动，会更加努力地参与到体育活动当中，也在一定程度上激发了学生的好胜心，进而更好开展活动。又如在开展武术训练的过程中，教师可以对班级同学进行分组训练，并选择其中表现较为优异的学生作为小组长帮助同学成员纠正错误动作。在小组练习动作完成之后，可以以小组为单位进行成果的展示，由教师作为主要点评人，由其余组别同学互相打分，最终来选择最佳的小组。这样的训练形式不仅能够帮助学生掌握相应的动作，还能增加彼此之间的合作与交流，使其认识到合作的重要性，以此来推动学生核心素养的形成。

（三）注重课内、课外知识的有效结合

加强课内知识与课外实践的有效融合已经成为核心素养理念下的重要指导。教师应当在体育课程中传授给学生更加健康的知识，让学生在日常生活中准确地分析出哪些行为是有利于自身健康的。小学生自身年龄较小，安全意识较差，教师要通过体育课，发挥出自身的教育价值，巧妙联合课内与课外内容，帮助学生将知识内容做好内化。在实际授课中，教师可以结合信息技术手段，利用多媒体为学生播放有关的运动视频，帮助学生对有关技巧进行理解。例如小学体育课堂的教学内容，主要包括一些简单的跑、跳及简单的球类运动。教师可以巧妙利用微课形式先进行课堂引入，在视频课的讲解中让学生了解基本的运动技巧，具体的体育动作以及在危急情况发生的前提下如何进行自我保护。当学生对于理论知识有较为全面的掌握之后，教师再带领学生到室外场地进行实践练习，模拟一些具体的运动场景和可能发生的意外状况，真正提升学生的实践能力和运用能力，对学生健康知识的掌握和行为素养的培养也具有一定的现实意义。

（四）注重教学评价，培养学生的责任意识和创新意识

良好的教学评价机制能够让学生对自身能力有更加全面的认知，不断进行自我完善。小学体育教学中，教师要对核心素养的具体要求有全面认知，并通过体育活动的开展逐渐培养学生的个人责任意识，并通过具体游戏体现出学生的创新思维。在开展教育教学评价的过程中，小学体育教师要注重激励与引导的有效融合。例如在开展体育活动的过程中，教师要更加关注部分失败的学生，通过有效的沟通和交流，及时了解学生出现问题的点，并提出相应的解决对策。与此同时，教师也需要给予学生充分的鼓励，积极与团队中的其他学生进行配合，帮助失败学生及时消除消极的心理状态。在学生出现动作不规范的问题时，教师应当针对性地进行引导；当学生在团队合作中缺乏合作精神时，教师也需要做好引导，让学生能够转变个人在思维模式上出现的各类问题，真正体会到

体育运动的价值所在。

综上所述，在当前教育事业发展的背景下，小学体育教师也要切实改变自身的教育理念，转变思维模式，并结合现代化教学方式逐渐培养学生的核心素养。此外，小学教师还要更加关注学生的课堂教学主体地位，这样才能结合学生实际状况开展针对性教学，并结合教学方式的多样化构建推动我国小学体育教育的全面发展。

第九章　基于核心素养的体育与健康学科互联网技术应用

目前小学体育与健康课程教学主要依赖于课堂教学，而在课堂教学中，由于教学时数的限制，又存在重技能传授轻德行培育的现状，利用“互联网＋健康教育”，打破课堂教学的瓶颈，在相应教学网络平台定期推送一些德育教育资料和理论知识等，实现课内外一体化教学。另外体育与健康课程的教育，一定要有家庭和社区的参与，通过公众号、QQ群等方式让家长知道孩子在学校的学习状况，让老师知道孩子在家或社区的活动情况，实现校内外一体化的教育监管机制。

第一节　“互联网＋”背景下新型课堂的特点和教学价值

一、理论精要

网络信息工具的变革必定带来教育的变革，“互联网＋”技术在学校教学中已经得到了较大程度的普及，在体育教学中不少体育教师大胆进行了以网络教学为模式的新型体育课堂教学尝试，取得了很好的效果。“互联网＋”背景下的新型体育课堂与传统体育课堂相比，在培育学生体育核心素养方面具有更明显的优势，主要体现为以下几个方面的特点：

（一）构建“互联网＋”新型体育课堂有利于激发学生的学习兴趣

兴趣是最好的老师，是学生主动学习、积极思考、探索知识的内层动力。恰当地利用现代信息技术创设与教学内容相吻合的教学情境，使学生身临其境，在特定的情境中更能产生浓厚的兴趣和求知欲望，有效提高学生的愉快情绪和坚强的意志品质，这样对教学更起作用。教学中，利用其形象、直观、生动、图文并茂、色彩艳丽的鲜明特征，提供新颖性、奇特性、趣味性、针对性的教材，刺激学生的多种感官，更能吸引学生的注意力，激发学生的兴趣，调动学生学习的积极性。如利用多媒体技术在大屏幕上展现出袋鼠、青蛙等动物跳跃以及森林运动会的场景，学生的学习积极性会在不知不觉中被调动起来。再如在教学过程中播放诸如篮球、足球巨星的精彩视频，给人一种美的享受，从而激发学生的学习动机，进而达到事半功倍的效果。

（二）构建“互联网 +”新型体育课堂有利于学生自主纠正错误动作

利用信息技术，教师在课前可以准备一些以往教学中学生易犯的、典型的错误动作资料。教学时选择合适的时机，在学生掌握技术的分化阶段及时展示错误动作，强化正确技术动作，引导学生根据自己的实际学习情况自觉纠正错误。教学中，教师可以把学生练习动作的过程拍摄下来，上课时让学生观看，并与学生一起分析比较，提出问题，解答问题，可以促进学生分析解决问题的能力。例如把多个学生做韵律操的动作录制在一起，并观看正确的韵律操动作，通过正常放映、慢放、定格放等，请学生说出错误的动作，并指出错在什么地方，应该怎样做。学生自己分析对比，再到场地上进行练习，一定比教师手把手教更有效。

（三）构建“互联网 +”新型体育课堂有利于在感知过程中突破难点

利用计算机模拟自然、社会的规律和现象进行体育教学活动，特别适用于常规教学方法难于实现或控制的微观过程、环境复杂的动态过程、抽象概念或过程的视觉化等。它将教学内容中抽象的概念具体化、静态的画面活动化，使学生能更形象、更生动、更易理解地进行学习。如在教蹲踞式跳远时，可利用多媒体优势将正确的示范动作在大屏幕上反复播放，让学生们感知；也可将多种错误动作演示出来，引导学生进行正误动作的对比；还可以用慢动作或定格技术来细致地演示蹲踞式跳远的各个环节，使学生对动作环节一清二楚的同时，很快建立起清晰的动作表象，教学的难点也就迎刃而解了。

（四）构建“互联网 +”新型体育课堂有利于克服教师自身缺陷

教师的个人喜好、特长、性别、年龄等因素直接影响体育课的教学质量，但由于多种原因的限制，一些教师在某些项目教学时无法完成某个动作的完美示范。教学时合理选用多媒体可以克服教师教学的人为瓶颈，拓宽教师教学的途径，有利于更好地、更全面地辅助体育教学，提高教学效果。

在“互联网 +”背景下的新型体育课堂，人机结合、师生互动、生生互动、终身学习、协作探究、个性化学习等方面让课堂教学呈现了许多新的样态与特点，实现了新的教学价值。

二、实践指南

如何充分发挥“互联网 +”新型体育课堂的优势，促进学生体育核心素养的发展？根据体育教师的实践与总结，特提出以下建议：

（一）利用“互联网 +”构建好师生学习交流平台

互联网是世界上最大的知识库、资源库。学生在互联网上可以收集和检索到自己所需要的知识和信息，可最大限度地发挥学习者的主动性、积极性，培养自主学习、探究学习的能力。它既是教师传授体育与健康基础知识的讲台，又是学生与教师交流、反馈学习情况的平台。大家都知道，在体育教学中有很多腾空、翻转的技术动作，学生很难把这些瞬间完成的动作看清楚，也就很难快速建立一个完整的动作表象。此时，作为体育教师仅靠教材进行教学是不够的，需要教师适时地通过互联网查阅相关资料文献，然后对网上所收集到的文字、声像素材应用多媒体技术进行动画处理，再运用相关软件制成教学课件，以其鲜明的图像、生动的画面、灵活多变的动画及音乐效果来优化教学过程，使教学更行之有效。教学中，把教师自己很难示范清楚的技术环节用动画或影像表现出来或把空中动作停下来示范给学生看，可以有效帮助学生看清每个动作技术细节，更快地建立起动作表象。这样的教学既解决了教学中的重、难点，又加深了学生对动作的理解，缩短了泛化过程，对帮助学生快速掌握学习内容、提高教学效果是非常有益的。同时，当学生看到优秀运动员完美的动作时，很大程度上激起了学习的热情，可以收到事半功倍的效果。可见，利用“互联网 +”辅助教学解决了长期困扰我们体育教师的一个难题。

（二）利用“互联网 +”培养学生自主学练的能力

在传统的体育教学中，体育教师和教材是学生学习活动的主要来源，学生根据教师的指令进行模仿和练习，缺乏自主学习的空间和时间。把“互联网 +”技术引入体育课堂，将突破单一的师讲生练的教学模式，构建学生自主学习、探究学习的教学环境，使互联网真正成为学生自主认知和探究的手段以及解决问题的工具。如在技巧课的教学设计中，准备部分教师可用投影仪和录像机将学生的动作投在墙面上，学生在练习时可以清楚地看到自己动作的速率、幅度以及准确性。教师利用网络及时将练习效果反馈给学生，这样就调动了学生练习的兴趣，增强了练习的效果。在基本部分，教师将学生上节课所练动作录制下来，同时将优秀运动员、教师的示范和要领下载、录制到笔记本电脑上，学生在练习过程中可以根据自己掌握动作的情况，自主地到电脑前查看自己、他人的动作，并根据动作要领和提示来改进练习方法，进行个别练习，达到巩固提高的目的。因此，“互联网 +”背景下的新型课堂将有助于学生的自主学习，学生可从自己的需要出发，利用互联网搜索查阅相关动作技术，最终实现学练结合。这样的教学既培养了学生学练的自主意识和能力，又培养了他们利用计算机学习的自主意识和能力，同时进一步优化了教学过程，提高了课堂教学效率。

（三）利用“互联网 +”培养学生的综合应用能力

互联网进入课堂，为学生构建了宽松、和谐、自主的学习空间和氛围，使学习者可以充分发挥学习的积极性和主动性，其学习活动具有一定的选择性。课堂学习中可以通过上网查找资料、合作学习、探究发现等方式完成自己或小组的学习任务，有助于培养学生收集信息和处理信息的能力。而学习材料的丰富性和交互性有助于自我指导，从而实现知识内容和结构的不断丰富。在一节体育理论课上，教师是这样利用网络环境来完成教学任务的：首先向学生布置本节课学习的任务，收集奥林匹克运动的有关知识，如奥林匹克运动的起源，历届奥林匹克运动会的会徽、吉祥物，中国举办奥林匹克运动会的有关信息等，分小组，每个组选择一项任务，引导学生利用互联网收集信息，小组进行讨论，筛选出所用的内容，将内容下载，设计成网页。学生在教师的指导下完成学习任务，然后每个小组将自己的成果展示给大家，与大家共同分享学习的成果。在短短的40分钟的课堂里，学生既学习到了有关奥林匹克运动的大量知识，同时还培养了运用互联网获取信息、处理信息、应用信息的综合能力，提高了学生的信息素养，很好地体现了“体育与健康”新课程的基本理念与精神。

（四）利用“互联网+”促进学生身心的全面发展

“体育与健康”课程的教学目标之一是培养学生自主锻炼、自我调控、自我评价的能力，因此只依靠课堂教学很难将繁多的健康、营养、健身知识传授给学生。教师通过建立教学内容资料库和网站，供学生课外学习使用，为学生提供了动态、开放、丰富的学习资源，拓宽了学生学习体育与健康的渠道，使课堂教学得到延伸，与课外体育、家庭体育和社会体育有机结合，促进学生个体的可持续发展。由此可见，“互联网+”背景下的新型课堂不仅能培养学生对体育的兴趣和爱好，而且能使学生逐步认识到体育锻炼的价值，对个体终身发展具有重要的意义，为学生树立终身进行体育锻炼的意识奠定良好的基础。例如在健美操课的设计中，教师把学生分成四组，课前通过指导学生利用互联网及图书查找有关健美操编排的理论依据和人体的运动规律，让学生搜集各种健美操的录像带、光盘及录音带等，让学生自己学习创编，两周后学生以小组为单位分别展示各自创编的活力操、健美操、模仿操等。课上，各小组相互学习；课下，学生们一起进行切磋练习，掌握了体育学习的方法，充分发挥了主观能动性，提高了自主学习的能力和搜集信息、整理资料的能力。可见，把“互联网+”引入课堂教学能将课内、课外体育学习有机结合起来，有利于落实“健康第一”的指导思想，促进学生的身心全面和谐发展。

（五）利用“互联网+”促进学生知识面的拓展与丰富

在进行学生比较感兴趣的球类教学时，可以把比较热门的篮球NBA、CBA等重大赛事，运用多媒体把一些经典进球、关键性比赛记录下来，以供学生课上欣赏，满足学生的求知欲。也可以把CCTV-5体育频道中的相关节目搬进课堂，让名师引领帮助学生掌握、纠正一些技术动作。为进一步激发兴趣、拓展学生的球类知识，可以通过多媒体展示和教师的讲解，加深学生对球类裁判法的了解。还可以利用“互联网+”技术模拟裁判将球类的比赛场面展现出来，让学生自己做裁判，利用键盘对画面中出现的犯规情况进行裁决，在规定的时间内对裁判员的水平进行打分。这样的学习不仅更能让学生接受，也大大丰富和拓展了学生的知识面。又如在学习健康教育知识时，以往的经验是教师讲，学生死记硬背，这样教学的内容少，知识面窄，学生不感兴趣，教学效果不佳。而运用多媒体课件后，把一些健康教育知识用Flash动画的形式有趣地展现出来，学生们易于接受。同时能大容量地介绍更多的知识，更系统地用图表形式表现，节省了时间，提高了课堂效率。

（六）利用“互联网 +”实现学习时间、空间的延展

体育教学的最终目标是培养人的终身体育锻炼能力。学生的体育能力锻炼一般分为课上与课余两部分，课上主要偏向于学习体育技能、知识、方法，课余则主要偏向于学生自我锻炼技能。网络不发达时，教材和教师是教学内容的唯一来源，学生只能通过课堂上体育教师的技能教学来学习技术动作，而现在网络延拓了教学的时空，飞越了课堂的围墙，使学生的学习不仅可以在课堂内进行，还可以在课堂以外的任何一个地方进行。多媒体网络集图、文、声、像于一身的技术特点使体育教学的内容更为直观，易吸引学生对运动技术的兴趣，网络宽广的信息源给学生提供了获取各方面体育知识的广泛途径。可见，“互联网 +”背景下的新型课堂给学生创造了一个自由学习的空间，学生可以在网上对自己不易掌握的动作技术进行反复的浏览与对照学习；可以在网上自由驰骋，不必受统一的体育教材、统一的教学进度的制约；可以根据自己对体育的理解和相关的体育知识经验去重组或建构新的知识；每一个学生都可以根据自己的身体基础、掌握动作技术的速度自定学习步骤，主动参与网上的讨论和实验，提出自己的看法与建议，满足了学生个性化的学习需要。从某种层面来看，这样的教学方式大大增强了体育教学的个性色彩，使每个个体在学习时空、内容、方式、数量等方面的自主权增大，如此，体育课堂的教育价值才能真正得以发挥。

（七）利用“互联网 +”实现评价方式的延展，促进深度学习

评价不仅仅是激励、检测学生的一种重要手段，更是培育学生理性思维、批判质疑、善于反思、促进理解等核心素养的重要途径。多媒体具有双向交流的反馈功能，所谓“反馈”是指控制系统把输出信息的结果返回传入以影响信息再输出所起的调节控制作用。在实践课的教学中，利用摄像机与投影大屏幕连接，可以把学生练习时出现的正确与错误动作实录下来，通过计算机及时反映在大屏幕上，便于学生自己做正误对比，发现和纠正不足；利用运动手环等可以监控自己的运动负荷，调控自己的运动量。在理论课的教学时，计算机能及时提供相关知识的链接，及时引导学生的思维。当相关问题答对时，屏幕上则显示“真棒”“你真聪明”等激励性的语言或带有大拇指、五星、卡通人物等的图案，使学生兴趣盎然，激发他们进一步学习的欲望；问题答错时，会友善地建议“多想想”“你能行”，有的还伴以美妙的乐声。学生在这种友好的激励和鞭策情境中不断愉悦身心，及时巩固自己的学习成果。

第二节　建构“互联网＋”背景下新型课堂的基本要求

一、理论精要

显而易见，“互联网 +”背景下的新型体育课堂教学方式明显区别于传统课堂，从效果来看也有许多明显优势。那么，要建构这样的“互联网 +”背景下的新型体育课堂，必须思考有哪些必备条件？又有哪些需要注意的问题？

（一）有别于传统课堂中的信息技术辅助教学

“互联网 +”背景下的新型体育课堂首先需要架构云教育环境（本章特指服务于教育的智能化环境）。新型体育课堂教学中，师生需要通过无线网络与无线投屏技术将数十台智能终端互联互通，实现教室内师生、生生之间的多元同时互动；需要借助各种合适的APP、教学应用平台、公共网络资源等，实现学习资源与学习成果的搜集、整理、展示、分享、互动评价等教学活动；由于学校教育延伸的需要，家庭智能环境也成为云教育环境的一个组成部分，也要有相应的建设；从云教育实施的稳定性、安全性等角度考虑，云教育环境还需要有系统的云平台做支撑，至少要包括数据处理、云服务和管理三个子平台。云平台应该具有强大的数据处理能力，模块化，插件化，提供一站式电子教育平台集中管理服务，为运行提供强有力的保障。

（二）理念是行动的先导

任何一项教育改革都得首先使参与者的理念得到转变。建构“互联网 +”背景下的新型体育课堂既是技术层面的问题，更是教学观念的问题。习惯于传统教学的体育教师已经有了固有的教育教学行为方式，要转变教学观念与方式，正确对待“互联网 +”时代的到来，首先需要通过各种培训转变他们的理念，让改变成为他们的专业发展需要；其次体育教师还要加强对自身教育素质的培养，在网络时代下，体育教师除了运动技术、运动能力上有所专长外，还应具备运用现代教育技术的能力。体育教师不仅仅只是“复合型”人才，而应成为能够掌握和应用现代技术的“综合型”人才。

构建“互联网 +”新型体育课堂还有许多细节需要关注，要考虑一些要避免的问题。比如学生方面要开展哪些引导工作，如何针对学生的年龄特点更好地张扬学生的学习天性，如何针对学习习惯与基础都不理想的学生开展新型体育课堂研究，当遇到家长不理解，有反对声音时，如何通过媒体进行正面宣传等，都值得注意。硬件建设方面，一定要基于学校实际，多方考证，选择合适的服务商，用无缝漫游方式架构起便捷流畅的无线网络，需要有比较强大、稳定的服务商提供后台支撑，需要多方比较、选择、推荐适合本校师生使用的智能终端，避免盲目投资后设备、系统之间无法顺畅对接，不能正常使用，造成资源浪费。

二、实践指南

实践操作中，构建“互联网 +”背景下的新型体育课堂要重点做好以下三个方面的工作：

（一）“软硬兼施”，架构“互联网 +”基础环境

“互联网 +”背景下的体育课堂构建必须基于必备且充分的硬件基础。一般地，要实现真正意义上的云教育环境，学校和家庭都要有无线网络，学校建有智慧教室，拥有合适的智慧课堂平台，学生要配备智能终端，有较高的人机率。

首先，网络环境的改善。学校体育网络教学环境的建立可使学校体育教学跨入信息高速公路，从而使体育教师和学生获取大量的体育教育信息，使学校体育教育进入新的层面。今后体育教育工作者在注重有关计算机配置的完善、机种更新的同时，更要注重与教育信息内容所对应的信息通信网络的完善及学习体育相关软件的运用。

其次，重视体育教育网络建设的开展。有条件的学校应建立自己的体育教育网，条件暂不具备的学校也应考虑在其他网站设立自己的体育教育主页，在网站或网页的栏目设置方面应尽可能丰富多彩。在体育教育网络的开展方面应重视网上体育教学课，在线辅导与咨询，在线交流与讨论以及体育知识的宣传与普及等多种形式的整体配合。学校应利用网络组织开展体育教育的师资培训与辅导，重视体育教育网络知识与信息资源的开发、利用和再生，努力实现全国性、省市级和校级各级体育教育专业网站之间的连接以及各网站或主页之间的互联。

最后，加大硬件设备的投入，拥有合适的智慧课堂平台。智能终端在无线网络环境下开放度大，一些公共网络平台方便学生交流分享，为新型课堂教学提供了不少便利。但由于开放对大班额集体授课式的新型课堂来说，教学调控变得很困难，适时检测及数据的收集、保存、分析与保密等都不容易管理，因此，学校要有一个专业的能实现权限管理的智慧课堂平台。

（二）教师培训，提升专业与综合水平

互联网是一种形式新颖的现代高科技产品，只有对计算机和网络知识比较熟悉，能自由地进行网上的各种操作，才能利用电脑实现人与机，人与人之间的沟通。而且网上的体育教学信息可能会呈现无序化状态，体育教师是学习的设计者、组织者、合作者、帮助者，是真正能实现课堂转型的实践者、研究者、推进者。建构“互联网 +”背景下的新型体育课堂需要体育教师具备较高的信息化能力素质，对网络文化有一定的了解，只有这样，体育教师才能给学生提供恰当的学习资源，引导学生寻求最适于自己的帮助。因此，建议教

育主管部门或学校应加强体育教师网络信息化能力的培训和指导，体育教师也应不断更新自身的知识结构，努力提高现代化教育技术素质。

（三）家校合力，正确对待和把握互联网信息

互联网的快速发展使得人们接收消息、传播消息更加快捷，让人们进入了一个信息化时代。目前，互联网已经逐渐成为人们获取信息的一个重要渠道，捕获重要信息的一个重要来源。虽然互联网所带来的优势不可否定，但互联网的存在也有弊端，例如存在网络诈骗、不利于未成年人健康成长的信息、网络游戏等，致使许多学生不能正确使用互联网，整天沉迷于网络游戏中不能自拔，玩物丧志，耽误了大好前途。可以说互联网是把双刃剑，既可以成功塑造一个人，也能毁灭一个人。因此，在对学生进行体育教学的时候，教师应注重引导学生正确使用互联网，杜绝网络游戏、网络不良信息的诱惑，同时争取家长支持学校开展“互联网 +”背景下的新型体育课堂建设，监督指导学生正确利用互联网进行校外自我体育学习，与学校形成合力，引领学生形成面向未来的体育核心素养。

硬件环境、教师提升、家校合力，这三个方面的工作都是非常必要的，无论哪个环节缺失了都会对“互联网 +”背景下的新型体育课堂建构带来困难，甚至根本就开展不起来。当然，“互联网 +”背景下的新型体育课堂建构目前国内只有少数学校在探究，缺乏成熟经验的引领，还存在不少问题，它需要学校、家庭、社区等直面问题，加强协作，共同培育学生多方面的核心素养。

第三节　“互联网＋”背景下新型课堂的设计

一、教案背景

水平三《快速跑》教学设计

面向学生：水平三阶段学生

学科：体育

课时：1

学生课前准备：

1. 利用百度搜索查阅世界短跑赛事的有关信息

2. 小组设计有意义的图画

二、教学课题

发展学生快速跑的能力

三、指导思想

本课以《体育课程标准》为依据，以深化体育教学改革、全面推进素质教育为指导，树立健康第一的指导思想，全面提高学生的运动技能，采用合理有效、灵活多样的教学方法吸引学生的注意力，激发学生的运动兴趣，把快乐教学引入课堂之中。课堂上，充分发挥教师主导和学生主体的作用，使学生带着浓厚的兴趣、愉悦的心情积极主动地完成学习目标，促进学生全面和谐发展，培养学生的创新精神和实践能力，使每个学生学有所得。

四、教材分析

跑是人类最基本的技能，是增强体质的有效手段之一，是人体的基本活动能力，也是人们生活运动中必不可少的基本活动技术。水平三跑的教材包括快速跑、耐力跑、接力跑、障碍跑等，这些内容都不是典型的、系统的、完整的竞技运动项目，即使个别内容有田径的特征，但也不对其技术细节提出过高要求。而快速跑是小学体育课程的重要组成部分，它的强度大，时间短，要以最快的速度跑全程。一定的短距离能有效训练位移速度、灵敏、反应、协调等身体素质，促进下肢肌肉、关节、韧带和内脏器官机能的发展，提升学生快速奔跑的能力。这部分内容在整个跑的教材中占的比重不小，在教学中是十分重要的任务。合理安排快速跑的教学方法，在提高学生奔跑能力的同时，也对下个水平的短跑学习起着铺垫作用。

［教学目标］

认知目标：让学生理解快速反应是提高起跑速度的关键并掌握多种起跑方式的快速跑。

技能目标：通过游戏，发展学生快速跑能力。

情感目标：乐于参加体育活动，学习情绪饱满，在集体活动中勇于表现自我，学会与他人合作，共同完成任务，敢于创新，并在探索学练中获得运动的乐趣和成功的愉悦。

教学重点：轻松自然的快速跑动作。

教学难点：起跑反应快，途中跑的动作舒展放松。

五、教学方法

主要教法：情境教学法、归纳法、讲授法、挂图法。

主要学法：探究式学习法、分组合作法、对比学习法、体验学习法。

本节课采用自主、合作探究教学课堂模式，大致分为师生互动、生生互动、小组合作、能力提升、师生评价等环节，让学生成为课堂的主体，提高学习效率。

六、教学过程

（一）激发动员与热身（9 分钟）

1. 导入：你们认识世界 100 米短跑追风者——飞人博尔特吗？出示视频，引发学生快速跑的积极性

2. 游戏：“寻找奔跑空间”

教师活动：

（1）教师讲述队列游戏的方法与规则，并提出游戏活动的要求。

（2）在背景音乐《自由飞翔》引导下进行游戏活动。

（3）要求：在停止跑步之前不能跑出场地，或在跑步中撞击别人。

注意：严明组织纪律性，注意力集中，练习积极主动。

3. 徒手操（扩胸运动、绕环运动、踢腿运动、腹背运动、跳跃运动）

教师活动：教师喊口令与学生一起做，发现问题及时纠正。

学生活动：随着口令成四列横队，师生同做。

要求：学生情绪活跃，端正学习态度。

（二）目标实施步骤，知识扩展，体验乐趣（27 分钟）

1. 快速跑练习

（1）学生结合教学视频观看跑步分解动作示意图。

（2）教师精讲点拨动作方法，突出重点、难点。

（3）分组领取教学挂图、平板电脑。

（4）学生分组练习快速跑，利用互联网技术查看规范技术动作，同时让同伴拍摄自己的动作，对比教学，相互纠正错误跑姿。

2. 游戏：“小小设计师”

游戏方法：

（1）游戏开始前，各组在组长的带领下共同商讨本组将要设计的图形。

（2）教师发出信号后，各组排头快速跑到对面小黑板前，按照小组设想好的图画分工在黑板上画好，然后快速返回起点与第二人击掌，第二人如同第一人完成自己的分工快速跑回，以此类推．最后以先画完、先设计好的组为胜。

教师活动：

①教师简单讲解游戏方法与规则；

②教师点拨并引导；

③教师归纳总结。

学生活动：

①小组讨论设计图画及分工合作并比赛；

②每组选出一名队员讲解本组的设计思路。

要求：团结协作，创新思维，积极参与，气氛热烈。

3. 游戏："播种与收获"

游戏方法：

（1）教师发出信号后，每组第一人迅速取出篮筐里的一个实心球，快速跑至第一个圆圈将实心球放在圈内（播种），然后迅速跑回篮筐取出第二个实心球，以同样的方法完成播种，直至第四次播种完后快速返回，与第二个人击掌。

（2）第二个人迅速将圆圈内的实心球收回到篮筐里（收获），然后快速返回与第三人击掌。

（3）第三人方法同第一人，第四人方法同第二人，以此类推，最后以先完成播种与收获的组获胜。

教师活动：

（1）播放配乐诗朗诵《悯农》，引出游戏名称。

（2）教师当裁判并归纳总结。

学生活动：

（1）学生背出《悯农》这首诗。

（2）循环播放农民劳动与丰收的场景。

（3）小组尝试练习。

（4）小组讨论出场次序及怎样收获。

（5）学生谈感受。

要求：团结协作，创新思维。

（三）目标反馈与评价（4分钟）

教师活动：

1. 组织学生在轻音乐伴奏下进行放松。

2. 小结本堂课的学习情况，提出要求。

学生活动：

1. 学生能积极进行放松。

2. 学生认真听讲，共同参与小结，明确存在的问题。

七、教学反思

快速跑是人的最快位移能力的体现，在体育教学中有重要地位。学生兴趣广泛，好奇心强，常常以游戏为动力，如果方法单一，对爱玩好动的学生来说就会觉得枯燥无味，失去兴趣，如何增强课堂的趣味性，让学生主动参与到课堂的练习中呢？只有激发和保持学生的参与兴趣，才能牢牢地“拴”住学生。

从本节课准备环节来看，一开始观赏世界 100 米短跑追风者——飞人博尔特的比赛场面，学生的兴趣得到激发；“寻找奔跑空间”的游戏把学生的注意力集中到课堂上来，充分调动学生的积极性。

平时我观察到学生最常见的游戏就是在操场上相互追逐，尽情地奔跑，尽管满头大汗，还是会乐此不疲，可见学生非常喜欢快速奔跑类的游戏。结合学生的这个兴趣点，在快速跑教学过程中，我把游戏和快速跑的相关技术要领相互整合，以达到学生主动参与、发展其情趣的目的。如“小小设计师〞和“播种与收获”游戏，学生的情感被积极调动起来，他们会为自己的队友高喊加油，会在一起总结经验，同时这种气氛中学生的思维能够得到开拓，进而提高他们的探究能力，潜移默化地加强了合作创新意识和竞争意识。

总之，通过本节课，我认为在发展学生速度能力的时候，教法设计上选用适当的体育游戏作为教学手段会大大提高课堂教学的实效性。

以上是全国中学“教学中的互联网搜索”优秀教学案例评选中一位体育教师设计的水平三《快速跑》的教案。与传统教学设计相比，本课教案设计科学合理，尤其是在积极利用“互联网 +”技术方面，设计显得独具匠心，运用合理，能使“互联网 +”这一工具自然无痕地融入学生的学习过程中，使学生学习与互联网技术紧密结合，丰富学习资源，加深学习体验，提高了学习积极性，同时给学生练习建立直接、清晰的动作表象，能够促进课堂教学目标的有效实现。

八、理论精要

“互联网 +”背景下的新型体育课堂是依据建构主义理论，运用“互联网 +”的思维方式和物联网、大数据、云计算等新一代信息技术构建的，支持课前、课中、课后全过程应用的智能、高效的课堂（即后文的智慧课堂）。智慧课堂的核心是开发利用各种新媒体、新技术，创设有利于协作探究和意义建构，富有智慧的学习环境，提高教学过程中的数据分析、评价反馈、交流互动和资源推送能力，通过智慧的教与学，促进全体学生实现符合个性化成长规律的智慧发展。

作为教学前的一种有目的、有计划的预设，“互联网 +”背景下的新型体育课堂教学设计应该遵循传统课堂设计的一般原则与步骤。在此基础上，新型体育课堂的设计需要考虑技术与教学的融合创新及应用上的独到之处是什么，考虑学生在相应技术方面的掌握水平如何，考虑技术与该教学内容的结合是否恰当等。因此，“互联网 +”背景下的新型体育课堂教学设计要体现以下几个方面的优势：

（一）设计的针对性与实效性

“互联网 +”背景下的新型体育课堂有学校云平台支撑，教师可以很方便地根据教学需要把零散分布在不同影视、录像、VCD 及网上的视频、音频、图片等素材采集起来，再把它们合理加入课件中，应用于体育教学中。学生在自学或教师在课堂中可暂停、慢放或多次播放所需影音材料，或加以文字说明，与视频画面同步运行，形成动静结合、多位一体的大容量教学内容，达到视听结合，直观形象，便于观察和模仿的目的，突出针对性与实效性。

（二）具有丰富的表现力

相对教师语言和传统直观教具来说，“互联网 +”技术具有丰富的表现力。它集文本、图形、图像、动画、声音和视频等各种媒体信息于一体，能把一些枯燥抽象的概念、复杂的变化过程、宏观或微观世界以及体育运动中成套的技术动作，以内容生动、图像逼真、声音动听的形式展现出来，促使学生综合利用视觉、听觉、言语动觉等多种分析器官进行学习，从而加深对知识的理解和记忆，提高学习效率。

（三）交互双向性与互动性

“互联网 +”背景下的新型体育课堂中，交流互动更加生动灵活。教师与学生之间，学生与学生之间，师生与网络（智能终端）之间的信息沟通和交流方式多元化，除了在课堂内进行互动外，还可以借助云端平台进行课外的交流，在任何时间、任何地点进行信息交流和互动，实现师生、生生之间全时空的持续沟通。这种互动交流方式不仅提高了学习效率和教育效果，而且在不同程度上将有助于学生合作精神的培养。

（四）评价更及时

“互联网 +”背景下的新型体育课堂能即时获得各种学习数据，迅捷生成各种资源，因而可以采取动态伴随式学习诊断分析及评价信息反馈，贯穿课堂教学全过程，从而重构形成性课堂教学评价体系。因此，新型体育课堂教学设计时要充分考虑教学各环节中使用哪些 APP 可以有助于评价的多元、即时实施，促进学生自我管理，更好地学会学习。例如把所有学生的运动技术录像或图片和优秀运动员的技术录像或图片放在一起对照分析，找出学生技术动作的差距和不足，帮助学生改进动作。

（五）学习更个性

“互联网 +”背景下的新型体育课堂为学习者提供了形式多样的富媒体资源，包括微视频、电子文档、图片、语音、网页等极为丰富的学习资源，而且可以根据学生的个性化特点和差异，智能化地推送针对性的学习资料，满足学习者富有个性的学习需要，帮助学生固强补弱，提高学习效果。因此，新型体育课堂教学设计中不需要教师费力去搜集各种资料提供给学生，而是需要重视“信息在哪里”“怎样能获得资源”“怎样辨识适合自己的信息”等策略的指导，需要教师关注学生体育核心素养的培育。

（六）彰显德育美育价值

把世界上优秀运动员的规范技术介绍给学生，如刘翔的跨栏、姚明的篮球、邓亚萍的乒乓球、鲍威尔的短跑技术等，让学生通过欣赏建立正确完整的技术概念。同时网络资源丰富多彩，选择适合学生年龄特征的体育赛事，如NBA篮球比赛、奥运会、世界杯足球赛，让时代与体育的发展，与课堂紧密联系，让网络拉近与体坛名人的距离，让体育赛事的激烈引起并保持学生的注意力和兴趣，让学生直观感受体育带来的健康之美、运动之美、拼搏之美、团结之美、爱国之美。同时，可以有效激发学生的学习热情，调动学习的积极性，提高学习效率。

九、实践指南

如何设计好“互联网 +”背景下的新型体育课堂？下面以北师大南澳学校谢永发老师的一节四年级的《背越式跳高》为例，简要介绍如何通过设计，巧妙利用“爱学板”这一智能终端，紧密结合移动互联技术，引入智慧教学软件平台与APP应用，积极为学生创设一个开放、互动、探究的智慧课堂，并引导学生联系生活实际进行创新与实践活动。

1.“互联网 +”背景下新型体育课堂教学目标与内容的设计

第一，新型体育课堂目标与内容的设计要从课程角度去思考。体育与健康学科是一门综合学科，其教学内容中蕴含着丰富的各类学科知识，课堂更是具有很大的开放度、自主性。“互联网 +”可以将体育运动中所包含的诸如力学、仿生学、生理学等方面的知识原理通过诸如动画应用、人机对话、视频音频图片、控制模拟、对照分析等形式直观地展现出来，帮助学生更好地理解各类体育运动项目中所包含的科学原理，为体育与其他学科整合提供了支持。

第二，新型体育课堂目标与内容的设计要从学习者角度去思考。小学阶段的学生处于自我意识觉醒期，喜欢自己去尝试、探究成年人认为比较难的任务，并且乐此不疲。于是，给学生一些挑战性的自主探究实践的学习内容，会进一步激发学生的探究欲，也符合学生阶段生理、心理学规律，能有效促进学生在学习过程中获得一些解决问题的能力。同时，强度律、对比律和相关律的把握，使多媒体课件的制作对学生产生适宜的刺激，激发学生多种感官的功能，以提高学生的感知效果，节省学习时间，提高学习效率。

第三，新型体育课堂目标与内容的设计还要从体育教学规律角度去思考。依照教学大纲，把握体育学科的教学重点、难点，遵循动作技能形成的规律，有针对性地选择、开发适合教学场景的“互联网 +”教学资料，能引起求知欲，感知教材，理解教材，巩固知识，运用知识，检查知识、技能和技巧。这样的教学能有效保证知识的系统性和教学过程的循序渐进，提高教学效率。

第四，新型体育课堂目标与内容的设计还要体现全新教育理念。“互联网 +”新型课堂强调学生的学习主体性、主动性，体育教师要努力改变自我角色，从传统的教学的独奏者转变为教学的伴奏者，从教材的传播者转变为教学的研究者。“互联网 +”新型体育课堂教学中的教师更像一个导师，不再以教为主，而是变成以导为主。教的是知识，而导的就是思想与灵魂等核心素养。体育教师要努力释放学生发展的空间，应成为学生体育学习建议的提供者、学生体育学习兴趣的激发者和学生体育学习动机的培养者。

第五，新型体育课堂目标与内容的设计还要注意“互联网 + 技术”只是对体育教学的辅助，身体实践活动才是体育与健康的核心，要考虑到“互联网 + 技术”的局限性，在教学中必须强调突出身体练习活动，否则就失去了体育课程的特征。

基于以上几个方面，谢永发老师尝试利用平板电脑的视频录像功能，希望通过讨论老师、同学间的动作视频来对比动作，帮助学生在学习动作时了解自己的动作情况，使其学会自我纠正错误的动作，进而理解和巩固技术动作，让学生学习如何超越自我，体验成功。

参考文献

[1] 闫文．小学体育教学模式研究 [M]. 北京：光明日报出版社．2018.

[2] 赵家庆，何能强．小学实用体育课教学详案 [M]. 长春：东北师范大学出版社．2018.

[3] 季谢云，辛桂芹．小学体育教学实践 [M]. 北京：现代出版社．2018.

[4] 方曙光．小学体育教学理论与实践 [M]. 北京：中国国际广播出版社．2018.

[5] 许强．基于体育游戏的小学体育教学新模式研究 [M]. 长春：吉林人民出版社．2018.

[6] 石峻，谈力群，蔡景台，等．小学体育拓展性课程构架与教学 [M]. 长春：吉林人民出版社．2018.

[7] 吴艳，曾毅．小学体育与健康课程教学设计指南 [M]. 武汉：长江出版社．2018.

[8] 尹玉华，何为，徐继年，等．九年义务教育体育与健康课程教学指南 [M]. 成都：电子科技大学出版社．2018.

[9] 于洁．中小学体育教师专业技能发展的途径与实践 [M]. 成都：西南交通大学出版社．2018.

[10] 管国文，胡炳生．小学数学学习方法论 [M]. 芜湖：安徽师范大学出版社，2018.

[11] 赵咏，李兵．小学体育教学理论与实践创新研究 [M]. 延吉：延边大学出版社，2019.

[12] 于欢．小学体育教学改革与创新研究 [M]. 北京：航空工业出版社，2019.

[13] 吴湘军．小学体育课程资源开发与利用 [M]. 成都：西南交通大学出版社，2019.

[14] 蒋灵敏．小学体育教学方法创新研究 [M]. 延吉：延边大学出版社，2019.

[15] 邱建华，杜国如．体育与健康教学研究 [M]. 南昌：江西科学技术出版社，2019.

[16] 孙存占．体育教学与健康教育 [M]. 南昌：江西高校出版社，2019.

[17] 陈良泉．核心素养下的小学体育 [J]. 人物画报（下旬刊），2020，(7)：157.

[18] 杜召芬．小学体育基于核心素养的教学研究 [J]. 好日子，2020，(35)：141.

[19] 高荣英．浅析培养小学体育核心素养的途径 [J]. 好日子，2020，(25)：231-232.

[20] 黄文芳．小学体育教学中核心素养的培养 [J]. 读与写，2020，17(29)：221.

[21] 成芳．基于核心素养的小学体育教学策略 [J]. 文学少年，2020，(32)：97.

[22] 肖丽清．基于核心素养的小学体育课堂教学 [J]. 百科论坛电子杂志，2020,(22):2992.

[23] 薛青和．发展核心素养重构小学体育 [J]. 课程教育研究，2020,(27):111,113.

[24] 张庆寿．基于核心素养的小学体育教学策略 [J]. 当代教研论丛，2020,(2):121-122.

[25] 刘明东．浅析小学体育教学中的核心素养 [J]. 魅力中国，2020,(28):136-137.

[26] 常丽芹．核心素养背景下的小学体育教学 [J]. 中国新通信，2020,22(2):202.

[27] 王治强．核心素养的小学体育教学策略研究 [J]. 新丝路（中旬），2020,(3):107.

[28] 杨宝霞．浅析小学体育教学中的核心素养 [J]. 中国校外教育，2020,(15):17,21.

[29] 凌育才．小学体育核心素养培养的研究 [J]. 魅力中国，2020,(1):255.

[30] 陈来来．探讨“体育核心素养”下小学体育的 [J]. 新纪实・学校体音美，2020,(10):117.

[31] 高爱亮．核心素养培养视角下小学体育教学探究 [J]. 灌篮，2020,(31).